Découvrez l'histoire par les archives de presse

RETRONEWS

Le site de presse de la BnF

www.retronews.fr

ÉTUDES

RELIGIEUSES

PHILOSOPHIQUES, HISTORIQUES ET LITTÉRAIRES

VINGT-TROISIÈME ANNÉE. — SIXIÈME SÉRIE

TOME QUATRIÈME

LYON. — IMPRIMERIE PITRAT AÎNÉ, RUE GENTIL, 4.

ÉTUDES

RELIGIEUSES

PHILOSOPHIQUES, HISTORIQUES ET LITTÉRAIRES

PAR

DES PÈRES DE LA COMPAGNIE DE JÉSUS

———

VINGT-TROISIÈME ANNÉE. — SIXIÈME SÉRIE

———

TOME QUATRIÈME

LIBRAIRIE VICTOR LECOFFRE

LYON
2, RUE BELLECOUR

PARIS
90, RUE BONAPARTE

1879

CHRISTOPHE DE BEAUMONT

ARCHEVÊQUE DE PARIS

— SUITE —

LIV

Un homme d'État racontait, en 1844, qu'ayant eu la curiosité de lire l'Instruction pastorale de Christophe de Beaumont sur l'affaire des jésuites, il fut singulièrement étonné de retrouver, dans les accusations réfutées au XVIIIᵉ siècle par l'illustre prélat, les mêmes calomnies que propageaient de son temps les chaires du Collège de France et ce qu'il appelle « la presse radicale soi-disant conservatrice. » Ayant alors placé sous ses yeux, d'une part, le libelle récemment publié par Quinet et consorts, de l'autre, le pamphlet jadis condamné par Beaumont, il constata que les deux factums se trouvaient confondus d'avance, page par page, dans le célèbre écrit du grand archevêque. « Les calomniateurs modernes n'avaient donc pas eu même le mérite de l'invention, et pour faire justice de leurs accusations, il suffisait de publier de nouveau, en 1843, un mandement publié en 1763. Preuve bien manifeste que, dans le XIXᵉ siècle comme dans le XVIIIᵉ, ce sont les mêmes principes et les mêmes hommes qui, sous prétexte des jésuites, font la guerre au catholicisme et à l'Église ! [1] »

Ne dirait-on pas ces lignes écrites d'hier ?

---

[1] Voir l'opuscule intitulé : *L'Église, son autorité, ses institutions et l'Ordre des jésuites, défendus contre les attaques et les calomnies de leurs ennemis* (Introduction, p. XVI).

Nous venons, en effet, de lire le rapport de M. Spuller déposé naguère à la Chambre des députés de 1879, et nous osons
affirmer qu'on trouverait encore, dans l'ancien mandement de
Beaumont, la réfutation anticipée de cette façon de réquisitoire
au pied levé, tant pour le détail de certaines allégations per-
pétuellement réchauffées contre la Compagnie de Jésus, que
pour ce qui touche aux principes généraux du droit de la sainte
Église en matière d'enseignement. Notre regret sera d'être
réduit à donner ici une froide analyse de cette pièce capitale,
que M. Henri Martin peut bien qualifier. de « virulente [1], »
comme pour mieux attester qu'il ne la connaît pas, mais dont
Voltaire lui-même (qui l'avait également calomniée avant de
la connaître) fut contraint de dire un jour : « J'ai lu enfin le
mandement de l'archevêque de Paris ; je vous avoue qu'il m'a
paru *modéré et raisonnable* [2]. » On voit, une fois de plus, la
confiance que méritent certains jugements *a priori* portés par
l'un des hommes qui a reçu, de nos jours, le plus grand nombre
de couronnes académiques.

J'invoquerais, au besoin, une autorité d'une tout autre valeur, celle de Clément XIII écrivant au cardinal de Luynes
que la lettre apologétique de Beaumont est « pleine d'une sua-
vité qui n'a d'égale que celle de ses mœurs : *Summæ quidem,
ut sunt ejus mores, lenitatis plenam.* Ce qui, du reste,
ajoute le Souverain Pontife, « n'enlève rien à la force des arguments qu'il fait valoir [3]. »

Christophe de Beaumont débute par ces graves paroles :

Nous devons, mes très chers frères, à l'exemple de l'apôtre, *hono-
rer notre ministère.* Une partie de cette obligation consiste à nous
assurer de la fidélité et des talents de ceux qui se présentent pour travailler, sous nos ordres, dans le champ immense que le Seigneur nous a
confié. Si c'étaient des hommes sans lumières et sans vertus, nous ne
pourrions, sans crime, les associer à nos fonctions. S'ils étaient tels que
saint Paul les désire, *des ouvriers agréables à Dieu, incapables de
rien faire dont ils eussent à rougir, et sachant dispenser à propos*

---

[1] *Histoire de France.* t. XVI, p. 215.
[2] Lettre du 1er juin 1764 à Damilaville.
[3] « Quæ tamen lenitas nihil detrahit de rationum robore. » (Bref du 8 février
1764. — *Archives du Gesù.)*

la parole de la vérité, nous agirions contre les intérêts de Dieu et de son peuple, en nous privant de leurs travaux et de leurs exemples. Enfin, si après les avoir trouvés dignes de notre confiance, nous les voyions exposés à des orages violents, à des imputations odieuses, à des persécutions cruelles, nous nous croirions obligé de les consoler dans les jours de leur affliction, et de rendre un témoignage public à leur innocence.

Il n'est personne de vous, M. T. C. F., qui ignore les traverses qu'é- prouvent aujourd'hui les jésuites de France. Depuis deux siècles leur Société subsistait parmi nous. Elle s'était répandue dans toutes nos provinces. Elle avait reçu de nos rois des marques de la plus géné- reuse et de la plus constante protection. Ses enfants multipliés, comme ceux d'un grand peuple, jouissaient des prérogatives de l'état religieux et de la faveur qu'on accorde aux meilleurs citoyens; ils avaient em- brassé de bonne heure ce genre de vie, et ils comptaient avoir trouvé dans les maisons de cet ordre un asile contre la séduction, les dan- gers, les révolutions du monde...

Soudain éclate contre eux une tempête formidable, et tous les ennemis de la Société se concertent pour en détruire les membres.

Et quels ennemis, M. T. C. F. ! quel concert ! quels moyens de des- truction ont-ils employés ! *On croirait être agité de songe nocturne,* disait Isaïe, *en voyant le déchaînement de tous les peuples contre Jérusalem.* Figure naturelle de l'étonnement qu'a causé dans ce royaume la chute d'un Ordre religieux qui semblait établi sur les plus solides fondements. La multitude de ses adversaires a paru une illusion, leur entreprise un songe, leur accord un système chimérique, leur succès un événement incroyable. Cependant ils ont consommé leur pro- jet ; mais, en le consommant, ont-ils pu en démontrer la justice ? Ont-ils pu persuader au monde chrétien et catholique que les jésuites de France ont mérité les revers qu'ils viennent d'essuyer ?...

Abordant alors de front les griefs dont on charge la Compa- gnie de Jésus, l'archevêque se propose de répondre aux quatre principaux chefs d'accusation, qui représentaient les lois de cette Société comme vicieuses, les vœux qu'on fait dans son sein comme abusifs, la doctrine qu'elle enseigne comme détes- table, la manière dont elle exerce ses fonctions comme pleine de périls.

Nous pouvons et nous devons vous assurer, M. T. C. F., que de ces

quatre articles il n'en est aucun qui soit prouvé ; disons plutôt, aucun
qui ne soit une imputation sans vérité et sans fondement : c'est ce que
nous entreprenons de vous montrer dans cette Instruction pastorale.

Première partie. — Chaque ordre religieux a sa fin particulière et son esprit propre : les règles laissées par le fondateur
ne sont que des moyens d'entretenir cet esprit et de diriger
sûrement à cette fin. Un ordre, quel qu'il soit, ne tient sa constitution canonique que de la puissance ecclésiastique ; sa forme
essentielle et son gouvernement intérieur ne doivent donc res-
sortir qu'à cette juridiction, et nul autre tribunal n'en doit
connaître.

Or, les jugements portés contre les jésuites de France par
des magistrats séculiers sont le renversement de tous les principes admis sur cette matière, car on n'a pas frappé en eux
d'autre crime que les prétendus « vices » de leur Institut :
Institut approuvé par dix-neuf papes, déclaré « pieux » par
un concile œcuménique, loué par les plus saints et les plus
doctes personnages des deux derniers siècles ; Institut auquel le
clergé de France rendait naguère un témoignage « aussi solennel que glorieux », et qui força plus d'une fois l'admiration des hérétiques eux-mêmes, et de maint autre adversaire
de la Compagnie.

Une objection se présentait. Si tel est le mérite de l'Institut
de saint Ignace, comment a-t-il pu se faire que presque toutes
les cours supérieures d'un grand royaume l'aient réprouvé comme
« plein d'impiétés et d'abus ? »

L'archevêque de Paris répond en prenant une à une les diverses charges, et en montrant, dans un précis substantiel des
constitutions, ce qu'il faut penser du *faste* qu'on reproche au
titre même de *Compagnie de Jésus*, du soi-disant *mystère*
dont la Société s'entourerait, voire de l'odieux système d'*es-
pionnage* qu'elle exercerait envers ses membres. Il rétablit le
sens vrai des règles mal comprises, et discute longuement la
question délicate des « privilèges » concédés par les souverains
Pontifes, privilèges qui ne sauraient être d'une autre nature
que ceux accordés de tout temps aux divers ordres religieux,
et dont les constitutions elles-mêmes recommandent d'user

« avec prudence et modération, dans l'unique dessein de pro
curer le salut des âmes. »

Deuxième partie. — Après avoir ainsi rendu pleine justice
à l'Institut de la Compagnie, Christophe de Beaumont s'occupe
de battre en brèche les inculpations qui allaient à l'adresse des
engagements contractés dans son sein.

Cette discussion, un peu abstraite par la nature même du
sujet, roule sur l'incompétence de la magistrature séculière
pour annuler des vœux où cette magistrature n'a rien à voir.
Elle s'anime peu à peu dans une argumentation serrée qui réduit à néant la prétendue incompatibilité des engagements du
jésuite avec la loi naturelle, le repos des familles et les droits
des souverains. Mais le principal intérêt de la controverse porte
sur le célèbre *vœu d'obéissance*, vœu d'autant plus calomnié
par les adversaires qu'ils l'ont toujours entendu fort mal et
plus mal encore interprété [1].

Rappeler à ce sujet les sentiments de tous les patriarches de
la vie monastique; donner une idée exacte de ce qu'ils nomment
« l'obéissance aveugle; » dénoncer les conséquences absurdes
de cette obéissance, telle qu'on la suppose faussement comman-
dée dans l'Institut; marquer les vrais caractères du *despotisme*
et prouver, par les limites mêmes où se heurte l'autorité du général des jésuites, qu'il n'y a absolument rien de commun entre
une pareille tyrannie et cette vénérable autorité : tels sont les
différents points que l'archevêque met en saillie pour démontrer, par la raison des choses et l'expérience des faits, « que ce

---

[1] L'habitude ne s'en perd pas de nos jours. Sous ce rapport toutefois, je ne connais rien de plus singulier que la bévue dont M. de Pressensé a été victime dans
un de ses derniers livres. Je m'étonne même qu'on ne l'ait encore relevée nulle part.
La règle de l'*obéissance* veut que le jésuite n'ait « rien de caché pour son supérieur,
pas même sa propre conscience. » Voici le texte : *Nihil et clausum, ne conscien-
tiam quidem propriam tenendo.* Rien de plus sage assurément, rien de plus
conforme à la saine pratique de toute société religieuse bien ordonnée.

Or, il advient que M. de Pressensé, après avoir traduit, par un contre-sens bi-
zarre égayé d'un non-sens : *Ne retenant point votre conscience propre (! !)*,
s'échappe aussitôt à jeter cette exclamation vertueusement indignée : « Ce mot
effrayant se lit en toutes lettres dans les *Institutions* (sic). Étonnons-nous après
cela si l'immoralité sera franchement acceptée comme un moyen de servir Dieu! »
(*La liberté religieuse en Europe depuis 1870*, p. 14). — Il faut convenir que la
méprise est plaisante... et l'indignation aussi.

n'est pas avec des vices et des crimes qu'on forme et qu'on soutient un corps religieux. »

Troisième partie. — Cette partie, la plus piquante de toutes,
se refuse plus que les autres à une courte analyse, car elle est
la critique détaillée et vengeresse des jugements aussi faux que
passionnés qu'on avait réunis, sur le compte de la doctrine et
de la morale des jésuites, dans le fameux *Extraits des Assertions*.

Appuyé sur les règles de haute sagesse que venait de formuler le feu pape Benoît XIV, Christophe de Beaumont fait
successivement la démonstration péremptoire des propositions
suivantes : 1° Il n'était ni nécessaire ni utile d'offrir au public
cette indigeste compilation de doctrines bigarrées, et c'est gran-
dement à tort qu'on les attribue, sans distinction, à la Société en
général, aux jésuites de France en particulier ; — 2° les auteurs
du libelle sont convaincus d'avoir manqué de précision dans les
raisonnements, de fidélité dans la traduction des textes et de
discernement dans le choix des sources où ils ont puisé le fond
de leurs attaques ; — 3° la partialité des adversaires a été telle
qu'ils n'ont pas craint de rassembler contre ces religieux tous
les reproches, toutes les imputations, toutes les espèces d'injures
dont on a jamais chargé, depuis la naissance du christianisme,
les plus abominables et les plus pernicieux d'entre les héréti-
tiques ; — 4° sous prétexte de relever les écarts de quelques
écrivains de la Compagnie, ils ont mis eux-mêmes au nombre
des erreurs plusieurs assertions dont les contradictoires furent
autrefois condamnées par le Saint-Siège et les évêques de
France ; — 5° loin de saisir et de présenter l'ensemble des ouvrages qu'ils censuraient, ces farouches critiques ont tronqué
des textes, retranché des parties essentielles, altéré ou même
défiguré complètement la pensée par des citations défectueuses,
décousues, mensongères ; — 6° ils ont manqué à la plus vul-
gaire équité, en confondant les auteurs anonymes avec les écrivains avoués par la Société ; en renversant l'ordre des temps,
pour ne laisser aucun vide dans leur tradition imaginaire ; en
mettant au nombre des régicides une multitude de jésuites qui
n'ont pas même traité les questions relatives à cette matière.

Quatrième partie. — Les fonctions remplies par les jésuites depuis plus de deux siècles ayant toujours été renfermées dans l'ordre du saint ministère, elles n'ont pu leur être confiées que par les premiers pasteurs, et « c'est aux premiers pasteurs seuls qu'il appartenait de juger avec autorité si ces religieux s'en acquittaient dignement. » Il y a donc atteinte formelle donnée à l'autorité même de l'Église dans la défense faite aux jésuites d'annoncer la parole de Dieu dans les chaires chrétiennes de la capitale et des provinces.

L'archevêque de Paris rappelle ici, avec une force empreinte de majesté, les droits imprescriptibles de l'Épouse de Jésus-Christ ; il proteste contre l'usurpation de ces « droits sacrés », et ne craint pas de dire que l'entreprise des tribunaux à l'endroit d'ouvriers « irréprochables » constitue « une véritable violence. » Et qu'on n'objecte pas qu'il n'est question, après tout, que des seuls jésuites, et que les jésuites ne sont point l'Église.

Il ne nous est pas permis, s'écrie l'auguste prélat, d'aliéner en tout ou en partie le trésor déposé par Jésus-Christ dans le sein de son Épouse. On n'en saurait partager la robe sans la déchirer. *Tout accommodement qu'on fait aux dépens de l'Église est une prévarication sacrilège.* Voilà les règles que Jésus-Christ nous a données, et que nous ne pouvons briser ou fléchir pour les concilier avec les arrêts des tribunaux. L'enseignement de la foi et l'administration des sacrements, tel est le dépôt qui nous est confié, et pour la conservation duquel nous devons vivre, combattre et mourir. C'est néanmoins ce dépôt sacré qu'on entreprend de nous enlever ou de partager avec nous ; entreprise marquée au coin de la plus frappante injustice. Le silence imposé aux jésuites de France, sans aucun délit personnel, blesse évidemment toutes les formes de l'ordre judiciaire.

Je m'arrête, car il faudrait tout citer. Mais comment ne pas reproduire la dernière page d'un écrit à jamais célèbre, dans lequel on ne sait vraiment ce qui mérite le plus notre admiration, de la foi du grand archevêque, de son énergie, de sa piété ou de son cœur ?

Une tristesse profonde s'empare de notre âme, une douleur amère déchire nos entrailles. Nous nous rappelons cette multitude de dignes ministres exposés à la vexation des décrets et des procédures, dispersés, proscrits par la rigueur des jugements et des sentences, pour avoir suivi dans la dispensation des choses saintes les lois du ministère ecclésiastique et les ordres du premier pasteur. Ce n'était pas sur eux, c'était sur nous que devait fondre l'orage. On les frappe néanmoins, et on nous épargne ; ils sont victimes des saintes règles, et nous ne sommes que témoin de leur sacrifice. Si nous nous intéressons tendrement à leur sort, nous l'envions encore davantage ; et à quel prix ne rachèterions-nous pas leurs disgrâces pour les en délivrer en les subissant nous-même ?...

Qu'ajouterions-nous ici, M. T. F., pour faire connaître nos dispositions à l'égard d'une société religieuse qui éprouve aujourd'hui tant de contradictions ?... Dans l'état de souffrance où ses membres sont réduits, nous regardons leur sort comme très heureux, parce que, aux yeux de la religion, il est infiniment précieux de n'avoir rien à se reprocher au milieu des tribulations qu'on essuie.. Nous savons que, dans la défense de la vérité, le zèle épiscopal doit toujours respecter les règles de la modération et les droits de la charité. Aussi Dieu nous est témoin que rien n'égalerait notre amertume, si nous avions donné lieu à quelque mécontentement légitime. Le témoignage que nous rend notre conscience est le fondement de la tranquillité dont nous jouissons ; et nous avons cette confiance, qu'avec le secours du Seigneur, rien ne sera jamais capable de l'altérer. Nous avons appris de lui *à craindre plus Dieu que les hommes*, et nous dirons toujours, après le grand Apôtre, que nous nous sacrifierons volontiers pour les fidèles confiés à nos soins ; que nous ne ferons jamais plus de cas de notre vie que de nous-même c'est-à-dire que de notre âme et de notre salut ; qu'enfin il est une paix que nous préférons à tous les biens, paix ineffable et qui surpasse tous les sentiments, paix que l'on goûte au milieu des croix, des traverses et des souffrances.

LV

On peut aisément se figurer avec quels élans de joie les fidèles enfants de l'Église accueillirent cette protestation généreuse, dont on a dit qu'elle n'était pas seulement le plaidoyer le plus complet et le plus éloquent qui eût été publié en faveur des jésuites, mais encore un des monuments les plus précieux qu'eût produits depuis longtemps la science canonique. L'oracle des incrédules essaya bien tout d'abord de verser le ridicule sur ce qu'il appelait dédaigneusement « la petite drôlerie de l'hiérophante de Paris[1] » ; mais le Parlement, qui se rendait mieux

[1] Lettre de Voltaire au comte d'Argental, 20 janvier 1764.

compte de la portée du grand acte épiscopal, jura de faire expier à Beaumont cette fière revendication des droits méconnus. N'ayant pu réduire les évêques au rôle de *pasteurs muets*, les magistrats ne s'en montraient que plus irrités de voir l'intrépide pontife prendre si haut la défense de gens qu'ils s'étaient acharnés à proscrire.

Aussi que n'imagina pas le ministère aux abois pour tenter d'arrêter la distribution du document accusateur ! Barbier parle, à tort ou à raison, d'une menace expresse d'exil apportée de la part du roi à l'archevêque de Paris, s'il s'en répandait un seul exemplaire. « On dit, raconte de son côté le janséniste Caylus, que notre têtu d'archevêque se fait ou se fera des affaires très sérieuses pour un mandement en faveur des soi-disants [1]. » Mais le railleur a beau prétendre que « c'est de la moutarde après dîner », le souverain Pontife a pris soin, dans sa lettre à l'évêque de Grenoble, de répondre à cette objection, renouvelée sans fin, de l'*inutilité des démarches* faites en faveur de l'innocence opprimée.

Quoique tous les gens de bien gémissent de voir la Compagnie de Jésus éteinte en France, et que par cette raison tout ce que vous et plusieurs de vos collègues dans l'épiscopat avez écrit pour sa défense puisse paraître n'avoir servi de rien dans cette cause, vos écrits cependant ne sont pas inutiles. Il est très important, pour tous les fidèles de toutes les nations du monde, qu'on publie qu'un Institut qui a pour auteur un homme auquel on rend le culte et les honneurs des saints, qu'un Institut comblé d'éloges par beaucoup d'autres que l'Église a mis aussi au nombre des saints, qu'un Institut que l'Église a maintenu et protégé pendant plus de deux cents ans, a été contre tout droit et toute justice, à la honte et au souverain mépris de l'Église, Épouse de Jésus-Christ, déclaré *irréligieux* et *impie* par des hommes qui n'ont aucune autorité pour juger de ces matières [2].

Beaumont, qui s'attendait à tout, mais qui venait de déclarer, dans son Instruction même, qu'il avait appris *à craindre plus Dieu que les hommes*, fit mieux encore que se résigner à voir venir l'effet des menaces. Il alla droit à Versailles pour offrir à

---

[1] *Correspondance inédite* (lettre du 20 décembre 1763, au théatin Paciandi).
[2] *Bullarii romani continuatio*, p. 865 (Bref du 1 avril 1764).

Louis XV une copie du mandement incriminé. Le roi, toujours au rapport de Caylus, aurait « tourné le dos », et l'archevêque serait revenu avec son papier, « personne, ni ministre ni autre, n'ayant voulu le recevoir[1]. »

Ce qui n'est pas douteux, c'est qu'on eut de la peine, les premiers mois, à se procurer des exemplaires de ce grave document, bien que, d'après le journal du parti, « l'archevêque de Paris, les prélats ses adhérents et les jésuites n'eussent rien épargné pour en multiplier les éditions et les traductions, et pour en infecter la France et toute l'Europe[2]. » L'évêque d'Amiens lui-même, qui devait bientôt appuyer le mandement d'une façon si éclatante, écrivait encore à la date du 9 janvier 1764 : « N'at-il rien transpiré de l'Instruction pastorale de M. l'archevêque de Paris ? Elle est à Avignon et ailleurs, mais elle ne sera pas publiée en règle, quoique bientôt elle soit répandue[3]. »

A cette même date, l'orage était près de fondre sur la tête de Beaumont. Je lis, dans le curieux manuscrit de Hardy, que notre prélat ayant pris séance, le lundi 16 janvier, dans la grand' chambre du Parlement, en sa qualité de duc et pair, Lambert l'aîné, conseiller des Enquêtes, se leva pour dénoncer à brûle-pourpoint l'Instruction pastorale du 28 octobre précédent. Beaumont sortit aussitôt de l'assemblée, en manière de protestation, « malgré les instances qui lui furent faites de demeurer, attendu qu'il ne devait pas être question d'opiner ce jour-là[4]. »

Pendant que les gens du roi sont occupés à examiner le mandement pour prendre des conclusions dont ils auront à informer les Chambres le samedi suivant, Louis XV envoie brusquement le comte de Saint-Florentin chez l'archevêque pour lui signifier d'avoir à se retirer de nouveau au château de la Roque, chez son frère, ou en tout autre lieu, à son choix, pourvu qu'il s'éloignât de Paris à la distance d'au moins quarante lieues. Beaumont parla d'abord de s'enfermer à l'abbaye de Sept-Fonts, dans

---

[1] Lettre du 15 janvier 1794.

[2] *Nouvelles ecclésiastiques de 1764*, p. 150.

[3] Lettre à dom Malachie *(Archives de Saint-Acheul)*.

[4] *Mes loisirs, journal d'événements remarquables, tels qu'ils arrivent à ma connaissance* (Bibliothèque nationale, section des mss., n° 6680, fol. 41).

le Bourbonnais, puis il se décida pour la Trappe, autre abbaye de Cîteaux située dans le Perche, au diocèse de Séez. Avant son départ, il régla de nouveau toute chose avec un soin minutieux. L'évêque de Cydon fut nommé grand vicaire diocésain, avec un conseil composé de quatre chanoines de Notre-Dame et de quatre curés de Paris, qui devaient prendre leurs décisions à la pluralité des suffrages [1]. Un administrateur spécial restait chargé de recueillir les revenus de l'archevêque, pour en employer tout le produit au soulagement des pauvres.

Une députation des membres du chapitre part aussitôt pour Conflans afin d'exprimer la douleur qu'ils ressentent *de tam tristi et peracerbo eventu*. Le prélat, touché jusqu'aux larmes, ne put que remercier chacun d'eux avec effusion [2]. Le soir même, à 6 heures, il était en route pour l'exil. Ce qui fournit matière à des rimeurs indigents pour le chansonner dans un couplet de ce goût :

> Indisposer Louis et fatiguer un pape,
>   Pour qui?... pour des amis bannis
>   Qui le bercent d'un paradis
>   Et lui donnent la Trappe!

Au premier bruit qui lui en arrive, l'évêque d'Amiens écrit à l'abbé du monastère ces lignes touchantes :

Que vous êtes heureux, mon très honoré et très cher père! Vous avez un trésor que je vous envie. Je vous supplie de dire à l'illustre prélat que rien ne m'occupe tant l'esprit et le cœur que son état et sa personne. Je ne sais si l'on risque de lui écrire en droiture. Je voudrais qu'il n'y eût jamais rien qui nous séparât : sa cause est celle de Dieu et ses intérêts sont les miens... Je félicite le cher Dom Léon d'accompagner le saint archevêque à l'autel... Mes très humbles et tendres respects au très illustre confesseur [3].

Pendant ce temps-là, le cardinal de Luynes, qui avait réuni

---

[1] C'étaient les curés de Saint-Paul, de Saint-Laurent, de Saint-André des Arts et de Saint-Nicolas du Chardonnet. Beaumont les avait adjoints à Morin du Marais, Montagu de Beaune, du Pinet, et Robineau de Boisbassel, chanoines de Notre-Dame.

[2] « Singulis dominis cumulatissime gratiam retulit. » *(Archiv. nation*, LL 335[30].)

[3] Lettre du 25 janvier 1764.

chez lui une quarantaine d'évêques, leur proposa de signer une lettre collective qu'il présenterait lui-même au roi pour solliciter le rappel de Beaumont, mais Louis XV prévenu fit savoir qu'il n'agréerait rien à ce sujet et lui intima l'ordre de ne pas insister. On alla plus loin. La police s'étant mise à fureter les divers quartiers pour découvrir le nom et l'adresse de tous ces prélats, un de *Messieurs* les invita sournoisement à venir vérifier par eux-mêmes les textes discutés des *Assertions*, et le Parlement, feignant alors de s'étonner du nombre des évêques assemblés dans la capitale, arrêta que le procureur général ferait exécuter sur-le-champ les lois de *la résidence*. Cette mesure vexatoire obligea les prélats à regagner au plus tôt leurs diocèses, et Christophe de Beaumont fut laissé seul à la merci de ses ennemis et de ses juges.

Ceux-ci, qui entendaient châtier d'importance un archevêque « incorrigible », décidèrent d'instruire sans retard son procès en forme devant les princes et les pairs. A cette nouvelle, le roi leur manda qu'il avait sévi directement contre le coupable et qu'il espérait que son Parlement n'irait pas plus loin ; mais les magistrats ripostèrent à ce honteux palliatif en taxant l'immunité personnelle réclamée par les évêques « de prétention séditieuse et d'égarement inconcevable. » Dans ces remontrances aussi indécentes dans la forme qu'injustes pour le fond, le digne prélat est traité de *factieux*, de *fanatique*, d'*agitateur*, de *tyran de ses subalternes*, d'*homme qui ne s'était signalé que par des vexations et des scandales*. Quant aux jésuites, ils sont acccusés d'avoir « abusé grossièrement d'un mot du concile de Trente, captieusement interprété dans un sens contraire à la bonne foi. » Une trentaine de voix seulement, sur plus de cent membres réunis au palais, se prononcèrent en faveur de Beaumont[1].

Louis XV persista dans son refus de livrer l'archevêque, non toutefois sans avoir eu la faiblesse de déclarer qu'il sentait « la force des raisons » alléguées par les magistrats, et sans avoir protesté qu'il n'agissait ainsi que par son grand désir « d'éviter ce qui pouvait troubler la paix. »

---

[1] *Journal de Hardy*, loc. cit.

Le mardi suivant, 24 janvier, sur les 10 heures du matin, l'Instruction pastorale du 28 octobre était lacérée par les mains du bourreau et brûlée au pied du grand escalier. La philosophie battit naturellement des mains.à cet acte de vengeance, dont elle estimait que la religion ne pouvait avoir qu'à souffrir. « Est-il vrai, mon cher frère, mandait le chef avoué des incrédules, est-il vrai qu'on a mis en lumière, au bas de l'escalier du Mai, la Pastorale de Monseigneur ? L'auteur sera assurément inséré dans le Martyrologe romain. Tout ceci ne fait pas de bien à l'*inf...* [1] »

« Brûler n'est pas répondre ! » s'était contenté de répéter l'archevêque. Mais s'il échappait en personne à l'humeur rancunière des cours de justice, on ne manqua point de se rejeter sur les défenseurs de la même cause, ecclésiastiques ou laïques, soupçonnés de recéler ou de répandre quelques exemplaires du mandement. Les visites de la police se multiplièrent un peu partout, dans les séminaires et les couvents, chez les curés de la ville et leurs confrères de la banlieue. Menaces, emprisonnements, violation de domicile, recherches odieuses et plus qu'indiscrètes jusque dans les asiles de filles, interrogatoires que se virent forcées de subir des religieuses qui tenaient aux familles les plus distinguées du royaume, comme Mmes de Brancas, de Lamoignon, de Blancmesnil, de Vauban, etc... tout fut mis en œuvre pour couper court à la distribution que redoutaient les tyrans en simarre. Ils n'avaient pu fermer la bouche à Beaumont, ils voulaient étouffer l'écho de sa parole. Les informations les plus rigoureuses sont alors décrétées contre les distributeurs et les vendeurs, et des vexations intolérables vont fatiguer les amis des jésuites jusqu'au fond des provinces. C'est ainsi, pour ne citer qu'un exemple, qu'on prétendit rattacher à des intrigues nouées par des partisans de ces religieux, le grave conflit soulevé à l'occasion de l'arrivée du duc de Fitz-James [2], frère de

---

[1] Lettre de Voltaire à Damilaville, 30 janvier 1764.

[2] Par une regrettable distraction, M. Charles Nisard, dans les excellentes notes dont il enrichit la correspondance de Caylus, fait de ce duc de Fitz-James un « archevêque de Toulouse » (t. I, p. 419). Le frère de l'évêque de Soissons était alors lieutenant général, commandant en chef de la province de Languedoc et des côtes de la Méditerrannée. Quant au siége de Toulouse, il était occupé, depuis le 2 février 1763, par le trop fameux Loménie de Brienne.

l'évêque de Soissons, que les capitouls de Toulouse venaient de loger au château de Montblanc, près de Croix-Daurade. Mais ces détails nous entraîneraient trop loin.

« Qu'a donc fait l'archevêque de Paris, écrivait douloureusement Clément XIII au cardinal de Luynes, et quel crime a-t-il donc pu commettre, pour que chacun redoute de voir le Parlement se livrer contre lui aux extrémités les plus fâcheuses? » Et le souverain Pontife d'épancher son âme en faisant l'éloge d'un prélat dont il ne peut assez exalter le courage et déplorer les récents malheurs[1]. J'aurais voulu pouvoir transcrire en entier ce bref mémorable, mais il en est un autre qu'on me reprocherait, à bien plus juste titre, de dérober à l'admiration du lecteur. Voici donc le témoignage solennel rendu à Christophe de Beaumont par le glorieux Pontife dont Caylus venait de dire : « Il me semble que votre pape a le caractère de notre archevêque. Si celui-ci se retire à Rome, ils seront les deux doigts de la main[2]. »

Nous ne doutons pas, Vénérable Frère, que vous ne vous soyez attendu et préparé à tout ce qui vous arrive. Vous n'aviez pas été sans prévoir qu'il s'élèverait contre vous une violente tempête, dès que vous auriez publié une Instruction pastorale, dans laquelle, avec un si grand mérite de votre part et avec l'approbation unanime des gens de bien, vous avez récemment entrepris de défendre le pouvoir divin de l'Église. Mais ni les périls dont on vous menaçait, ni les travaux qu'il vous fallait embrasser, ni les amertumes et les angoisses dont vous alliez subir l'étreinte, rien n'a été capable de faire fléchir en vous les obligations que vous mposait l'épiscopat. En vérité, si les anciens reparaissaient au milieu de nous, eux qui bravèrent pour la cause de la même foi toute sorte de dangers et de luttes, ils ne pourraient qu'admirer votre constance et cette fermeté si digne d'un ministre de Jésus-Christ.

Si Nous entreprenions de vous consoler des injustices dont vous êtes déjà la victime, vous qu'on vient d'arracher violemment à l'affection de l'Église votre épouse, Nous croirions aller contre la fin que vous vous êtes proposée vous-même. Vous avez toujours eu, en effet, cette pensée profondément gravée dans votre esprit, qu'il reviendrait un grand honneur et une gloire insigne à la religion catholique, si l'un des membres

---

[1] « Quo nuntio visum est Nobis acerrimo quasi morsu premi cor nostrum.» (Bref du 8 février 1764.)

[2] Lettre du 23 janvier à Paciaudi.

du corps épiscopal avait à souffrir des injures et des outrages pour le
nom de Jésus, ce nom devenu aujourd'hui le jouet d'une audacieuse
impiété... Nous aimons mieux rendre grâce à Dieu, Vénérable Frère,
de ce qu'il a répandu dans votre âme cette généreuse ardeur qui ne vous
permet pas d'hésiter un seul instant à sacrifier votre fortune et votre
vie pour la conservation de l'intégrité de la foi, la défense et le salut
de l'Église, la majesté et l'autorité du Siège apostolique, en un mot,
pour les intérêts de la religion tout entière... C'est pour cela que Nous
Nous faisons un sujet de gloire, en présence de l'Église universelle, de
l'énergie de votre foi et de votre patient courage dans les tribulations.

Pour vous, Vénérable Frère, que Dieu a certainement choisi pour
être un modèle de l'ancienne discipline et de la fermeté épiscopale, de
même que Nous vous portons sans cesse dans les entrailles de Notre
charité, ainsi Nous n'oublierons jamais rien pour aider, de tout Notre
pouvoir, à vous dégager de l'incendie dont une grande partie de l'Église
de France est embrasée conjointement avec vous. Nous n'en sommes
pas moins touché de la plus vive tristesse et Nous ressentons la plus
amère douleur, en vous voyant, dans l'ardeur de votre zèle pour la gloire
de Dieu et le salut des âmes, sécher du désir de rejoindre votre chère
Église. Pouvez-vous, en effet, dans ces temps malheureux, supporter
de vivre loin de votre troupeau, alors surtout qu'il aurait plus que
jamais besoin, au milieu des périls qui l'environnent, d'un Pasteur vigi-
gilant, empressé, affectueux, tel enfin que vous êtes vous-même? [1]...

Nous aurons tout dit sur ce bref incomparable, quand nous
aurons ajouté que le Parlement en ordonna la suppression et
renouvela les défenses d'introduire dans le royaume aucun acte
de la Cour romaine, sans une autorisation préalable. « Jésuites,
Religion et Foi, s'écriait à cette occasion l'avocat du roi, se-
raient-ils donc synonymes à Rome ? Nous n'avons garde de le
penser, et pour le bien de la religion même et pour l'honneur
du Saint-Siége [2]. » — Ces Messieurs ont toujours eu la prétention de mieux connaître les vrais intérêts de l'Église que
les évêques et le pape.

LVI

Le haut clergé de France venait de prouver qu'il était, en
matière d'honneur ecclésiastique, meilleur juge que l'avocat

---

[1] *Bullar. rom. continuatio*, p. 854 (Bref du 15 février 1764).
[2] Arrêt du 1ᵉʳ juin 1764.

suspect des tribunaux séculiers. Bientôt l'Instruction pastorale
de Beaumont aura successivement conquis les suffrages publics
des archevêques d'Auch, d'Aix et de Rouen, des évêques de
Langres et de Saint-Pons, de Sarlat et de Lavaur, d'Uzès et de
Vannes, du Puy, de Grenoble et de Pamiers. Mais si la presque unanimité de l'épiscopat s'empressa d'adhérer à l'acte du
métropolitain de Paris, il est hors de doute qu'aucune adhésion ne réjouit plus le cœur de ce prélat que l'adhésion énergique de son collègue d'Amiens. Ce ne fut pas toutefois sans
peine que Mgr de la Motte parvint à livrer ce mandement
vigoureux, car la peur contraignait les ouvriers à refuser
leurs presses, et il fallut le faire paraître hâtivement en
brochure, sans armes ni contre-seing, sans nom d'imprimeur
ni lieu d'impression. « Tel est, mes très chers frères, y est-il
dit, tel est l'esclavage des évêques de France, qu'ils ne peuvent
rien publier pour le maintien des droits les plus légitimes de
leur saint ministère, sans s'exposer, eux et les personnes qu'ils
emploient, à tout ce que peut produire de violent l'autorité séculière[1]. »

Le soir même, l'adhésion était envoyée, sous enveloppe, à
tous les chanoines de la cathédrale et à tous les curés de la
ville, avec les adresses écrites de la main de l'évêque, pour ne
compromettre personne. Le roi ne tarda pas à en recevoir un
exemplaire, et bientôt tous les évêques du royaume eurent le
leur. La pensée qu'il pourrait bien partager l'exil de Beaumont
transportait le bon vieillard. « Je vous demande en grâce, écri-
vait-il à la marquise de Pompignan, de m'apprendre ce qui se
passe à propos de notre saint Athanase. » Et quelques jours après :
« Dites-lui, si vous le voyez, que j'aime à lui ressembler en tout. »
Son mandement eut, en effet, le sort de celui de l'archevêque
de Paris. Il fut lacéré et brûlé par l'exécuteur de la haute justice, mais l'intervention du prince de Conti sauva de l'exil ce
généreux émule de Beaumont. « Ma brochure a été brûlée,
dira bientôt Mgr de la Motte à l'abbé de la Trappe ; Mme la
duchesse de Villars m'écrit qu'il vaut mieux être brûlé en ce

____

[1] L'adhésion est datée d'Amiens, le 1er février 1764.

monde qu'en l'autre.... Dieu m'a fait la grâce de faire mon devoir [1]. »

Voilà donc où devaient aboutir les humiliantes concessions de
Louis XV aux hommes de son Parlement. Ceux-ci en usaient
pour lui adresser, dès la fin de janvier, les remontrances les
plus séditieuses qu'on eût encore osé présenter. « On prétend,
écrivait d'Alembert, que l'effet de ces remontrances sera d'ex-
pulser les frères jésuites de Versailles, et peut-être du royaume :
je leur souhaite bon voyage [2]. » La haine est clairvoyante. Un
arrêt du 22 février enjoignait à tous les religieux de la Compagnie de prêter un nouveau serment, par lequel ils renonce-
raient à leur Institut et tiendraient pour impies « toutes les doctrines contenues dans le livre des *Assertions* », même celles
que les jansénistes, rédacteurs de ce pamphlet, avaient mille
raisons pour une de présenter comme erronées. « Il est certain,
remarque d'Alembert, que les jésuites, en signant le serment
qu'on leur proposait, auraient fort embarrassé les jansénistes,
leurs ennemis, qui ne cherchaient qu'un prétexte pour les faire
bannir, et à qui le prétexte aurait manqué [3]. »

Mais on les savait hommes d'honneur autant que de foi, et,
sauf la misérable exception d'une infime minorité de *vingt-cinq*
à peine sur *quatre mille*, on ne doutait pas que tous ne fussent
prêts à souscrire aux émouvantes paroles du P. de Beauvais,
ce digne religieux que Christophe de Beaumont avait fait nom-
mer confesseur de la vénérable Louise de France :

J'ai passé trente-cinq ans à former des citoyens et je cesse de
l'être. Il me faut, à soixante-dix ans, chercher une retraite et finir dans
un pays étranger une vie dont quarante-deux ans ont été consacrés au
service de la patrie. Dans l'alternative rigoureuse de l'exil ou d'un serment que je crois ne pouvoir faire, je ne balance pas et je pars, victime
de la fidélité que je dois aux saints engagements que j'ai contractés ;
plein de respect pour la main qui frappe, soumis à celle qui permet, je
n'implore que celle qui soutient [4].

Le 9 mars, en effet, tandis que le Parlement condamne au

---

[1] Lettre du 26 mars 1764.
[2] Lettre du 22 février à Voltaire.
[3] *Sur la destruction des jésuites en France*, p. 207.
[4] *Bachaumont*, t. II, p. 60 (15 mai 1764).

feu l'adhésion de l'évêque d'Amiens à la lettre de l'archevêque
de Paris, ordre est intimé aux jésuites insermentés de passer les
frontières du royaume, sans le moindre égard pour l'âge, les vertus, les infirmités, les services. « Vous pouvez regarder le départ de ces messieurs comme certain, écrivait joyeusement Caylus, quatre jours auparavant. Le serment demandé a été le coup
de cloche [1]. » Au surlendemain de la sentence il ajoutait : « On
leur donne un mois pour sortir du ressort du Parlement, au cas
qu'ils ne veuillent pas signer. Leur bon ami l'archevêque peut
se vanter d'avoir beaucoup avancé leurs affaires [2]. »

Cependant la malheureuse marquise de Pompadour expirait à
Versailles, le 15 avril. Elle n'avait pas encore quarante-trois
ans. D'Alembert sembla craindre pendant quelque temps que
« le parti jésuitique » ne profitât de l'événement pour « revirer
tant soit peu de bord », et que la philosophie ne se trouvât de
nouveau « dans le margouillis » dont elle ne demandait qu'à
se garer [3]. La pieuse daüphine Marie-Josèphe voyait plus juste,
quand elle écrivait, le jour même de cette mort, à l'évêque de
Verdun : « Je crois que cet événement fera plus de bruit que
d'effet. Vous sentez tout ce que cela veut dire, tant pour la morale que pour la politique. Je ne dirai rien des jésuites. Le despotisme autocratique des parlements à leur égard a imité le despotisme monarchique du Maroc. Celui que, pour moi, je regrette davantage, est le P. Berthier. Il réunissait la sainteté,
la science, la gaieté, la douceur et la simplicité [4]. »

Christophe de Beaumont regretta autant que la Dauphine ce
départ forcé du religieux instituteur des enfants de France,
mais, comme elle aussi, il accorda chrétiennement le suffrage
de ses prières à la femme indigne qui avait poursuivi d'une haine
implacable et sa personne et celle des jésuites. « Il ne nous
reste, écrivait au prélat l'admirable Marie-Josèphe, il ne nous
reste que de prier Dieu pour la pauvre marquise, et encore plus
pour que le bon Dieu, ayant jugé bon de la retirer de ce monde,
fasse que la religion et l'État s'en ressentent [5]. » Voltaire,

[1] Lettre du 4 mars à Paciaudi.
[2] Lettre du 11 mars au même.
[3] Lettre du 9 juillet 1764 à Voltaire.
[4] Lettre du 15 avril (*Archives de la famille de Nicolaï*).
[5] Lettre du 19 avril (*ibid.*).

lui, se dépitait d'apprendre que Mme de Pompadour avait eu
« toutes les horreurs de l'appareil » de l'extrême-onction, obligée qu'elle était de « quitter la plus agréable situation où une
femme puisse être. » Et il osait, dans la même lettre, dicter à
une autre femme ces lignes affreusement cyniques : « On dit
quelquefois d'un homme : Il est mort comme un chien ; mais
vraiment un chien est très heureux de mourir sans tout cet
attirail dont on persécute le dernier moment de notre vie [1]. »

On sait quel mot sans cœur laissa tomber Louis XV sur le
cercueil de la triste favorite. Ce qu'on ne sait pas assez, et ce
qu'il m'est singulièrement doux de faire connaître, c'est la
manière dont les jésuites, à l'exemple de Christophe de Beaumont, se vengeaient devant Dieu des persécutions dont ils étaient
si arbitrairement victimes. Nous aimons à retrouver, dans le
fragment de lettre que je vais citer, le souvenir d'un saint religieux, bien jeune alors, destiné de Dieu à gouverner en France,
cinquante ans plus tard, la Compagnie de Jésus restaurée par
Pie VII. Voici ce qu'écrivait au général Ricci le P. Guillaume
Forest, réfugié à Notre-Dame de Lorette :

... Je crois devoir faire part à Votre Paternité de ce que continue
de m'écrire de Liège le jeune et vertueux P. Picot de Clorivière : qu'il
s'est fait parmi nos Frères dispersés, des plus fervents, un complot de
vengeance évangélique, par lequel on s'est engagé à redoubler les
prières pour tous ceux qui ont contribué à la ruine de notre Compagnie
en France. On doit se dépouiller, dans ce complot, de toute vue d'intérêt général ou particulier, et ne se proposer que la gloire de Dieu et le
salut du prochain. C'est par les saints Cœurs de Jésus et de Marie que
ce qu'on fait à cette intention doit s'offrir. L'on doit aussi particulièrement présenter à Dieu la gloire que lui a procurée l'Immaculée Conception. Les prêtres font, chaque jour à la messe, un ample *memento*
de leurs ennemis ; ils offrent même de temps en temps la messe pour
eux [2]...

Les adversaires de la Compagnie peuvent bien, dans l'occasion, jouer la comédie de la peur : ils savent qu'ils n'ont point

---

[1] Lettre du 9 mai 1764 à la marquise du Deffand.
[2] Lettre du 27 avril *(Archives du Gesù).*

à redouter, de la part de leurs victimes, une autre vengeance que celle-là.

LVII

Sur ces entrefaites, l'archevêque de Paris, confiné dans son exil de la Trappe, endurait les premières atteintes d'une cruelle infirmité. Un abcès fistuleux s'était déclaré, qui allait demander sans doute une douloureuse opération, pour laquelle on rencontrait alors difficilement, loin de la capitale, certains secours spéciaux des hommes de l'art.

Amis et ennemis se préoccupaient également de cet état du noble malade. Plusieurs d'entre ces derniers ne surent qu'échanger à ce sujet des quolibets de la pire espèce : « Il aura beau, disait Caylus, avoir des dépôts dans le corps, il n'en aura pas la tête moins dure[1]. » Mais l'élite des gens de bien multipliait les visites ou les messages auprès du Père abbé, pour s'enquérir des nouvelles du « saint hôte », comme l'appelait son ami d'Amiens, le plus empressé de tous. « Je suis attaché à cet illustre prélat, écrivait Mgr de la Motte, et cependant je ne veux pas qu'il se donne la peine de me répondre. Rien, de sa part, ne m'est plus nécessaire que ses prières, auxquelles je me recommande[2]. »

De son côté, la famille royale suppliait Louis XV de faire cesser un exil qui menaçait de devenir fatal. Le roi gémissait, promettait, oubliait. Un jour néanmoins qu'il avait semblé plaindre l'archevêque avec un accent plus vrai que de coutume : « Eh quoi! Monsieur, lui dit vivement la reine, vous plaignez Athanase, et vous, qui êtes le maître, vous le laisserez mourir en exil? — Non, non, reprit aussitôt le monarque sincèrement ému; il n'y mourra pas.» Et, sur-le-champ, au rapport de Proyart, il prit des mesures pour le rappel du métropolitain de Paris.

Le 13 septembre, licence est octroyée à Beaumont de quitter momentanément son exil, dès que les médecins le jugeront en

---

[1] Lettre du 13 septembre à Paciaudi.
[2] Lettre du 9 mars à D. Malachie.

état d'être transporté à sa villa de Conflans. « On observa de ne le rappeler, remarque le manuscrit de Hardy, que quand toute la cour fut partie pour Fontainebleau, attendu qu'il devait passer à Versailles [1]. » Et Versailles ne voulait pas se commettre avec le glorieux banni, car, à vrai dire, la lettre de cachet n'était que *suspendue*, elle n'était point *révoquée*.

D'après le *Journal encyclopédique*, l'archevêque ne put rentrer à Conflans que le 4 octobre, et l'abbé de la Trappe, justement inquiet, ne crut pouvoir mieux faire que de quitter momentanément aussi sa retraite pour se mettre au service du malade [2]. C'est sans doute à cette occasion que Msr de la Motte écrivit la belle lettre suivante :

Il est vrai, mon très honoré Père, que le dessein de M. l'évêque de Noyon et le mien était de vous aller voir, et vous partagiez cet empressement avec M. l'archevêque de Paris, auquel je suis véritablement et respectueusement attaché ; mais je vois que ce m'eût été impossible de le faire par les diverses affaires qui me retiennent, quelque ardent et sincère que fût mon désir. J'ai fait les mêmes réflexions que vous ; on ne peut que s'affliger et sacrifier tout raisonnement et tout discours dans ce qui se passe. *Je ne serais pas étonné si, sa santé rétablie, on ne faisait quelque instance pour un nouvel éloignement.* Si le roi avait autant de force qu'il a de bonté et de droiture, notre grand prélat serait mieux traité. Nous ne sommes pas en commerce fréquent de lettres avec lui. J'apprends plus par votre lettre ce qui le regarde, que par toute autre voie. Lui écrire, c'est, je crois, le fatiguer. Mais, sans nous lier de, nos cœurs sont toujours bien unis et il peut toujours compter sur moi, c'est-à-dire, sur ma sincère volonté de marcher sur ses pas, quelque inutile que ce soit à lui et à tout bien. Il aura toujours de ma ma part le denier de la veuve [3]...

Christophe de Beaumont avait espéré que sa convalescence ne serait troublée par aucun incident fâcheux. Son mécompte n'en fut que plus vif, et nous pouvons dire de lui, comme Theiner le dit de Clément XIII, « qu'il versa des larmes amères » quand le roi, tiraillé en tout sens et excédé de lassitude, sanctionna les arrêts implacables du Parlement par ce triste arrêt de novembre qui supprimait définitivement l'ordre des jésuites

[1] *Loc. cit.*, p. 51.
[2] Fascicule du 1er novembre 1764, p. 163.
[3] Lettre du 17 octobre à D. Malachie (*Archives de Saint-Acheul*).

dans toute l'étendue du royaume. « C'en est fait enfin des bénits Pères ! s'écrie avec transport le comte de Caylus. L'autorité royale s'est jointe aux arrêts du Parlement pour les détruire sans espérance[1]. »

Sans espérance !

Quelques jours après, un enfant de neuf ans jouait dans la chambre de sa mère avec la pétulance des garçons de son âge. « Joseph, lui dit la noble dame, ne soyez pas si gai ; il est arrivé un grand malheur. » Et elle lui raconta la nouvelle, qu'elle venait d'apprendre, du funeste édit d'expulsion. L'enfant se souvint toujours de cette scène, et dès lors il recueillit pieusement, comme une partie de l'héritage de sa sainte mère, les sentiments que celle-ci avait voués à la Compagnie de Jésus. Il faut dire que ce fut pareillement un héritage paternel. Un demi-siècle plus tard, Joseph de Maistre — car c'était lui — se fera une fête d'écrire à certain *jésuitophobe* de sa connaissance : « Mon grand-père aimait les jésuites, mon père les aimait, ma sublime mère les aimait, je les aime, mon fils les aime, son fils les aimera[2]... »

Et ce sont là, grâce à Dieu, des sentiments dont la tradition ne se perd pas au sein des familles chrétiennes, accoutumées qu'elles sont à compter, en dépit de tout, avec ces ineffables retours de la Providence qui finit par casser des arrêts non moins « irrévocables » que celui de Louis XV !

Le 4 décembre, le duc de Praslin, ministre des affaires étrangères, terminait une longue dépêche au marquis d'Aubeterre, ambassadeur à Rome, par un post-scriptum dont voici la teneur : « Le roy, en conséquence de son édit, a levé la lettre de cachet qui exiloit M. l'archevêque de Paris à quarante lieues de son diocèse, et Sa Majesté a permis à ce prélat de revenir dans la capitale. »

Ce fut le 16 du même mois que Beaumont rentra dans son palais, mais il laissa l'évêque de Cydon présider encore aux ordinations des Quatre-Temps, et ne parut à la métropole que pour les premières vêpres de Noël. Les membres du chapitre

---

[1] Lettre du 8 novembre à Paulaudi.
[2] Cf. *Association catholique*, t. VII. p. 191.

d'introduire partout, en se bornant aux éléments de l'harmonie.... »

Voilà donc en somme des chants sacrés valant comme doctrine et comme piété, précisément ce que vaut la prière de l'Église, recommandables d'ailleurs par une forme parfaitement française et littéraire. A tous ces titres, ils méritent bon accueil de la part de quiconque s'intéresse à l'éducation chrétienne, et qu'on ne s'y trompe pas, nous entendons bien que pour tout le monde cette éducation dure autant que la vie [1].

G. LONGHAYE.

HISTOIRE

M. Félix Julien envisage l'histoire des papes à un point de vue tout spécial, qui offre un intérêt de véritable actualité [2]. Au moment où l'empire turc s'effondre sous les attaques de la Russie, il est curieux de rechercher quels ont été les premiers et les plus persévérants ennemis de la domination musulmane, par conséquent quels sont les sauveurs de la civilisation chrétienne en Europe. M. Julien n'a pas de peine à démontrer que ce furent, à toutes les époques de l'histoire, les souverains pontifes. Depuis Grégoire IV jusqu'à Léon XIII, pas un seul des successeurs de saint Pierre ne fut indifférent au sort des populations chrétiennes, sur lesquelles pesait le joug dur et abrutissant du mahométisme. Aux beaux

---

[1] Voici comment Mgr d'Asti a traduit le *Vexilla regis* :

Del Re il Vessillo avanzasi	Arbore illustre e fulgida.
L'arcana Croce addita,	Ricca di regio manto
Morì chi diè la vita	Che al Crocefisso santo
Vita morendo diè.	Le membra un dì toccò!
Piagato da una lancia	Beata che dei secoli
Sangue con acqua misto	Il prezzo portò appeso
Per noi sgorgato ha Cristo	Del corpo il santo peso
Mondi così ci fè.	Di Arverno vincitor.
L'oracolo Davidico	O Croce, ave, speme unica,
Fedele s'è compito,	Che la passion rammenti
Che al mondo ha presagito	Che a' pii la grazia aumenti,
Dal legno Iddio regnò.	E assolvi i peccator !

O Triade salutifera,
Ognun ti porga gloria !
Dà della Croce il premio
A chi dai la vittoria. — Così sia.

[2] *Papes et sultans*, par Félix Julien. Paris, Plon, 1879, in-18 jésus, p. VIII-322.

jours de leur puissance temporelle — et l'on voit en cela combien elle était utile et même nécessaire — les papes sont les instigateurs de toutes les expéditions dirigées par les souverains de l'Europe contre les sultans; leurs flottes se joignent aux flottes de la France, de l'Espagne, de Gênes et de Venise; souvent leurs légats les commandent. Plus tard, n'ayant plus en main cette force matérielle dont ils se servirent pour défendre la croix, ils ne se montrèrent pas moins vigilants pour indiquer le danger, ni moins pressants pour le conjurer. M. Félix Julien, qui n'est pas un inconnu pour nos lecteurs — ils se rappellent son *Voyage au pays de Babel* et ses *Commentaires d'un marin*, — a écrit sur ces faits si glorieux pour la papauté, un ouvrage d'une lecture très attachante : c'est un chrétien convaincu qui parle avec amour des hauts faits des papes, c'est un marin qui traite avec compétence de son ancien métier, c'est un historien qui fait preuve d'une sage critique dans le choix de ses autorités. En un mot, *Papes et Sultans* est un excellent livre pour tous les âges.

M. Dussieux vient d'achever l'ouvrage dont nous avons annoncé, au mois d'avril dernier, les quatre premiers volumes [1]. Ceux qui paraissent contiennent les règnes de Louis XIII, de Louis XIV, de Louis XV et de Louis XVI. L'importance de ces deux siècles de notre histoire, les événements si graves qui se sont passés de 1610 à 1789, expliquent comment l'auteur a consacré autant de volumes à cette période qu'à toutes les précédentes. M. Dussieux est resté fidèle à sa méthode : il emprunte à nos meilleurs écrivains leurs plus belles pages, il cite des lettres des personnages les plus en vue, il ne s'attache pas seulement aux faits politiques, mais aussi à tout ce qui aide à faire bien connaître le siècle dont il parle. C'est une manière d'enseigner l'histoire qui a son utilité et son avantage.

Les Croisades, — la Féodalité, — le Moyen âge, — la Ligue, — la Fronde, — Louis XIV, — la Révolution : tels sont les sujets des *Causeries* de M. Alfred Nettement sur l'histoire de France [2]. Si ce ne sont pas les seuls points importants de nos

---

[1] *Les grands faits de l'histoire de France racontés par les contemporains. Recueil de documents originaux destiné à servir de complément aux études historiques*, par L. Dussieux. Deuxième édition, avec une introduction par Ch. Barthélemy. Paris, Lecoffre, 1879, in-12, 4 vol. — T. V à VIII, p. 542, 527, 514 et 543. — Prix : 2 fr. le vol.

[2] *Causeries sur l'histoire de France*, par Alfred Nettement, suivies d'une causerie sur la Révolution, par Mlle Marie Alfred Nettement. Paris, Lecoffre, 1879, in-12, 2 vol., p. 296 et 292. — Prix : 2 fr. le vol.

annales, ce sont peut-être ceux qu'ont le plus défigurés la mauvaise foi et la passion. On connaît les principes religieux et politiques de l'auteur : ils répondent donc de l'esprit de son livre; mais qu'on n'oublie pas non plus que M. Nettement est un historien consciencieux. En donnant à son travail la forme de causeries, il a trouvé l'ingénieux moyen d'aborder et de réfuter les objections futiles ou sérieuses dont sont émaillés bien des livres d'histoire et qui remplissent bien des esprits plus ou moins superficiels. S'il laisse à l'attaque toute sa force et n'en dissimule aucune des raisons, il donne à la défense l'accent d'une profonde conviction, et la présente avec l'énergie qu'inspirent la vérité et le bon droit. Les champions des différentes causes s'expriment dans un langage pur et facile, avec esprit et distinction. Rendons à chacun ce qui lui est dû ; si M. Nettement a droit à nos éloges pour les cinq premiers chapitres de ses *Causeries*, Mlle Marie Nettement les mérite autant pour la dernière, qui complète si bien l'œuvre de son vénéré père.

Les écrivains qui se sont occupés de l'histoire générale de l'Autriche, l'ont plutôt exposée au point de vue de la politique extérieure des princes autrichiens, que de la destinée des peuples soumis à leur domination. Il y a donc là une lacune importante : M. Louis Léger, a cherché à la combler,[1] en insistant spécialement sur l'histoire des « trois groupes fondamentaux qui servent aujourd'hui de base à l'État autrichien, et dont l'équilibre définitif est encore à trouver. Ces groupes sont les provinces héréditaires, le royaume de Hongrie et celui de Bohême. » Familiarisé avec la langue slave, M. Léger montre une connaissance approfondie de son sujet, et l'on ne pourra reprocher à son livre d'être superficiel; la bibliographie des ouvrages qu'il a consultés témoigne de la persévérance de ses recherches ; ses investigations personnelles, ses voyages ont complété la somme des renseignements que lui fournissaient ses devanciers. On comprend, après la lecture de son livre, les difficultés insurmontables qu'opposait à la puissance autrichienne la grande diversité des peuples rangés sous ses lois, de leur origine, de leur langue, de leurs coutumes, de leurs tendances, de leur religion. Les princes de la maison de Habsbourg étaient tous Allemands : les races allemandes, slaves et magyares n'ont jamais pu

---

[1] *Histoire de l'Autriche-Hongrie, depuis les origines jusqu'à l'année 1878,* par Louis Léger, professeur à l'École spéciale des langues orientales vivantes. Paris, Hachette, 1879, in-12, p. ii-641 et 4 cartes.

se fondre et probablement ne se fondront jamais. Cet antagonisme héréditaire a été la cause de ces guerres et de ces révoltes fréquentes, politiques ou religieuses, qui ont ensanglanté ces différents pays. M. Léger ne dissimule pas dans son livre sa prédilection pour ces races assujetties à une domination étrangère; il plaide en faveur de leur autonomie, ce qui l'entraîne, nous semble-t-il, à un excès de sévérité envers leurs maîtres et tous ceux qui tenaient, de loin ou de près, à leur parti. De là, sans doute, quelques appréciations peu justes sur le catholicisme, dont les princes de la maison d'Autriche furent, en général, de constants défenseurs. L'*Histoire de l'Autriche-Hongrie* ne peut donc être mise, sans réserves, entre les mains de la jeunesse ; elle participe des défauts de l'*Histoire universelle* publiée sous la direction de M. V. Duruy, dont elle fait partie. Pour justifier les restrictions que nous faisons dans les éloges que mérite cet ouvrage, signalons par exemple, l'*héroïsme du martyre* de Jean Hus (p. 170), tandis que celui de saint Jean Népomucène est relégué au nombre des fables (p.161 et 302), certaines paroles attribuées à des prêtres ou à des religieux, en particulier à des jésuites, et qui mériteraient d'être appuyées de preuves solides pour être admises ; tandis que les ennemis de l'Église, malgré leurs excès que l'auteur ne dissimule pas, n'encourent pas le blâme au même degré que leurs adversaires. On reconnaît là l'esprit courant de bien des historiens contemporains. M. Léger, pour protester encore plus énergiquement contre les tentatives de germanisation de la race slave ou hongroise, a restitué aux noms propres leur véritable orthographe, ou une orthographe approchant le plus possible de la véritable. Nous sommes loin de critiquer cette innovation, mais il faut s'y habituer ; il sera donc bon, avant de commencer la lecture de cette histoire, de consulter la *Note sur l'orthographe des noms propres* (p. 610-613).

C'est au point de vue social que M. Xavier Roux a surtout étudié l'Autriche-Hongrie [1]. Il a vu de près les différentes classes de la société austro-hongroise, le clergé, l'aristocratie, la bourgeoisie, les ouvriers, l'armée, et il nous donne ses impressions. Pas plus que M. Léger, il ne nie l'antagonisme des races réunies sous le même sceptre, mais il n'y voit pas un danger pour l'unité de l'empire; le patriotisme, selon lui, est plus fort que les ques-

[1] *L'Autriche-Hongrie*, par Xavier Roux, Paris, Palmé, 1879, in-12, p. xx-262.— Prix : 3 fr.

tions de race. Le péril, pour l'existence même de l'empire, serait plutôt dans l'invasion du judaïsme, qui, maître de la Hongrie, a commencé la conquête de l'Autriche, et dans la diffusion toujours croissante des idées révolutionnaires. Si les progrès, malheureusement trop évidents, de la révolution, n'ont pas encore amené la chute de l'empire, il faut l'attribuer à la foi religieuse qui vit dans les âmes et au respect des traditions. Mais combien de temps ces éléments de force suffiront-ils pour neutraliser les attaques dirigées contre la société tout entière? Il y a là des questions fort graves, qu'il est difficile de résoudre. — Nous n'avons pas besoin de rassurer le lecteur sur l'esprit qui règne dans l'ouvrage dont nous parlons : M. Xavier Roux est assez connu pour qu'il soit superflu d'insister sur ce point.

Averti par une révélation céleste, saint Remi fit son testament : il possédait des biens considérables, provenant de sa fortune patrimoniale ou des largesses des princes et des seigneurs ses contemporains et ses admirateurs. L'histoire nous a conservé cet acte important, mais sous deux formes différentes : sous l'une il est plus considérable que sous l'autre; de là le petit et le grand testament de saint Remi. Lequel des deux est le véritable? voilà la question que M. l'abbé Dessailly s'est proposé d'étudier et même de décider[1]. Le lecteur, qui ne connaît pas la pièce du procès, se demandera peut-être si la question mérite un examen aussi approfondi que celui auquel s'est livré le savant abbé. Mais qu'il se donne la peine de lire attentivement cet ouvrage rempli d'une critique si éclairée, et ses doutes tomberont. — Jusqu'en 1638, le grand testament, dont le texte nous a été transmis par Flodoard dans l'*Histoire de l'Église de Rheims*, fut considéré universellement comme authentique : les papes, les évêques, les jurisconsultes, les érudits étaient unanimes dans ce sentiment. Quant au petit, rapporté par Hincmar, on ne le regardait que comme un abrégé, destiné à rappeler les dispositions principales du grand. Ce n'est qu'au XVIIe siècle que les opinions se partagèrent, ou plutôt se modifièrent. « A partir de cette époque, dit M. l'abbé Dessailly, plusieurs érudits de l'école gallicane ont nié la valeur du grand testament, l'ont prétendu supposé, et n'ont admis que l'existence du petit. Ce sentiment a tellement prévalu, qu'aujourd'hui on a cessé d'étudier la question et qu'on la regarde comme résolue dans

[1] *Authenticité du grand Testament de saint Remi*, par l'abbé Dessailly, membre de l'Académie de Reims. Paris, Dumoulin (1879), in 8, p. iv-424.

un sens contraire à nos anciennes traditions. » Quelle est la cause
de ce changement ? Elle est double : d'un côté, ce fut la surexci-
tation contre la France, de tous les pays situés sur la frontière,
appartenant encore à l'Espagne, mais se sentant menacés d'une
conquête prochaine ; les savants de ce pays mirent leur patriotisme
à combattre nos traditions les plus anciennes et surtout la grandeur
de nos rois ; — de l'autre côté, ce fut le gallicanisme régalien, qui
trouvait dans le grand testament de saint Remi des passages in-
conciliables avec les sentiments d'adulation envers l'autorité
royale et d'indépendance envers l'autorité pontificale.

Des écrivains, célèbres à différents titres, entrèrent dans la lice.
M. l'abbé Dessailly creuse soigneusement leurs arguments ; il
s'arrête à réfuter surtout ceux des rédacteurs des *Acta sanctorum*,
qu'il range volontiers parmi les partisans de l'Espagne, ce qui est
tout naturel, puisque alors la Flandre était espagnole. Faut-il accuser d'une semblable concession au patriotisme ces critiques si renom-
més? ou bien ont-ils agi avec une véritable bonne foi, et se sont-
ils trompés candidement? Je ne me charge pas de trancher cette
grosse question ; mais il me semble qu'après avoir examiné l'une
après l'autre toutes leurs objections contre l'authenticité du grand
testament, M. l'abbé Dessailly prouve victorieusement qu'ils ont
erré comme tous ceux qui n'ont voulu admettre que le petit testament. — Quoi qu'il en soit du jugement que portera la critique historique sur cet ouvrage, elle ne pourra refuser à son
auteur le témoignage qu'il a plaidé avec éloquence, conviction
et science, la cause dont il s'est constitué l'avocat.

C. Sommervogel.

UNE TERRE, SES POSSESSEURS CATHOLIQUES ET PROTESTANTS DE
1200 à 1600, par E. Frain. Rennes, Plihon, 1879. In-12, 232 pages.

L'histoire d'un petit domaine composé de trois fermes dans le
voisinage de Vitré, est-ce de quoi intéresser d'autres lecteurs
que les Vitréens? Oui, nous pouvons assurer que ce livre sera
parcouru avec plaisir par quiconque aime à faire revivre nos
vieilles mœurs dans son souvenir, et à recueillir les traditions de
nos aïeux. M. E. Frain tire de la poussière des archives et met
sous nos yeux des pièces qui jettent du jour sur l'intérieur des
familles, un contrat de mariage, un testament, une vente, les pé-
ripéties d'un procès. Comme M. Charles de Ribbe, il nous ouvre
des registres domestiques. Il nous fait lire dans un auteur du xvi^e

siècle le portrait de ce métayer qui « part aux champs, chantant à pleine gorge » et qui « là cueille pommes et poires à son aise, tastant de l'une, puis de l'autre, et le reste qu'il ne daigne manger, il le portera aux villes vendre, et de l'argent en aura quelque beau bonnet rouge ou un couteau de bonne façon. » Plus loin c'est le maître qui surveille les travaux de la campagne et donne quelque temps à la pêche ou à la chasse, mais non sans s'être réservé « quelque heure employée à la lecture de bons livres et avant tout des prières à ce haut Dieu, pour que la journée se passe sans l'offenser ni le prochain. » Ailleurs c'est le *règlement des pauvres* dressé en assemblée générale par les habitants de Vitré ; on y voit entre autres choses que nos religieux ancêtres savaient pratiquer la charité, sans favoriser la fainéantise : « Le pain des vrais pauvres ne sera baillé aux mendiants valides, belistres et pauvres oisifs, sains et puissants pour travailler et qui n'ont aucun mestier et vacation, encore qu'ils fussent originaires de Vitré ; mais seront contraincts de gagner leur vie au labeur de leurs mains, soient hommes ou femmes, et s'ils continuent en leur oisiveté seront par autorité de la justice ordinaire, constitués prisonniers pour être par devers eux, procédé selon la rigueur des ordonnances. » L'instruction des enfants pauvres, garçons et filles n'est pas oubliée ; en attendant qu'ils aient des maîtres d'école, « le gardien leur apprendra à lire et les instruira en la foi chrétienne, et pour prier Dieu leur apprendra l'oraison dominicale, les articles de la foy et les commandements de Dieu, les chastiera et corrigera leurs vices, les nourrissant en bonnes mœurs. » En outre le chapelain « sera tenu d'instruire aux lettres lesdits petits enfants. » C'est ainsi que ces hommes sérieux entendaient l'assistance de la misère et l'éducation du jeune âge. Sur ces deux points et sur beaucoup d'autres, les maximes et les exemples de nos pères contiennent pour nous d'utiles enseignements.   F. D.

FAMILLE ET DIVORCE, par l'abbé Vidieu, docteur en théologie. Paris, Lecoffre, 1879. In-12, vii-228 pages. Prix : 3 francs.

L'indissolubilité du mariage attaquée devant l'opinion par la presse et des conférences publiques et dans les Chambres par les auteurs du projet de loi pour le rétablissement du divorce, appelle des défenseurs : M. l'abbé Vidieu s'est mis sur les rangs. Il se présente armé d'un livre plein de bonnes raisons qu'il a puisées dans le droit naturel plutôt qu'aux sources théologiques, et qu'il expose avec chaleur, afin qu'elles soient plus aisément acceptées et mieux comprises du grand nombre. Ce livre fait sur un plan très simple est divisé en deux parties. La première prouve la perpétuité de l'union conjugale, d'abord par la considération des éléments dont la famille est composée, et des relations qui l'unissent à la société civile, ensuite par les funestes effets du divorce chez tous les peuples anciens et modernes qui l'ont admis dans leurs mœurs, et autorisé par leur législation. Dans la seconde partie l'auteur énonce sans les affaiblir les principales objections des partisans du divorce, et il les réfute sans peine, car vraiment ces objections sont misérables. Et c'est pour de tels motifs qu'un pays catholique comme la France, va subir peut-être la loi immorale dont il est menacé !   F. D.

GUERRE AUX MORTS, ou inhumation et crémation considérées au point de vue historique, hygiénique, économique, religieux et social, par le R. P. Steccanella, de la *Civiltà cattolica*. Traduction autorisée (au bénéfice de l'église et de l'école libre de Corpeau). Dijon, imprimerie J. Marchand. In-8, 188 pages. Prix : 2 francs *franco*. S'adresser au curé de Corpeau, par Chagny (Saône-et-Loire).

Faut-il enterrer les morts ou les brûler ? Question vivement débattue il y a quatre ou cinq ans et maintenant un peu assoupie, mais non éteinte. Ceux qui voudront se mettre au courant de cette intéressante controverse la trouveront exposée dans une série de remarquables articles de la *Civiltà cattolica* qu'un ecclésiastique vient de traduire en français, et de réunir en un volume. Le P. Steccanella les écrivait lorsque la querelle était encore dans sa chaleur. Résumant les principales publications parues sur cette matière en italien, en français, en allemand et en anglais, il fait connaître les raisons alléguées pour ou contre la crémation des cadavres et les discute avec une rigoureuse dialectique et une parfaite connaissance de son sujet. Le traducteur a su faire passer dans notre langue la vie et le piquant du texte italien ; s'il lui est échappé quelques distractions, ce sont de ces fautes qui altèrent peu le sens et qu'un lecteur intelligent rectifie sans peine. Cependant l'on comprendra difficilement peut-être, pourquoi le mot *aryana* est rendu trois fois (p. 59, 60 et 61) par *aranéenne*.

F. D.

HISTOIRE DE L'ESCLAVAGE DANS L'ANTIQUITÉ, par H. Wallon, secrétaire perpétuel de l'Académie des inscriptions et belles-lettres, doyen de la Faculté des lettres de Paris ; deuxième édition. Paris, Hachette, 1879. 3 vol. in-8, clxvii-488, 517 et 560 pages.

L'*Histoire de l'esclavage dans l'antiquité*, œuvre opportune lorsqu'elle fut publiée pour la première fois il y a plus de trente ans, reparaît aujourd'hui dans des circonstances qui lui donnent un intérêt nouveau et douloureux. Alors il s'agissait d'abolir l'esclavage dans nos colonies; à présent les souffrances de nos ouvriers libres appellent un remède efficace. C'est toujours la grande question du sort des classes laborieuses. Pour la bien comprendre telle qu'elle s'offre à notre époque, il est bon de l'étudier sous les formes qu'elle eut dans les temps anciens, et cette étude est rendue facile par l'ouvrage si exact de M. H. Wallon. Parcourant toute la suite des siècles depuis l'origine de l'histoire jusqu'à la fin de l'empire romain, ce savant montre ce qu' a été chez les peuples les plus connus, d'une part le travail libre, d'autre part le travail asservi, soit totalement par l'esclavage, soit partiellement par le servage ou le colonat.

Jamais sans doute le travailleur libre ne fut à l'abri des privations ; quelquefois même il eut à souffrir de la misère encore plus que l'esclave dont la vie et la santé étaient pour son maître opulent une source de revenus. Mais la servitude entraînait avec la dégradation civile une dégradation morale mille fois plus funeste. L'esclave ne s'appartenait plus, il était livré sans défense aux passions d'un maître dissolu ou cruel. Que l'histoire de cette classe infortunée est navrante ! Et ç'a été pendant des milliers d'années, l'histoire de la plus grande partie des hommes chez les peuples les plus policés. Moins rigoureux et moins absolu chez les patriarches et les Israélites, l'esclavage étalait toute sa difformité dans le reste de l'Orient, qu'il s'alliât avec le régime des castes, comme en Égypte et dans les Indes, ou qu'il rencontrât une autre organisation sociale, comme en Chine, comme chez les Assyriens, chez les Mèdes et les Perses. M. Wallon, après avoir jeté un regard rapide sur cette partie du vaste champ que son œuvre embrasse, concentre ses recherches sur la société grecque et sur la société romaine. D'où provenaient les esclaves? Quel en était le nombre, le prix? Quelle était leur vie, leur emploi leur manière d'être traités dans la famille, leur situation vis-à-vis de la société civile et devant la loi? Quels effets l'esclavage produisit-il sur les classes serviles, sur les classes libres elles-mêmes? Quelles règles observait-on pour l'affranchissement? Ces questions développées et résolues avec une érudition consciencieuse remplissent les deux premiers volumes. Le troisième décrit l'esclavage sous les empereurs romains. Un nouvel élément s'est mêlé au corps social; le christianisme a proclamé tous les hommes égaux par nature, frères en Jésus-Christ et délivrés par lui de la servitude du péché. La nouvelle religion ne contesta point aux maîtres le droit de commander à leurs esclaves : elle prescrivit aux esclaves d'obéir à tout ordre légitime ; mais au-dessus de ces distinctions passagères elle montra aux hommes la dignité de leur nature commune, et elle leur communiqua une si haute noblesse en les faisant enfants de Dieu, que la différence des conditions dont la vanité humaine est si préoccupée ne paraissait plus rien. Ces principes chrétiens préparaient de loin l'abolition de l'esclavage, et l'Église l'a hâtée par ses efforts pour réhabiliter le pauvre et relever le travail du mépris où il était tombé, par les affranchissements dont elle donnait l'exemple aux fidèles et par les changements successifs introduits sous son influence, dans la législation de l'empire. M. Wallon démontre avec la grande science qu'on lui connaît, cette action constante et efficace du christianisme. Il n'est pas toujours aussi heureux dans la partie doctrinale de sa thèse. Ces termes d'égalité, de liberté, d'indépendance, lorsqu'il s'en sert pour exposer la pensée de saint Paul ou des Pères, semblent offrir quelquefois un sens équivoque ; en le lisant, on a besoin de se rappeler que l'égalité de nature n'entraîne pas l'égalité de droits parmi les hommes, que l'esclavage dont Jésus-Christ nous est venu délivrer n'est pas celui dont la baguette du préteur faisait tomber les chaînes, et que la liberté des enfants de Dieu se concilie fort bien dans un serviteur avec la dépendance qui l'assujettit à son maître, non seulement par les liens de la charité, mais aussi par ceux de la justice.

F. Desjacques.

QUESTIONS ET RÉPONSES

QUESTIONS

23. — **Vie de Notre-Seigneur Jésus-Christ.** — Existe-t-il en français, en italien, en espagnol ou en latin, un ouvrage qui ressemble au livre intitulé : *Life of Christ*, par le protestant *Farrar*; c'est-à-dire une vie de Notre-Seigneur Jésus-Christ, écrite par un catholique, suivant l'Évangile, mais un récit intéressant et sérieux, renfermant, *dans le texte même*, des détails géographiques, ainsi que des notions sur les mœurs et les habitudes des Juifs à cette époque, sans omettre, en passant, les applications morales, ni les remarques scientifiques, pourvu qu'elles ne deviennent pas des dissertations interminables ; en un mot, un livre qui puisse être lu avec fruit par des jeunes gens, par des jeunes filles surtout, au sortir du collège ou du couvent ?

Nota. — On connaît le docteur Sepp, l'abbé Darras, le P. de Ligny, Mgr Mastaï, Louis Veuillot, les tableaux historiques et géographiques de l'abbé Letheard.

24. — Saint Luc et saint Mathieu. — L'ordre chronologique des faits de la vie de Notre-Seigneur Jésus-Christ, suivi par saint Luc, n'est-il pas reconnu plus exact que celui de saint Mathieu?

25. — Salmeron. — Quel est le titre du travail du P. Salmeron, sur la vie de Notre-Seigneur Jésus-Christ et sur l'Évangile ? Cet écrit a-t-il jamais été traduit en français ? A-t-il été réimprimé récemment en latin ?

26. — Descartes. — Préciser en quoi l'influence des doctrines de Descartes et des ontologistes a été funeste à la direction spirituelle des âmes.

24. Le Gloria Patri. — A quelle époque a été introduite dans la liturgie, la seconde partie de la doxologie : *Sicut erat in principio et nunc et semper*, etc.? — Gagnerait-on l'indulgence attachée à la récitation du *Gloria Patri*, si on se servait, en le récitant, d'une traduction incomplète ou inexacte?

RÉPONSES

Suarez (III, 640, 2; — IV, 628). — On a avancé que « le P. Bannez avait publié, avec des notes acerbes et véhémentes, la lettre de Suarez à Clément VIII » dans laquelle il se plaignait des censures du dominicain, et présentait son apologie au Pape. C'est une erreur. Le P. Bannez n'a jamais publié cette lettre, qui ne fut pas remise à Clément VIII, mais déposée dans les archives de la Compagnie de Jésus, à Rome, et qui a été imprimée pour la première fois en 1859, dans le volume édité par Mgr Malou, sous ce titre : *R. P. Francisci Suaresii... Opuscula sex inedita*. Les notes du P. Bannez portaient sur les trois livres *De auxiliis divinæ gratiæ* que Suarez avait fait paraître en 1599.

Consulteurs dans la condamnation de Baius (III, 955, 8). — Le premier promoteur de sa condamnation fut un de ses collègues, professeur à l'université de Louvain, Ricard Tapper, né à Enckhuysen, en Hollande, mort à Bruxelles, en 1569, âgé de 78 ans.

Le Gérant : G. SOMMERVOGEL

LYON.—IMPRIMERIE PITRAT AÎNÉ, RUE GE...

LA REVANCHE DE DIEU

Le 8 décembre, fête de l'Immaculée-Conception, les catholiques lyonnais, toujours au premier rang quand il s'agit d'ho-
norer Marie, célébrant dans l'enthousiasme de leur amour et
de leur foi, le vingt-cinquième anniversaire de la définition
d'un dogme si cher à tous les cœurs, donnaient ainsi à l'Église,
un grand sujet de joie, et au monde, un spectacle qui, à l'heure
présente, a bien son éloquence et son mérite.

Établie sur la sainte colline et publiée sous les auspices de
N.-D. de Fourvière et presque sous ses yeux, cette revue pou-
vait-elle rester en arrière devant un pareil exemple, et ne pas
offrir à son tour, à la Vierge Immaculée, son humble tribut de
respect et de filiale affection ? Puisse Marie bénir notre pensée
du haut du Ciel, et voir dans ces lignes que nous lui consacrons
ici, un nouveau gage de dévouement et de fidélité !

I

C'était en 1854; près de 50,000 fidèles accourus à Rome de
toutes les contrées, se pressaient à Saint-Pierre, impatients et
avides d'assister au triomphe de la Mère de Dieu, et d'entendre,
de la bouche même du Vicaire de Jésus-Christ, la solennelle affirmation d'un si glorieux privilège. Heureux de son côté, d'avoir
été choisi pour ajouter à la couronne de Celle qu'il avait tant
aimée, sa plus brillante étoile, Pie IX, d'une voix émue et les
yeux baignés de larmes, s'écriait en terminant : « Nous en

avons la plus entière confiance et nous nous reposons dans la certitude de nos espérances, la bienheureuse Vierge... saura faire, par son puissant patronage, que tous les obstacles écartés, toutes les erreurs confondues, la sainte Église catholique, notre Mère, croisse et fleurisse chaque jour davantage chez tous les peuples et dans toutes les contrées; qu'elle règne d'une mer à l'autre et jusqu'aux extrémités de la terre; qu'enfin elle jouisse pleinement de la paix et de la liberté[1]. »

Ces sentiments du Père commun des fidèles devinrent aussi les nôtres, et n'ont pas cessé depuis d'être notre consolation dans nos malheurs. L'Immaculée-Conception définie nous apparut comme la radieuse aurore d'un beau jour après la tempête, et le vaisseau de l'Église, arborant son blanc pavillon, nous semblait devoir poursuivre ainsi sa route sur une mer désormais tranquille et sans écueils; déjà peut-être pensions-nous découvrir à l'horizon ces rivages fortunés de la paix si longtemps cherchés, cette terre promise, objet de tous nos vœux. Et cependant, qu'est-il arrivé ? Le temps, hélas! et les événements ont comme pris à tâche de mettre notre confiance à l'épreuve, en nous arrachant un à un, avec nos plus chères espérances, nos rêves de félicité. Si, en effet, nous prêtons l'oreille aux bruits du dehors, n'entendons-nous pas ce formidable cri de guerre à l'Église retentir d'un bout de l'Europe à l'autre, et la mer plus agitée que jamais, mugir et rouler ses flots courroucés? Détournant les yeux de ce spectacle, essayons-nous d'interroger l'avenir ? Il s'offre à nous plus sombre et plus effrayant encore, et nul ne saurait dire aujourd'hui comment notre frêle esquif échappera à la tourmente et au naufrage, ni si nous aurons un lendemain. Une seule chose se dégage clairement de la situation, et s'impose impérieusement à nous : la lutte à bref délai, et avec elle, la nécessité de retremper son âme et de s'armer de courage, pour rester fidèle à sa conscience et à Dieu.

Or, à ce point de vue, l'Immaculée-Conception, si l'on y réfléchit bien, peut devenir une lumière et un encouragement, car ce fut une guerre et un triomphe, la revanche de Dieu par

---

[1] Bulla Ineffabilis.

Marie. Pourquoi ne pourrait-elle pàs nous apprendre comment
nous devons combattre et espérer de vaincre un jour ?

La revanche de Dieu, nous l'appelons ainsi, parce que ce
nom a l'avantage, à nos yeux, de mieux caractériser sa nature
et la pensée qui l'inspira. Le lecteur sera, croyons-nous, de
notre avis, s'il veut bien prendre la peine de relire avec nous
cette page de la Bible où nous est conservée l'histoire de notre
chute[1]. Dieu, sans doute, ici, parle et agit en juge, mais s'il
frappe, c'est encore en père; s'il ferme à nos premiers parents
les portes de l'Éden, ce n'est qu'après avoir relevé leurs âmes
et pris soin de les venger.

Quel est en effet ce grand coupable à qui je l'entends signifier
en termes si sévères, l'irrévocable arrêt de sa condamnation?
C'est le génie du mal caché sous les traits du serpent, c'est
l'ange maudit que saint Jean, dans son Apocalypse, appelle le
grand dragon, l'antique serpent[2], dont la ruse et les arti-
fices, en perdant le premier homme, ont du même coup précipité
la ruine du genre humain tout entier. Et quelle est encore cette
étonnante et mystérieuse femme que va chercher dans les profondeurs de l'avenir le regard pénétrant de Dieu, pour la montrer
à l'humanité comme une espérance après la chute, et à Satan,
comme une vision menaçante et vengeresse? L'incomparable
Vierge qu'Isaïe, dans son sublime langage, annonce et promet
à la terre comme sa libératrice et son salut, Marie, par conséquent, car saint Mathieu, nous parlant de la merveilleuse conception du Verbe incarné, nous assure que ce miracle, qui
étonne et déconcerte la nature, n'est que le fidèle accomplissement de la célèbre prophétie du fils d'Amos. Du reste, la bulle
dogmatique ne nous laisse aucun doute à cet égard : le souverain pontife, juge infaillible en ces matières, ne nous déclare-t-
il pas qu'au témoignage des Pères de l'Église et des docteurs,
Jésus-Christ et *sa mère* ont été *clairement et ouvertement*
annoncés dans l'oracle de la Genèse que nous étudions en ce
moment[3]? Ce point définitivement acquis, il ne reste plus qu'à

---

[1] Gen. III.

[2] Et projectus est *draco ille magnus, serpens antiquus, qui vocatur Diabolus
et Satanas,* qui seduxit universum orbem. (Apoc. XII, 9.)

[3] Bulla... Docuere : *divino hoc oraculo clare aperteque* demonstratum

déterminer la nature du châtiment que Dieu réserve à notre ennemi ; la sentence prononcée contre lui nous l'apprendra : écoutons : « Dieu dit au serpent : Je sèmerai la division « entre toi et la femme, entre ta race et la sienne [1]. » Voilà certes, il n'y a pas à s'y tromper, une déclaration de guerre en forme, et ce sera la revanche de Dieu, écoutons encore : « Si j'ai mangé du fruit défendu, dit Ève en s'excusant, il faut s'en prendre au serpent, c'est lui qui m'a trompée : *serpens decepit me et comedi.* — Puisque tu l'as osé, répond Dieu s'adressant au tentateur, tu seras attaqué un jour et vaincu par la femme que j'armerai contre toi : c'est elle qui t'écrasera la tête. » Mais à qui confiera-t-il le soin de sa vengeance et de la nôtre ? A Marie, nous le savons maintenant. Grâce à elle, la facile victoire de l'Éden ne sera pas définitive : la plus honteuse défaite y répondra.

Il y a donc ici déclaration de guerre à Satan ; mais quels en seront la nature et les caractères ? Quelle part y prendra Marie ? C'est là ce que nous voudrions rechercher et mettre, s'il se peut, dans tout son jour.

II

Ce fut d'abord entre le serpent séducteur et la Vierge une guerre sans paix ni trêve, un duel à mort. L'examen plus approfondi du texte sacré va nous en convaincre. N'entendez-vous pas, en effet, Dieu annonçant de la manière la plus absolue, sans aucune restriction de temps, que la femme et le serpent seront un jour en hostilité, et que ce sera son œuvre à lui, « inimicitias *ponam ?* » Supposez dès lors qu'à un moment donné, si court soit-il, cette rivalité cesse et se change en réconciliation, n'est-il pas permis de demander ce que devient la prophétie et comment vous en sauvegardez l'accomplissement ? Car enfin, comprenez-vous Dieu déclarant solennellement au ten-

---

fuisse... **Christum Jesum ac** *designatam beatissimam* **Ejus Matrem** *Virginem* **Mariam.**

[1] **Et ait Dominus Deus ad serpentem. . inimicitias ponam inter te et mulierem,** inter semen tuum et semen illius (Gen. 3-15).

tateur qu'il lui donnera, dans cette femme, une implacable ennemie, et celui-ci, quarante siècles plus tard, répondant à ses menaces, un traité d'alliance avec elle, à la main ? Vainement m'objecteriez-vous qu'il suffirait à la rigueur que Marie eût été purifiée dès le sein de sa mère de la souillure originelle, après l'avoir contractée au moment même où son âme, tirée du néant par les mains du Créateur, fut unie à son corps. J'avoue qu'à la vérité Satan aura perdu du terrain, mais gardez-vous de croire qu'il se tienne pour battu et donne gain de cause à Dieu. Voyez-le plutôt s'enfermer, la rage au cœur, dans cette redoutable forteresse qu'il s'est bâtie au jour de la prévarication, sur cette route où doit fatalement passer toute âme humaine à son entrée dans la vie. C'est là qu'il ira guetter sa proie ; là que, pareil au vautour, il fondra sur cette timide colombe, pour la blesser à mort et lui imprimer le honteux stigmate de notre péché d'origine. Encore une fois, dans votre hypothèse, que deviennent à cet instant ces rivalités, ces divisions prophétisées tant de siècles à l'avance?

N'est-il pas évident que Satan se rit de sa rivale et de Dieu ? Ecoutons-le : « Vous aviez dit que celle-ci serait mon irréconciliable ennemie, et voilà qu'en dépit de vos menaces, je la possède à cette heure, et ce n'est plus parmi les vôtres, c'est dans mon propre camp qu'il vous faut la chercher. Elle a été mon esclave avant d'être votre fille; à moi les prémices; à vous les restes. » Et que répondre à ces insolentes bravades, si Marie n'est pas Immaculée? Rien, en vérité. Il n'y a donc pas de milieu possible : ou il faut soustraire à la souillure originelle son âme virginale, ou se condamner à voir ces paroles de la Genèse recevoir, au jour de sa Conception, le plus éclatant démenti.

Voici qui n'est pas moins décisif : c'est bien d'un duel à mort qu'il est ici question, et dans lequel Satan doit succomber : or à qui la prophétie fait-elle honneur de cette victoire ? A Jésus-Christ et à Marie tout à la fois. Il existe, en effet, la plus étroite solidarité entre la femme et sa race. Regardez : y aura-t-il deux combats dans la pensée de Dieu ? Non, mais un seul qui sera commun au Fils et à la mère. Unis pendant la lutte, ils le sont encore au moment du triomphe, car si les textes les plus vénérables et les plus anciens le rapportent directement au Fils, et notre Vulgate, à la mère, l'Église approuve et consacre les deux interprétations comme également vraies ; ce qui fait dire à Pie IX dans la bulle dogmatique : « La très sainte Vierge unie à lui (au Christ) par un lien étroit et indissoluble, *avec lui*, et par lui exerçant les hostilités éternelles contre le serpent venimeux, et triomphant pleinement de cet ennemi, a écrasé sa tête de son pied immaculé [1]. »

Il y a donc, on le voit, communauté de lutte et de triomphe entre Jésus-Christ et Marie. Mais pourquoi le Fils de Dieu est-il descendu du ciel et s'est-il incarné ? N'est-ce pas avant tout pour détruire l'œuvre de Satan, et ruiner son empire ? pour triompher enfin du péché originel, d'abord en sa personne (l'union hypostatique en préservant sa sainte humanité), puis en nous, ses souffrances et sa mort ayant réconcilié le monde avec son Père, et rouvert aux âmes les canaux de la grâce et les portes du ciel ? Marie combattra donc et l'emportera sur ce terrain-là. Dès le premier instant de son existence et de son union au corps, son âme virginale comme celle de son divin Fils, sera par conséquent, non pas il est vrai par nature et par droit, mais par grâce et par faveur, préservée de la souillure originelle, et comme elle aussi, plus radieuse et plus pure aux yeux du Créateur, que l'astre du jour. L'Immaculée-Conception, voilà donc l'inévitable glaive, que saisira d'une main ferme et assurée cette autre Judith pour en frapper à mort son orgueilleux rival, mais non sans avoir laissé Dieu exercer pleinement sur lui sa vengeance et son droit de représailles.

III

S'il est quelquefois permis, entre parties belligérantes, de répondre à une injuste violence, à un grave dommage par une violence ou un dommage équivalent, c'est là une ligne de conduite dont Dieu ne s'écarte jamais vis-à-vis du pécheur en-

---

[1] Sanctissima Virgo arctissimo et indissolubili vinculo cum eo (Christo) conjuncta *una cum illo* et per illum *sempiternas contra venenosum serpentem inimicitias exercens ac de ipso triumphans, illius caput immaculato pede contrivit.*

durci. Il est en effet, une inexorable loi inscrite en caractères indélébiles au code pénal de la justice divine, en vertu de laquelle le coupable doit tôt ou tard être puni par où il a péché.

Or, en séduisant nos premiers parents, l'ange rebelle avait péché par orgueil : outré de dépit à la vue de l'homme, nature inférieure, élevé à cet heureux état d'innocence et de sainteté qui fut autrefois le sien, il résolut d'en tirer vengeance et de nous perdre.

Il avait aussi péché par envie, nous dit l'Esprit-Saint[1]. Ne pouvant plus prétendre après sa chute, ni à la vie de la grâce ni surtout à la gloire, la pensée que ces biens perdus sans retour allaient passer entre nos mains, le fit bondir de rage, et il lui fallut nous en dépouiller à tout prix : pareil à ces affreux scélérats devenus aujourd'hui l'effroi de la société, qui, désespérant d'habiter jamais les palais de l'opulence, veulent se donner au moins la joie sauvage de les livrer au marteau destructeur ou aux flammes.

Eh bien ! Dieu va châtier ce double crime de l'orgueil et de l'envie, et faire cruellement expier à Satan le court moment de joie que lui causa notre malheur. Mais de quelles armes se servira-t-il ? Réveillera-t-il sa foudre pour en frapper une seconde fois ce front superbe ? Creusera-t-il plus larges et plus profonds les abîmes, ou donnera-t-il aux brasiers éternels une plus dévorante activité ? Non, mais il se contentera d'envoyer à son rival la confusion, cet impitoyable bourreau de l'orgueil. « Vois-tu, lui dira-il, cette chétive enfant, cette fille d'Ève dégénérée? Un jour viendra où tu seras vaincu par elle, toi si fier aujourd'hui de ton triomphe; un jour viendra où tu te verras forcé de trembler et de fuir à sa vue, et tel sera le châtiment de ton orgueil. Voici maintenant celui de ton exécrable et homicide envie : non seulement ton souffle empesté ne souillera point cette âme, mais dès le premier instant de sa création, je saurai la faire et plus grande et plus pure que tu ne fus toi-même, aux beaux jours de ta puissance et de ta gloire. En elle je mettrai toutes mes complaisances; pour elle, j'épuiserai, s'il le faut, les merveilleuses inventions de mon amour, et je la ferai plus par-

_____
[1] Sap. ii, 24.

faite que mes séraphins et mes chérubins, plus gracieuse et plus belle que la grâce et que la beauté ; ce sera enfin, comme un océan sans rivages de toutes les perfections dont nul regard, excepté le mien, ne pourra sonder l'étendue ni la profondeur. » Et que l'on ne nous accuse pas de prêter ici à Dieu un langage empreint d'exagération : c'est celui des Pères de l'Église et de Pie IX lui-même, dans la bulle déjà citée : « Dieu, nous dit-il, prépara dès le commencement... une mère à son Fils unique, et il l'aima entre toutes les créatures, d'un tel amour, qu'il mit en elle seule... *toutes ses complaisances*. L'élevant incomparablement au-dessus de tous les esprits angéliques et de tous les saints, il l'a comblée de l'abondance des dons célestes puisés au trésor de la divinité, d'une manière si merveilleuse que toujours et entièrement pure de la tache du péché, *toute belle et toute parfaite*, elle avait en elle la plénitude d'innocence et de sainteté la plus grande que l'on puisse concevoir au-dessous de Dieu, et que personne, excepté lui, ne peut comprendre. »

Ainsi, pendant quarante siècles, cette prophétique menace retentira aux oreilles de Satan et le remplira d'épouvante et de confusion ; pendant quarante siècles, ce trait vengeur lancé par la main d'un Dieu et resté dans la blessure, y perpétuera le supplice du coupable, en attendant la réalité plus terrible et plus désespérante encore. Mais comment cela, dira-t-on peut-être? car après tout, qu'importe à Satan que Marie seule triomphe là où nous succombons tous? N'y a-t-il pas dans ces innombrables victimes qu'il souillera de son venin jusqu'au dernier jour du monde, de quoi lui faire oublier cette unique défaite et l'en consoler? Il le semblerait à première vue, mais telle n'est point la logique de l'orgueil ni de l'envie.

Souvenons-nous du superbe Aman : la foule tremblante se prosterne sur son passage et l'adore, le front dans la poussière ; un seul homme, un étranger, le juif Mardochée, ose le braver et paraître devant lui, la tête haute et le regard assuré : c'est plus qu'il n'en faut pour troubler son repos et empoisonner ses meilleures joies. Que lui parlez-vous maintenant de sa puissance et de sa gloire? Rien de tout cela ne le touche plus, mais Mardochée, nous dit-il, par la bouche du poète,

...Mardochée assis aux portes du palais

> Dans ce cœur malheureux enfonce mille traits,
> Et toute ma grandeur me devient insipide,
> Tandis que le soleil éclaire ce perfide.

Voilà quelque chose du supplice de Satan, à la pensée de cette odieuse rivale qui, non seulement ne courbera point le genou devant lui, mais se jouera de ses attaques et lui écrasera la tête. Aussi, pour que rien ne manque à sa confusion, lui offrira-t-elle, en sa personne, la contre-partie de la chute, comme l'ont encore remarqué les Pères et les docteurs de l'Église : Si la ruine nous est venue par Ève, par Marie nous viendra le salut; Satan s'était servi de la femme pour perdre le premier homme et avec lui le genre humain tout entier; Dieu à son tour, se servira de Marie pour donner au monde le nouvel Adam, par qui nous devons retrouver l'innocence et la vie; Ève, pour avoir imprudemment prêté l'oreille aux séduisantes paroles de l'ange maudit, désobéit à Dieu; Marie écoutera, elle aussi, les paroles d'un ange, mais pour y répondre par une entière et aveugle soumission aux volontés du Ciel. N'y a-t-il pas dans cette antithèse frappante, entre la chute et la réparation, comme une sanglante ironie de Dieu? Quels tourments, disons mieux, quel nouvel enfer pour Satan que ces divines représailles, et que nous sommes bien vengés!

IV

Guerre à outrance, guerre de représailles, le glorieux privilège de Marie se distingue encore par un troisième et dernier caractère : ce fut une revendication.

Les dons les plus précieux de l'âme et du corps nous étaient primitivement destinés, et ils seraient aujourd'hui notre partage, si Adam, qui nous représentait tous, fût sorti victorieux de l'épreuve et n'eût point péché. C'est ainsi que, sans parler de cet heureux état d'innocence dans lequel nous aurions dû naître, nous n'eussions connu ni ces épaisses ténèbres de l'intelligence dont le génie, même le plus puissant, ne saurait s'affranchir, ni ces funestes penchants qui entraînent les âmes vers les choses d'en bas et leur font parfois raser de l'aile la poussière et la boue du chemin, ni ces mille infirmités du corps, ni la douleur et les larmes, ni enfin ces terribles angoisses de l'agonie qui ne finissent en nous que pour faire place aux humiliations du tombeau. A l'abri de tant d'infortunes, l'existence ici-bas se fût écoulée comme une fête, plus belle et plus douce qu'un jour sans nuages et sans déclin; puis, à l'heure marquée par Dieu, un ange, messager de ses volontés, fût venu nous prendre dans ses bras, pour nous emporter au ciel et nous y revêtir de lumière et de gloire.

Or, Marie n'ayant pas contracté la souillure originelle, source actuelle de notre indigence et de notre dénuement, Marie devait donc par droit de conquête, au jour de sa conception, reprendre ces riches dépouilles à notre ennemi, et en sa qualité de réparatrice et de mère, nous faire victorieusement rentrer dans tous nos biens.

Mais ici se présentera sans doute au lecteur une objection que nous ne voudrions pas laisser sans réponse : Marie n'a-t-elle pas été soumise, comme nous, à cette impitoyable loi de la souffrance? Un glaive de douleur n'a-t-il point transpercé son âme? Est-ce vainement, en un mot, que l'Église l'appelle la reine des Martyrs? Non certes, et ce lui est un titre de plus à notre reconnaissance et à notre amour. Songeons, pour nous en faire une idée, qu'elle eût pu dire à Dieu : « Les douleurs et la mort sont chez les enfants d'Adam, la conséquence et les tristes fruits du péché d'origine; mais moi, sans tache et sans souillure à vos yeux, j'ai le droit de ne point souffrir et j'ai aussi celui de ne jamais mourir. » Oui, mais elle se souvint qu'elle serait mère un jour, et que Dieu ne lui donnerait pour enfants que des malheureux. Jalouse alors de partager nos peines et de pouvoir mêler ses larmes à nos larmes, de cette vie d'épreuves elle ne prit que les épines et laissa les roses. Voilà pourquoi encore nous verrons un jour ce corps virginal pâlir au soufle glacé de la mort et descendre un instant dans la tombe, mais pour en sortir bientôt après, comme d'un léger sommeil, et s'élever vers les cieux, plein de gloire et d'immortalité.

Enfin, l'invincible Vierge devait faire un pas de plus dans la voie des conquêtes et des revendications : il s'opéra dans les enfers une révolution profonde à son entrée dans la vie, et pour la première fois depuis quarante siècles, l'ange déchu sentit chanceler son trône et lui échapper des mains ce sceptre de fer, sous lequel le monde fut si longtemps courbé ; c'est qu'à partir de ce moment, Marie, l'héroïne de Dieu, l'avant-garde du Christ, ayant chassé l'usurpateur et repris possession du royaume au nom de son divin Fils, planta fièrement sa bannière là où flottait naguère encore l'étendard de l'orgueil, et fut proclamée reine de la terre et du ciel.

Tels furent le caractère et l'issue de cette mémorable lutte soutenue par Marie contre le prince du mal, et couronnée d'un si éclatant succès ; par ce qui vient d'en être dit, le lecteur jugera si nous l'avons bien nommée la revanche de Dieu.

Ajoutons en terminant, que si ces hostilités commencées au Paradis terrestre, loin de finir en Marie, devaient se perpétuer d'âge en âge, entre sa race et celle du serpent[1], la définition du dogme ne pouvait qu'accroître l'ardeur de la lutte et séparer plus profondément les rivaux. Aussi, quelle explosion de colère et de haine dans le camp ennemi, dès que parut le document pontifical : railleries sacrilèges et ineptes, mépris outrageants, négations audacieuses et insensées : rien ne lui fut épargné de la part du rationalisme et de l'impiété. Des paroles on ne tarda pas à en venir aux actes : une ère nouvelle de violences et de persécutions fut inaugurée : dispersion des ordres religieux tant en Italie qu'en Allemagne, sauvage et inique agression des États de l'Église, chute du pouvoir temporel des papes, sous les yeux des puissances hostiles ou indifférentes, occupation de Rome par l'étranger, et comme conséquence, captivité forcée du Vicaire de Jésus-Christ dans son propre palais, la Commune avec le massacre de nos prêtres et ses effroyables orgies, et à cette heure même, guerre satanique à l'Église dans son enseignement, par la création d'écoles sans religion et sans Dieu, dont le but avoué serait d'arracher la foi des âmes et de nous déchristianiser : voilà les coups que nous a portés l'armée du mal depuis 1854, et sa réponse au dogme défini. Les catholiques n'en ont été, Dieu merci, ni surpris ni déconcertés. On les a vus non seulement soutenir le choc avec intrépidité, mais prendre l'offensive et infliger à leur ennemi des pertes sensibles et inattendues. Sans

[1] Inimicitias ponam inter... *semen tuum et semen illius* (Gen. iii-15).

parler de l'encyclique ni du *Syllabus*, le cauchemar des libéraux, ces glorieux champs de bataille de Castelfidardo et de Mentana, teints du sang de nos héros, cette œuvre admirable du Denier de Saint-Pierre, ce grand concile du Vatican, triomphant du mauvais vouloir de la politique et foudroyant dans ses immortels décrets l'orgueilleuse raison de l'homme, ce merveilleux réveil de la foi dans les âmes, poussant irrésistiblement les multitudes vers les sanctuaires de Marie, et nous ramenant, par les pèlerinages, aux vieux siècles chrétiens, et, de nos jours, cette sainte et populaire croisade en faveur de la liberté d'enseignement, ces protestations indignées de la presse catholique ou simplement honnête contre l'arbitraire et le despotisme, ces victorieuses réfutations du mensonge et de la calomnie jusqu'au sein de nos Parlements, enfin, ces millions de pères de famille élevant la voix en France et en Belgique, pour déclarer à l'État franc-maçon qu'ils ne lui reconnaissent point le droit de pervertir leurs fils, ni d'en faire des libres-penseurs et des athées : ces grandes choses ne marquent-elles pas comme autant d'étapes dans la voie des représailles et des revendications ? Sans doute, ce n'est point encore la victoire : d'autres combats plus terribles semblent nous attendre dans un avenir prochain : tout le fait redouter. L'heure de la délivrance et du salut les suivra-t-elle de près ? C'est le secret de Dieu ; laissons-le lui, mais tenons ferme et ne désespérons pas. Fallût-il ne point voir encore des jours meilleurs se lever sur le monde, il nous restera du moins l'austère joie du devoir courageusement accompli, avec l'assurance que Marie veille et combat à nos côtés ; or, « il n'y a rien à craindre, nous dit encore Pie IX, il n'y a jamais lieu de désespérer sous la conduite, sous les auspices et sous la protection de Celle qui, ayant pour nous un cœur de mère et se chargeant de l'affaire de notre salut, étend sa sollicitude au genre humain tout entier[1]. »

L. DURAND.

[1] Bulla Ineffabilis.

LA CRISE RELIGIEUSE[1]

Il n'est pas rare aujourd'hui de renconti er, un peu sur tous les chemins, des hommes qui se croient sérieusement obligés de donner à l'Église tantôt des conseils et tantôt des leçons. L'existence elle-même de la société religieuse leur paraît compromise ; il est plus que temps de voler à son secours, si l'on veut sauver autre chose que de misérables débris, et le salut ne saurait être que dans la fidélité avec laquelle le pouvoir ecclésiastique conformera sa conduite à des avis aussi sages que désintéressés. Ces conseillers appartiennent à peu près à tous les partis, comme à toutes les communions religieuses, mais ils sont nombreux surtout dans le camp du libéralisme de toute nuance. Les uns signent hardiment leurs œuvres, les autres cachent discrètement un nom que révèle du reste un passé retentissant de luttes et de doctrines analogues. Le cri d'alarme est le même : *l'Église est en péril !* Gladstone, Minghetti, Curci, Péreire, et de plus illustres encore, l'ont fait entendre. Si le Vicaire de Jésus-Christ, éclairé sur ses devoirs par d'aussi vigilantes sentinelles, ne se hâte de reculer sur la pente où glisse la papauté depuis notre glorieuse révolution, s'il ne se résigne pas enfin à la perte irréparable d'un pouvoir temporel qui n'est plus de notre âge, s'il ne cesse pas d'user contre les erreurs de son siècle des anathèmes dont ses prédécesseurs s'armèrent trop souvent, c'en est fait de l'autorité pontificale. Aujourd'hui la crise, demain la mort. Il est déjà plus que temps d'obéir à ce cri

[1] Cf. *L'Église et l'État*, par É. Ollivier, t. II, p. 451 et seqq.

d'alarme poussé par le libéralisme. M. É. Ollivier lui-même n'a pas résisté à cette tendance de son siècle et de son parti, et, pour y faire droit, il a résumé toute sa pensée, comme toutes ses craintes, dans le dernier chapitre de son ouvrage sur le concile du Vatican. Après avoir assez longuement dit notre impression à propos de ce livre fait de bonnes intentions et de faux principes, nous avions résolu de ne pas revenir sur un pareil sujet. Mais l'ouvrage a reçu récemment encore des éloges si étonnants sous certaines plumes, il a provoqué des échos si fidèles de ses dernières pages, qu'il nous a paru bon de discuter une fois de plus la doctrine libérale aux prises avec les angoisses et les incertitudes de l'avenir. Que ce dernier soit menaçant, personne aujourd'hui n'oserait le nier. Où vont les peuples ? Dieu seul le sait. Mais à voir la rapidité avec laquelle ils descendent la pente révolutionnaire, on peut croire, sans être téméraire, que l'abîme n'est pas loin. Jusques à quelles profondeurs la France doit-elle parvenir pour rencontrer le *nec plus ultra* de sa ruine ? S'il est impossible de le dire, il n'est pas moins impossible de se défendre d'une patriotique terreur, à l'aspect des étapes parcourues chaque année dans la voie périlleuse de la révolution radicale. Nous avons vu les libéraux à l'œuvre et nous goûtons les fruits de leur sagesse. Quelques-uns se repentent peut-être, et comprennent mieux que par le passé que le salut du peuple est dans l'union intime de l'Église et de l'État. Un grand nombre, malgré l'expérience, garde encore le trésor de ses illusions. Il est toujours prêt à recommencer, comme le condamné de la fable, le stérile travail qu'il n'achèvera jamais. Le roc semble un instant remonter vers le sommet où il demeurera enfin immobile, mais c'est pour retomber tout à coup et chaque fois plus bas que le point d'où il était parti. Si le spectacle a ses tristesses, il a aussi son incontestable utilité pour l'homme qui veut avec sincérité juger les doctrines d'après leurs résultats. M. É. Ollivier étant de ces hommes qui rêvent le salut par la révolution, suivons-le dans l'exposé qu'il nous fait des dangers de l'heure présente et des remèdes par lesquels on doit les conjurer.

I

La France, et l'Europe elle-même, subissent en ce moment
ce que l'on peut appeler une crise. Partout il y a lutte entre
des éléments qui paraissent ne pouvoir vivre sur le même sol.
Le dénouement nécessaire sera la mort des uns ou des autres.
Mais à voir l'extension du champ de bataille, on est en droit de
conclure que le désastre sera grand. C'est en effet la guerre à
tous les degrés dans le sein de la société actuelle. Les chefs
d'État sont partout menacés par le poignard des assassins ; les
pouvoirs publics se trouvent à la merci de l'émeute ; le socialisme
arme l'ouvrier contre le patron, soulève le pauvre contre le riche ; l'industrie souffre d'une inaction forcée ou d'une concur-
rence impitoyable ; les sciences elles-mêmes s'agitent dans le
cercle de toutes les contradictions ; l'enseignement devient une
nomenclature technique sans élévation et sans âme, et les nations, malgré des alliances hautement proclamées, demeurent
toujours l'arme au bras les unes en face des autres, prêtes à en
appeler au droit de la force, dernière raison de tout pour une
diplomatie sans principes. Après ce coup d'œil général, si l'on
voulait descendre au détail de chacun des États qui constituent
l'Europe contemporaine, il serait difficile d'en signaler un seul
dont la situation fût absolument rassurante pour l'avenir. On
sait quelle est au delà des Alpes la puissance de la démagogie,
et ce que signifient les prétendues revendications nationales de
l'*Italia irredenta*. Le trône d'Alphonse XII est loin d'être à
l'abri des aspirations et des menées républicaines. La Russie,
longtemps protégée contre les passions sauvages qui mettaient
en convulsion l'Europe occidentale, roule aujourd'hui sur la
pente des révolutions les plus plus profondes. Les nihilistes,
partout répandus et partout puissants, appuyés d'un côté sur le
mécontentement des populations rurales et de l'autre sur les as -
pirations enthousiastes du panslavisme, poursuivent dans l'ombre
leur projet de réorganisation sociale, tandis que les classes supérieures réclament les garanties du régime constitutionnel.
L'Allemagne, que l'on peut appeler le berceau du socialisme

radical, puisqu'elle a vu naître Lassalle, l'apôtre des déshérités et Karl Marx, le grand prêtre de l'Internationale, malgré une répression violente, n'a pu briser ni même affaiblir le parti socialiste. Ses chefs ne craignent pas de proclamer que la persécution a doublé leur force et préparé leur succès aux prochaines élections du Reichstag. L'Angleterre elle-même n'échappe pas à ce mouvement général de révolution. Le vieux fenianisme joue un rôle mystérieux dans l'agitation dont l'Irlande est le théâtre, et, sous l'indépendance et l'autonomie de certains prétendus *home rulers*, se cache un plan radical de réforme sociale.

Devant un pareil état de choses, il semble au premier abord qu'il ne faudrait parler que de crise sociale. Cependant les publicistes de l'école libérale paraissent avant tout préoccupés de ce qu'ils nomment la crise religieuse. Si, dans leur esprit, une telle préoccupation naît de la crainte qu'ils éprouvent de voir l'Église disparaître, emportée tôt ou tard par un accès du prétendu mal qui la dévore, il n'y a pas lieu de discuter des terreurs vraiment puériles, et de rassurer des hommes dont la foi peut ainsi chanceler. L'Église subit des épreuves ; elle ne connaît pas les crises qui mettent en péril l'existence de ce qui est mortel. Mais si, par crise religieuse on veut faire entendre que le malaise dont souffre l'Europe contemporaine se rattache à la grande question de l'Église et des conditions qui lui sont faites de par la société actuelle, il est très vrai de dire que la religion n'est pas étrangère au péril de l'heure présente. Si les peuples paraissent errer incertains de leur route, au milieu d'une lumière douteuse, sans trop savoir si c'est la nuit qui vient ou l'aurore qui se lève, c'est parce qu'ils ont éteint à demi le flambeau de la foi. A ce point de vue la crise sociale est vraiment religieuse dans son origine et sa cause réelle. Le libéralisme le reconnaît volontiers. Il semble même qu'il n'ait jamais assez de larmes pour déplorer le divorce entre la religion et la société issue de 89. Il regarde la lutte fratricide comme un immense malheur pour la cause sacrée du progrès et de la civilisation. Il combat pour toutes les libertés, qu'il voudrait animer de l'esprit religieux pour les rendre fécondes et les sauver de leurs propres excès. Il abhorre la politique de violence et de cruauté à l'égard

de l'Église. Mais quand il s'agit de décider sur qui retombe la
responsabilité du divorce et de la lutte, le libéralisme redevient
faux et injuste. A ses yeux c'est l'Église qui, s'obstinant
dans ses tendances réactionnaires, maintient la séparation et
s'oppose, par l'inflexibilité de ses dogmes, à toute idée d'un rap-
prochement entre l'état des choses actuel, produit de la Révolution française, et la société religieuse fondée par Jésus-Christ.
Nous verrons tout à l'heure à quel point la passion libérale
égare sous ce rapport M. É. Ollivier et quelques autres publi--
cistes de nos jours. Exposons d'abord les causes qu'ils ont coutume d'assigner à la crise dont souffre la société moderne.

II

Les causes réelles de cette perturbation qui trouble les esprits, au dire de M. É. Ollivier sont multiples; mais elles peuvent se rattacher à deux dont toutes les autres découlent comme
des conséquences ou des accessoires. La première de ces causes
est générale et opère de même dans tous les pays catholiques;
la seconde est particulière à notre France[1]. Or cette première
raison du malaise universel des États de l'Europe, c'est la chute
du pouvoir temporel de la papauté. Le ministre de l'empire libéral a mille fois raison. On ne touche pas impunément à une
institution providentielle, dont Dieu avait fait comme le rem-
part de la liberté de son Église. S'il n'y a plus en Europe un
trône ou un siège présidentiel solide, c'est parce que le plus
vénérable et le plus sacré de tous est tombé, sans que les autres
aient cherché à le défendre. Ils ne cesseront plus de chanceler
eux-mêmes, tant que l'ordre providentiel ne sera pas rétabli;
c'est ce que l'on peut affirmer, sans prétendre pour cela aux
merveilleuses intuitions de l'avenir. De leur côté les fidèles ne
se résigneront jamais à cet esclavage nécessairement imposé à
leur père par la ruine de son autorité temporelle. Le malaise
sera donc toujours individuel et social, sur les trônes comme
dans les cœurs. Mais sur qui doit retomber la responsabilité
d'une ruine aussi désastreuse? M. É. Ollivier se charge de

---

[1] *L'Église et l'État*, t.II, p. 452.

répondre. « Il ne serait pas loyal, dit-il, de contester que
l'empereur Napoléon n'ait, pouvant l'empêcher, laissé détruire,
non sans quelque satifaction, le pouvoir temporel de la papauté. »
L'histoire doit aller plus loin que cette connivence passive de
la part de l'empereur. A moins de supposer la politique impériale
dépourvue de toute prévoyance et de tout sens commun, il
faut dire, pour être juste, que Napoléon III a voulu la ruine
du pouvoir temporel et travaillé directement à cette œuvre deux
fois coupable, parce qu'elle forçait la France à briser avec ses
plus nobles traditions et qu'elle attaquait un trône respectable
par dessus tous. Il semble pourtant qu'il ait constamment refusé aux Italiens Rome capitale ; mais s'il est vrai que la con-
vention du 15 septembre ne fut pas une pierre d'attente ou
un artifice diplomatique, il n'est pas moins sûr que la politique
impériale conduisit la révolution aux portes de la ville éternelle. Lui défendre alors d'en franchir le seuil, ce n'était qu'ir-
riter ses désirs. Aussi ne devait-elle pas tarder à les satisfaire,
dès que l'occasion s'offrirait exempte de péril.

Aujourd'hui le pape, privé de son pouvoir temporel, vit enfermé
dans le Vatican, sous la garde dérisoire des lois de garantie.
Mais, comme le dit avec raison M. É. Ollivier, les fidèles « sentant leur Pasteur suprême dans une situation aussi exposée, au
milieu d'ennemis tous les jours plus excités et moins scrupuleux
sont inquiets et répandent autour d'eux les émotions qui les
agitent. »

Devant cette cause permanente de crise religieuse que doit
faire un pouvoir soucieux de la paix, et assez puissant pour
en imposer les conditions à l'Italie ? Voici l'étonnant conseil que lui donne le libéralisme. Il se réduit à dire : Le mal
est profond, mais il faut bien se garder d'y porter remède.
« A l'égard de la papauté, la conduite est simple : ne pas
lui dissimuler que, quoi qu'il arrive, même quand nous aurons rétabli notre grandeur, nous ne restaurerons pas par les
armes tout ou partie de son pouvoir temporel. Le temps des
incursions françaises en Italie, sous quelque prétexte que ce soit,
est irrévocablement fini[1]. » Un tel langage, s'il est clair et

______
[1] *L'Église et l'État*, t. II, p. 513.

résolu, manque absolument de fierté. Il fait trop bon marché du passé et de l'avenir de la France. Quelque regret devrait au moins tempérer ce facile abandon d'une mission assez glorieuse pour être chère à un cœur français. Mais le libéralisme sait tout sacrifier pour obéir aux exigences de ses principes. Il ne veut pas que « même par le désir », nous formions aucun mauvais dessein contre les oppresseurs de la papauté. Le maintien d'un ambassadeur auprès de la personne du pape, l'offre de l'hospitalité la plus large sur notre territoire, lorsqu'il sera contraint de prendre la fuite, voilà tout le rôle que doit jouer le peuple auquel Shakspeare lui-même a donné le nom de soldat de Dieu. Nous concevons assurément que les circonstances actuelles et la prudence politique lui imposent le silence et l'inaction ; mais nous avons peine à comprendre qu'un homme de cœur se résigne à signifier à son pays qu'il ait à renoncer pour jamais aux gloires de son passé. Ce sont peut-être les principes de je ne sais quelle France nouvelle sortie du moule révolutionnaire ; mais cette fille déchue oublie trop qu'elle eut pour pères Clovis, Charlemagne et saint Louis. Elle ne se souvient même point assez de tout ce qu'elle fut sous Henri IV et Louis XIV. En ce temps-là, même dans la défaite, on conservait l'honneur des nobles espérances, et, si parfois les lauriers perdaient un peu de leur feuillage, on se gardait bien de toucher à la racine, ou de la déclarer desséchée pour toujours. Non, quoi qu'en dise M. É. Ollivier, le cycle glorieux des *Gesta Dei per Francos* n'est pas à jamais clos ; car, si Dieu peut se passer de la France, celle-ci ne saurait se passer de Dieu. Le ministre du dernier empire devrait se souvenir que ce sont « les incursions françaises en Italie » qui ont, sous un régime néfaste, amené la chute du pouvoir temporel et fondé aux portes de la France, une unité nationale essentiellement antifrançaise. Ce sont celles-là qu'il faudrait blâmer, au lieu d'engager l'avenir et de repousser toute hypothèse de juste réparation. Que M. É. Ollivier veuille bien relire ce magnifique testament de saint Remi, qu'une plume guidée par la science et le patriotisme vengeait naguère avec éclat de l'oubli dans lequel on l'avait trop longtemps laissé et des injustes sévérités d'une critique impitoyable[1]. Il y verra que la monarchie française fut fondée

[1] *Authenticité du grand Testament de saint Remi.* par l'abbé Dessailly, 1 vol. in 8. Paris, Dumoulin (1879).

« pour l'honneur de la sainte Église et la défense des pauvres. »
Il pourra suivre à travers les siècles ces alternatives de gloire
et de revers répondant avec une merveilleuse exactitude à la fidélité du peuple franc, ou à l'oubli de sa mission providentielle.
Il regrettera peut-être alors des conseils qui n'ont rien de patriotique.

Si la France doit garder la plus stricte neutralité et demeurer
immobile, quels que soient les événements et le sort de la papauté, sur qui reposera l'espoir de voir finir un jour la crise
religieuse ? Sur l'Italie. M. Ollivier ne craint pas d'avancer
un semblable paradoxe, au risque de se contredire lui-même.
Le spoliateur réparera lui-même toutes ses injustices ; on
peut se fier à sa sagesse. Singulière théorie qui, appli-
quée aux voleurs de bas étage, les mettrait à l'aise et dis-
penserait la société de pourvoir à la répression de l'injuste usurpation du bien d'autrui. « La réflexion, la connaissance de l'histoire vraie, les désenchantements que lui procu-
rera sa sujétion à la Prusse, ramèneront l'Italie à des sentiments
plus justes et plus honorables... Pour rendre à la papauté l'indépendance et la dignité dont elle manque depuis 1870, remet-
tons-nous-en à l'Italie elle-même. Dès qu'elle ne se croira plus
obligée par l'honneur national à maintenir l'asservissement du
pouvoir pontifical, éclairée par les événements qui, tôt ou tard,
se dérouleront à Rome, elle guérira le mal qu'elle a fait ou laissé
faire. » Ces belles espérances reposent sur ce que le protestantisme n'a rien pu gagner au delà des monts, sur ce que l'Italien, même quand il a perdu la foi, en conserve la superstition.
Cavour a reçu l'absolution, Victor-Emmanuel est mort confessé,
il peut se faire que Garibadi accepte *in extremis* les secours de
l'Église. Donc un tel peuple ne laissera pas périr la papauté. En
fait de conclusion, le médecin de Molière ne saurait trouver mieux.
Mais ce qu'il y a de plus étrange, c'est que, quelques pages plus
haut, M. É. Ollivier semble accumuler à plaisir toutes les raisons possibles de croire que l'Italie, loin de venir bientôt à ré-
sipiscence, ne tardera pas à faire peser sur la papauté un joug
plus onéreux encore. Il dit avec Bonghi que « le temps ne peut
pas améliorer les rapports hostiles de la papauté et de l'Italie. »
L'impulsion actuelle des esprits ne fera que s'accélérer ; le roi

ne deviendra jamais le ministre des armes de la papauté, et le pape ne consentira pas à remplir les fonctions d'aumônier en chef du roi d'Italie. Quel sera donc le dénouement probable de la lutte ? Le voici tel que le prévoit M. É. Ollivier : « Par une pente insensible ou par un choc subit, les Italiens seront acculés à l'alternative de quitter Rome ou d'en chasser le pape. Ils ne s'en iront pas, ils chasseront le pape, et dans l'état de démoralisation où ils sont tombés, Dieu veuille qu'ils ne fassent pas pis. Du reste, quelle que soit la tournure des événements, leur lenteur ou leur rapidité, on ne verra pas à Rome un pape et un roi vivant sur un pied d'égalité et en bonne harmonie. L'inimitié irréconciliable sera la loi de leurs relations, jusqu'à ce que l'un subordonne ou renvoie l'autre : à moins que la république, qui couve sourdement, ne prévienne l'issue fatale de ce duel en les dévorant tous les deux[1]. »

Que penser de ces deux prévisions contradictoires? « Est-ce donc le même homme qui se laisse ravir par la sagesse future de l'Italie démagogique et déplore en même temps les excès auxquels dans l'avenir ce peuple se livrera comme fatalement à l'égard de la papauté? Si l'on pouvait dire d'un écrivain tel que M. É. Ollivier qu'il cherche à jouer double rôle pour tromper ses lecteurs, on serait tenté d'attribuer la première conclusion au politique libéral qui essaye d'induire en erreur les catholiques, et la seconde à l'historien ou au philosophe qui, sans arrière-pensée, écrit les leçons de l'histoire et de l'expérience. Quoi qu'il en soit, ses conseils sont parfaitement stériles et ne répondent ni aux traditions françaises, ni aux aspirations des catholiques. C'est la France napoléonienne, libérale ou radicale, qui peut parler ainsi, ce n'est pas la fille aînée de l'Église. Celle-ci n'appelle point sans doute une guerre sanglante, comme on se plaît à le lui reprocher sans bonne foi, mais elle aspire après le jour où la Providence, par une de ces révolutions dont elle a le secret, rendra son indépendance au trône pontifical, et elle prie Dieu de ne pas oublier qu'il a bien voulu se servir de l'épée des Francs pour accomplir de grandes choses dans ce monde. Voilà, semble-t-il, ce que devrait écrire tout catholique et tout

[1] *L'Église et l'État*, t. II, p. 483.

Français, au lieu de souscrire à cet arrêt d'un Jules Favre: «Le
pouvoir temporel est tombé, la France ne le relèvera pas[1]. »
C'est là signer de gaieté de cœur la déchéance de son pays et
le condamner à l'impénitence, pour une injustice qu'il a laissé
commettre, en se livrant à des hommes qui ne méritaient ni
sa confiance ni sa docilité.

III

Il faut maintenant en venir à cette autre cause, plus intime
et plus spéciale à notre pays, du mal qu'on nomme crise religieuse. Comme nous l'avons déjà dit, ce problème a récemment
préoccupé une foule d'esprits plus ou moins droits. Malheureusement la plupart d'entre eux, esclaves de leurs préjugés, n'ont regardé l'Église que du côté purement humain. Elle leur est ap-
parue comme une institution qui pouvait avoir son utilité sociale,
mais n'était pas sans danger pour les gouvernements modernes.
Ils ont alors posé dans leurs relations avec elle, le principe
d'une défensive à outrance, et ils l'ont rendue responsable de
toutes les défiances que nourrit à son égard l'État laïque. C'est
toujours l'histoire du fort en face de celui qui paraît faible. Le
grand tort de ce dernier, c'est d'être victime ; on ne lui pardonne
ni sa faiblesse, ni sa patience, ni les injustices que l'on se permet
à son égard.

Il y a un an qu'un prêtre, transfuge de l'ordre religieux dont
il avait été membre durant cinquante ans, accusait le souverain
Pontife de tous les maux de l'Italie, qu'enfantait, disait-il,
l'obstination de la Curie à réclamer le pouvoir temporel et l'in-
gratitude papale à l'égard du libéralisme catholique. Plus récemment Bonghi osait prétendre que Pie IX n'avait fait qu'ag-
graver le mal, en essayant d'y porter remède par trois moyens
dangereux : le dogme de l'Immaculée-Conception, le *Syllabus*
et l'infaillibilité pontificale. Il conseillait naïvement à l'Église de
se laisser pénétrer par l'esprit laïque, et de renoncer par exemple
au miracle, qui ne saurait plus s'accorder avec la constance,

---

[1] *Rome et la République française*, par M. Jules Favre, p. 293.

aujourd'hui reconnue, des lois naturelles. Chez nous Isaac Pereire, dans une brochure répandue à profusion, reproche à l'Église
de demeurer immobile devant les deux redoutables problèmes
du paupérisme et du travail[1]. Cette accusation, qui repose sur
une profonde ignorance de l'histoire, est pour lui toute la raison
de l'antagonisme lamentable qui divise la société religieuse et
la société civile. La papauté a failli à son devoir. Elle s'est
arrêtée quand tout se précipitait autour d'elle, et le pontificat
romain n'a plus marché à la tête de la civilisation, parce qu'il
s'est attardé aux revendications et aux regrets d'un passé disparu. L'auteur du libelle, honteusement anonyme, qui fut intitulé *la crise de l'Église*, après avoir ramassé, pour en former un
déplorable factum, toutes les redites du libéralisme, se déchaîne
en une diatribe passionnée contre « le parti de la violence, de
l'intolérance et de l'Inquisition d'Espagne ». Il est la cause
unique de tout mal, par ses tyrannies et ses attaques contre nos
institutions politiques actuelles. Le seul remède c'est de rompre
avec lui, de refuser tout patronage à ses adeptes et d'embrasser
ouvertement le programme catholique libéral. Enfin M. Littré
lui-même a voulu dire son avis sur la situation religieuse à
l'heure présente[2]. Il nous apprend, dans ce style dont la lour-
deur n'a d'égale que l'obscurité, qu'il y a « en France un
catholicisme selon le suffrage universel ». Celui-là est le seul
bon. Ce catholicisme, dont les membres, du reste, reçoivent les
sacrements depuis le baptême jusqu'à l'extrême-onction, révèle
son caractère spécial surtout dans les élections. Il met, en effet,
de côté toutes les distinctions de religion et de doctrine entre ses
candidats, et il ne se souvient que de leurs opinions politiques.
Catholiques, protestants, juifs, libres penseurs, tous lui sont
bons pourvu qu'ils satisfassent à un certain programme, dont
le fond est toujours le respect de l'ordre issu de la révolution.
Les ennemis de ce catholicisme sont les radicaux et les cléricaux. Il lui font une guerre que le gouvernement de la république a le devoir de réprimer par une application impartiale des
lois et du concordat. On obtiendra de la sorte, paraît-il, sinon

---

[1] *La question religieuse*, par Isaac Pereire.
[2] *La philosophie positive*, septembre-octobre 1879, p. 233.

une paix inaltérable, du moins une sorte d'équilibre entre les trois éléments antagonistes, catholicisme, radicalisme et cléricalisme.

Si M. E. Ollivier n'abrite explicitement sa pensée derrière aucune des opinions que nous venons de signaler, il est juste de dire qu'il y a bien des points identiques entre l'explication qu'il donne de la crise actuelle et les causes que lui assignent les auteurs cités plus haut. Et d'abord il a de commun avec eux qu'il repousse comme une injure le nom de clérical, et ne manque pas de charger le cléricalisme de tous nos malheurs. On regrette de voir un homme sérieux, intelligent et catholique, s'arrêter à une distinction tout au moins dérisoire et user de ce que l'on pourrait appeler le jargon radical. Comme on l'a fait justement observer, cet aphorisme : *catholique, oui; clérical, non*, équivaut à cette proposition absurde : *homme, oui; raisonnable, non*. Cette épithète embrasse, en effet, dans sa généralité, non pas une fraction du clergé, mais le clergé tout entier. Par conséquent se proclamer non clérical, c'est se séparer de la hiérarchie sacerdotale considérée dans son ensemble, depuis le prêtre jusqu'à l'évêque et jusqu'au souverain Pontife lui-même. Or quand cette union intime des fidèles avec le clergé cesse d'exister, il ne reste plus qu'un catholicisme individuel et rationaliste, plus voisin du protestantisme que de l'Église romaine. Plus clairvoyants et plus logiques, les porte-voix du radicalisme ont fait disparaître une différence qui n'a pas sa raison d'être et ils confondent dans une égale réprobation les catholiques et les cléricaux.

Après avoir indiqué ce point de contact entre M. É. Ollivier et tous les autres publicistes de la lutte religieuse, s'il nous fallait dire quel est celui dont il reflète plus spécialement les idées, nous n'hésiterions pas à signaler l'auteur anonyme de *la crise de l'Église*, comme plus habituellement en harmonie avec l'ancien ministre de l'empire.

L'homme d'État, jusqu'ici calme, digne et logique dans l'enchaînement de ses idées, semble perdre toutes ces qualités lorsqu'il arrive à la conclusion de son ouvrage et qu'il essaye de révéler les causes françaises de la crise religieuse. On dirait l'explosion d'un sentiment longtemps contenu. La colère éclate de toute part, l'expression monte jusqu'au lyrisme, la fougue fait oublier l'ordre logique, tout se mêle, tout se confond. Ce n'est plus un écrivain, un penseur tranquille, c'est un orateur à la tribune en face d'adversaires qui résistent, et qu'il essaye de confondre à force de violence dans l'affirmation. Ce qu'il y a de singulier, en effet, c'est qu'il a recours, dans cette péroraison de son livre, à quelques lambeaux des discours qu'il fit entendre au corps législatif de l'empire. Mais, malgré tous ces efforts et tout ce bruit, il n'arrive pas à établir une seule preuve sérieuse de l'obstination prétendue de l'Église à repousser toutes les aspirations de l'État moderne. Et d'abord, il parle d'un « esprit de vertige qui, depuis 1870, a poussé la grande majorité du clergé et des catholiques dans le parti de l'ancien régime et de la contre-révolution ». Voilà toute la cause du mal. Mais une équivoque et une confusion ne sauraient être une preuve. Où sont donc les catholiques qui appellent le retour de l'ancien régime tel que vous l'entendez ? Citez-en donc quelques-uns : s'ils regrettent le passé, ce n'est pas à cause des abus et des servitudes qu'ils repoussent, c'est à cause des libertés et des droits dont jouissaient alors et l'Église et le peuple. Des libertés vous en parlez beaucoup, vous en accordez peu, vous n'oseriez jamais aller dans cette voie jusqu'où pourrait aller un gouvernement catholique. M. É. Ollivier nous passerait encore d'être la contre-révolution, si le libéralisme était le rationalisme social, l'expulsion de Dieu des sociétés humaines. Or c'est là précisément ce qu'il se vante d'être et ce que, dans la pratique du gouvernement, il affiche avec un cynisme de plus en plus effronté. Que la révolution proclame un jour à la face du monde qu'elle entend bien donner à Dieu la première place et faire reposer sur la loi divine toute constitution sociale ; nous osons promettre qu'alors pas un seul catholique ne refusera son loyal concours à une constitution qui consacrerait tous les droits. Ne cherchez pas ailleurs la cause du dissentiment actuel. Elle n'est que là. Un catholique ne saurait admettre que l'État et la loi puissent demeurer athées. Sans doute il se résigne à l'hypothèse, lorsqu'il sent bien que la thèse n'est pas possible sans inconvénients sérieux ; mais il appelle au moins de ses vœux un état de choses plus conforme aux droits de Dieu. Le libéralisme les reconnaît théoriquement, si l'on veut ; il en professe dans la pratique l'oubli le plus absolu. Or on ne gouverne pas d'une façon sérieuse et stable avec des inconséquences. Voilà pourquoi l'on peut se dire contre-révolutionnaire en ce sens que l'on tendra par tous les moyens possibles à donner à Dieu la place qui lui revient dans l'ordre social. Hors de là changez tant que vous le jugerez à propos la forme de vos institutions politiques, soyez monarchie, soyez empire, soyez république, si Dieu reste toujours au sommet comme à la base, les catholiques n'auront plus le droit, du moins de par leur foi religieuse, de résister à la révolution ainsi pratiquée. Il est donc ridicule et faux de prétendre qu'en appelant *satanique* le mouvement de 89, nous appliquions l'épithète aux changements introduits dans l'existence politique de la société française [1]. Pour nous Satan dit ennemi de Dieu, et nous n'aurons jamais la sacrilège espérance d'établir une entente entre ces deux extrêmes, dont l'un est le bien, tandis que l'autre est le mal. Le peuple lui-même ne s'y trompe pas autant qu'on veut bien le dire. Il a trop de bon sens pour ne pas deviner de quel côté sont ses amis véritables, et pour confondre le sentiment religieux avec la passion politique.

On croit rêver lorsqu'on lit, dans cet ouvrage devenu un pamphlet, que les cléricaux proposent à notre société, comme un idéal à réaliser, « le rétablissement de l'inquisition et des bûchers. » C'est une conséquence, paraît-il, de la théorie contre-révolutionnaire. Affirmation gratuite et légère, qui ne mémérite d'autre réponse qu'un formel démenti. Mais il faudrait au moins céder sur quelques points, dit encore M. É. Ollivier, au lieu de prendre plaisir aux thèses extrêmes. D'abord la plupart des exagérations et des rigueurs excessives ne se trouvent guère que dans l'imagination du publiciste, affolé par la vue des fantômes qu'il se crée lui-même. Puis nous serions curieux d'entendre citer un seul texte d'écrivain catholique appelant aujourd'hui sur la tête des fils de 89 les rigueurs d'une inquisition impitoyable. Nous connaissons les horreurs révolutionnaires ; mais les cruautés commises par l'ordre des tribunaux ecclésiastiques ne peuvent trouver place que dans les œu-

---

[1] *L'Église et l'État*, t. II, p. 487.

vres des romanciers, dont l'exactitude historique est le moindre souci.

M. É. Ollivier, continuant son plaidoyer contre les catholiques en faveur de la révolution, rencontre sur son chemin une triple objection formulée par M. Keller. « La révolution, disait l'honorable député catholique, se reconnaît aux caractères suivants : elle veut l'omnipotence de l'État et une centralisation excessive ; elle professe toujours le respect du fait accompli, légitime ou non ; elle ne connaît que la souveraineté du but, et à ses yeux, la fin justifie toujours les moyens [1]. » Voici la réponse qui doit réduire à néant l'objection. Vous dites que la révolution vise à l'omnipotence? Louis XIV fut bien autrement partisan de l'absolutisme. Mais quand cela serait, la révolution en serait-elle plus libérale ? Et puis, est-ce que jamais les catholiques ont regretté l'omnipotence royale de Louis XIV ? L'Église l'accep ta-t-elle comme un idéal de gouvernement chrétien ?

« Vous dites que la révolution préconise une centralisation excessive ! continue M. É. Ollivier. Mais allez donc à Rome, c'est là que vous trouverez un pouvoir central régissant à la fois les âmes et les corps. » Si par une telle réponse le ministre libéral prétend assimiler l'autorité pontificale au pouvoir centralisateur de la révolution, il se trompe grossièrement, ou il exagère sa pensée jusqu'à la rendre fausse. Rome est le centre de la vérité catholique et, comme il n'y a qu'un Dieu et qu'une Église, il ne peut exister qu'un seul organe authentique de ce qu'il faut croire pour être sauvé. Hors de là, rien de plus libéral que le gouvernement des papes. Que M. É. Ollivier veuille bien interroger le peuple des provinces autrefois gouvernées par le souverain Pontife, il apprendra peut-être de quel côté se trouve la plus large autonomie laissée par le pouvoir central aux diverses parties du royaume.

A la deuxième objection, c'est-à-dire à celle qui reproche à la révolution d'être sans moralité, parce qu'elle accepte toujours le fait accompli, M. É. Ollivier répond, s'il est possible, d'une manière plus étrange encore. Il ne craint pas d'affirmer que l'Église a reconnu tous les pouvoirs qui se sont succédé eu

---

[1] *L'Église et l'État*, t, II, p. 491.

France, et par conséquent a pratiqué la doctrine du fait accom
pli. De la part d'un jurisconsulte, c'est inadvertance, pour ne
rien dire de plus. L'Église a consenti à traiter avec les gouver-
ments de fait, quand ils ont été environnés d'une légitimité au
moins apparente, dont elle a du reste refusé de se faire juge.
Mais a-t-elle jamais reconnu un pouvoir issu de la violence et de
l'injustice manifeste ? Il suffit pour répondre d'observer sa conduite à l'égard du roi d'Italie.

La troisième objection demeure sans réponse. M. É. Ollivier
ne nie pas qu'aux yeux de la révolution le but n'ait justifié les
moyens. La faute en est à la raison d'État, paraît-il ; mais ce
n'est pas là son esprit général. Du reste il ajoute que tous les
partis ont sacrifié quelque peu à cette maxime funeste, et qu'il
vaut mieux s'unir pour la repousser désormais que s'obstiner à
la reprocher à la révolution. C'est là une insulte gratuite à ses
adversaires, ce n'est pas une réponse victorieuse. La révolution
demeure donc légitimement suspecte aux catholiques. Mais les
inexactitudes se pressent sous la plume de M. É. Ollivier. Un
peu plus loin il fait aux doctrines catholiques un honneur qu'elles
ne réclament pas : il leur attribue le principe de la souveraineté
nationale. Mêlant ensemble saint Thomas, Suarez, Bellarmin,
Jurieu, Grotius et J.-J. Rousseau, par la plus inexplicable des
confusions, il leur attribue des vues identiques sur l'origine du
pouvoir. Comme si l'école catholique avait jamais, sur un point
aussi essentiel, affirmé avec les protestants et les socialistes que
le peuple, à l'exclusion de Dieu, était la source de l'autorité.

Nous passons sur l'unité prétendue dont 89 a doté la France.
L'histoire dira s'il fut jamais une nation plus divisée, plus mor-
celée que la nôtre, depuis que la révolution et le protestantisme
y ont multiplié les partis politiques et religieux. Nous avons
dit ailleurs notre pensée sur la valeur de la bienveillance prétendue qui animait la Constituante à l'égard de la religion. Impossible de rencontrer une hostilité plus manifeste. Il faut fermer les yeux à l'évidence pour se donner quelque droit d'en
douter.

L'avocat de la révolution ne manque pas de redire que 89 a
créé une société plus morale, plus juste, plus heureuse que la
société troublée de l'ancien régime. Les annales de la justice et

de l'émeute se contentent de répondre en ce qui concerne la moralité. Quant au bien-être matériel, il a fait d'incontestables progrès.
Mais, si l'on ne peut écrire aujourd'hui du paysan ce qu'en écrivoit La Bruyère sous Louis XIV, ne trouverait-on pas encore
quelque part dans notre société moderne « ces animaux farouches, noirs, livides, attachés à la terre qu'ils fouillent » dont
parlait le moraliste, en train de dessiner un portrait saisissant ?
M. É. Ollivier n'a-t-il donc jamais assisté au sombre et triste
défilé de ces hommes que l'industrie moderne condamne au labeur des mines ou de l'usine? Le paysan courbé sur le sillon,
malgré sa misère, n'atteignit jamais le degré de laideur, de faiblesse maladive et de souffrance que révèlent dans leur physionomie ces forçats de la civilisation moderne.

Enfin, après avoir encore faussé l'histoire en prétendant que
Pie VII a approuvé la révolution, M. É. Ollivier termine son
réquisitoire contre les catholiques par ce beau raisonnement. La
révolution vous a vaincus en 89, en 1830, et vos tentatives depuis 1870 ne font qu'augmenter le nombre de vos ennemis,
donc vous avez tort et votre cause est mauvaise. C'est là un de
ces arguments que l'on peut facilement retourner contre celui
qui a la maladresse de s'en servir. A notre tour nous pourrions
dire : O impérialistes, ô partisans de Louis-Philippe, ô bonapartistes, ô républicains modérés, libéraux enfin de toutes les
nuances, le radicalisme l'emporte, il sera bientôt le plus fort,
donc vous n'avez pas le droit de lui résister. C'est peu héroïque
sans doute, mais c'est conforme à la logique libérale.

IV

Après cette explosion d'enthousiasme révolutionnaire et d'injustes accusations contre les catholiques, il faut en venir pourtant à une conclusion et tâcher de trouver un remède à ce mal
dont on a si éloquemment dévoilé la cause. C'est ici que nous
pourrions voir à l'œuvre le médecin et juger de son habileté.
Or, voici les expédients que propose M. É. Ollivier pour rendre
la sécurité au pouvoir, la liberté à l'Église et faire cesser le
déplorable conflit qui trouble notre monde.

D'abord il faut se hâter de faire « un beau code des cultes, pendant de nos autres codes, dans le... i, après... poser... principes fondamentaux, nous réunir... les... diverses dates sur les congrégations, sur les ci... sur les fabriques, sur les biens de l'Église, etc. » C'est... bien; il y a dans ce projet de quoi faire tressaillir d'aise dans leurs tombeaux tous les vieux juristes césariens ou gallicans. Mais si l'Église n'est pas consultée sur ce beau code, si elle n'entre pour rien dans sa confection, de quel droit prétendrez-vous l'obliger à s'y soumettre, quand elle jugera ses prescriptions en désaccord avec ses propres lois? Commencez donc par poser en principe la subordination des pouvoirs dans les matières mixtes. Alors vos projets de législation pourront prétendre à quelque efficacité, parce qu'ils reposeront sur une base solide.

Un autre remède qu'inspire à M. Ollivier son esprit libéral, c'est l'émancipation du clergé inférieur. Quelle révélation pour nos prêtres! Ce sont les évêques qui leur refusent la liberté et paralysent les efforts de la révolution pour améliorer leur condition sociale. Ceci n'est pas, dans l'ouvrage que nous réfutons, une idée jetée en passant; c'est presque un principe fondamental. L'auteur s'y est arrêté plusieurs fois, il l'a développé comme une thèse sérieuse. Il avoue même que ce fut là une de ses préoccupations en montant au pouvoir. Aussi explique-t-il la résurrection de l'ultramontanisme parmi le clergé par le désir de secouer le joug épiscopal et d'en appeler au pape des injustices dont il souffrait. C'est à peu près la genèse qu'il assigne au dogme de l'infaillibilité pontificale. Les prêtres poussèrent les évêques, espérant ravir à ces derniers toute l'autorité qu'ils donneraient au pape. Mais celui-ci une fois en possession de la toute-puissance, a récompensé son tiers état comme nos rois avaient récompensé le leur; il l'a délaissé et a fait cause commune avec l'aristocratie épiscopale. La chute du pouvoir temporel aurait amené ce résultat. Les évêques auraient bien consenti à se faire les collecteurs dévoués du denier de Saint-Pierre, mais à la condition que le pape ne soutiendrait plus leur clergé contre eux. Une pareille accusation est odieuse à tous les points de vue. Elle repose sur un préjugé démocratique et sur une tendance à appliquer même à l'Église les principes révolutionnaires. M. É. Ollivier semble ignorer la forme que Jésus-Christ a donnée à la société religieuse, et qui ne saurait être changée par la main des hommes. C'est une monarchie dans laquelle chacun a sa place marquée, depuis le souverain, qui possède la plénitude du pouvoir, jusqu'à l'évêque et au prêtre, qui jouissent eux aussi pleinement de leurs droits hiérarchiques. L'oppression d'un inférieur, si elle se produit quelque part, ne saurait durer, parce que la voie est toujours libre pour remonter jusqu'à l'autorité suprême et lui demander une justice qui ne sera jamais refusée. Du reste, les exemples de tyrannie épiscopale sont si rares de nos jours qu'un homme sérieux ne saurait en tenir compte dans une étude de notre état religieux. Plus nos évêques sont soumis au pape, plus ils sont animés d'un libéralisme paternel à l'égard de leurs prêtres. Par conséquent si le clergé souffre, s'il se recrute avec peine, cherchez-en la cause dans vos mœurs, dans la révolution elle-même et non point dans un esclavage imaginaire. L'asservissement vient du pouvoir civil, qui l'a spolié, pressuré et mis au rang de ses fonctionnaires. Encore lui mesure-t-il avec une indigne parcimonie un salaire qu'il prodigue au moindre employé de sa police.

M. É. Ollivier croit trouver le remède aux maux dont souffre le clergé dans le rétablissement du droit commun disciplinaire établi par le concile de Trente. A merveille. Le souverain Pontife ne s'y refusera pas. Mais hâtez-vous donc de détruire le concordat de 1801 ; renversez l'odieux arsenal de vos lois organiques, véritable instrument de servitude et de tyrannie. Rendez à l'Église toute sa liberté; elle n'aura pas besoin de votre sagesse humaine pour redonner à son clergé l'honneur et les droits qui lui reviennent. En dehors de cette liberté reconnue, il n'y a en effet pour l'État que l'alternative de l'impuissance ou de la persécution. Or, un État impuissant devient ridicule, un État persécuteur est odieux. Nous sommes ici de l'avis de M. É. Ollivier, et comme lui nous conseillons au pouvoir, quel qu'il soit, de ne jamais porter la main sur l'Évangile qui donne au peuple ses véritables amis. « Chefs des peuples, dit-il, quand vous serez tentés de détruire la foi au cœur des malheureux, dites-vous que ceux auxquels vous aurez enlevé le ciel de la vie future, tôt ou tard vous en demanderont un dans la vie présente, et Dieu fasse que ce ne soit pas par le fer et le feu ! »

Serions-nous à la veille de quelqu'une de ces revendications formidables ? Assez de fautes ont été commises, assez de blasphèmes proférés ou écrits, assez d'abominables doctrines répandues, semble-t-il, pour qu'il ne soit pas téméraire de l'avancer. Dans tous les cas, ce ne sont ni les livres ni les théories du libéralisme qui arrêteront la crise et étoufferont la tempête. Ils renferment trop d'erreurs pour oser prétendre à quelque efficacité. Le dernier chapitre de M. É. Ollivier en est une preuve frappante.

Mais quel remède enfin faudrait-il appliquer à ce mal qui menace de gagner chaque jour en intensité ? Quand on veut être catholique sans épithète, il n'est pas difficile de le trouver. Il faut en finir avec les équivoques et les expédients et revenir sans restriction à ce principe fondamental : il y a un Dieu, un Christ et une Église. L'État lui-même n'a pas le droit d'agir comme s'il l'ignorait. Il peut être laïque, en ce sens que personne ne saurait l'obliger à porter la soutane ou à dire la messe, mais non pour se donner le droit de nier Dieu pratiquement et de se dispenser de la prière sociale. Il doit se souvenir, en France surtout, qu'il gouverne des hommes rachetés par le sang de Jésus-Christ et fils de l'Église catholique. Par conséquent, il faut que dans ses lois il reconnaisse la royauté du Rédempteur et s'établisse le gardien des libertés ecclésiastiques. En un mot, qu'il redevienne chrétien pour redevenir stable. Sans cette condition, tous les beaux projets mis en avant par l'école à laquelle appartient M. É. Ollivier auront le sort des rêves creux et l'efficacité des remèdes dérisoires.

Il y a des hommes qui se demandent à l'heure actuelle où nous allons. Ils interrogent les bruits qui retentissent au sein de l'Europe pour essayer d'y découvrir les symptômes précurseurs d'une restauration de la société sur des bases moins chancelantes. La presse radicale a même plus d'une fois jeté ce cri d'alarme : *la réaction commence!* Elle a cru le reconnaître dans les élections conservatrices d'Allemagne, d'Autriche et d'Italie, dans les négociations entamées par la Prusse avec le Vatican et dans le bruit d'une Sainte-Alliance renouvelée entre les trois empereurs. Malgré ses audaces et ses assurances sans pudeur, elle n'a pu cacher toutes ses craintes en face de la France qui se soulevait frémissante contre les projets liberticides et les déclamations calomnieuses des Spuller, des Bert ou des J. Ferry. Et cependant, malgré ces signes consolants, la presse radicale aurait tort d'avoir sérieusement peur, et les catholiques se tromperaient s'ils se croyaient à la veille de jours plus libres et plus tranquilles. A côté de ce que l'on appelle les *conservateurs*, et même dans les rangs de ce parti ordinairement inerte, il y a encore trop de ces hommes qui caressent une chimère et rêvent de conserver simultanément des choses de leur nature destructives l'une de l'autre. Ils se laissent persuader qu'une restauration religieuse est inséparable du retour de l'ancien régime avec son servage, ses abus et ses usages superstitieux ou cruels. Cette appréhension, aussi injurieuse à l'Église que peu conforme au bon sens, devient la règle de leur conduite et leur permet d'accepter les plus formidables responsabilités.

Pour que la restauration sociale soit possible, il faut que l'ordre surnaturel soit reconnu par les gouvernements comme par les individus, que le naturalisme athée cesse d'être un principe légalement accepté et pratiquement mis en œuvre. Il faut que le magistère infaillible de la sainte Église et du pontife romain soit respecté, comme la plus auguste de toutes les autorités qui parlent sur la terre. C'est ce que disait à l'univers catholique Léon XIII en montant sur la chaire de Pierre. Par conséquent s'il est permis de dire que la séparation de l'Église et de l'État commence à paraître ce qu'elle est réellement, c'est-à-dire une doctrine funeste; si le Syllabus de Pie IX est plus sainement jugé; si les droits de l'Église sur l'enseignement sont près d'être reconnus, en un mot si les gouvernements ressentent le besoin de redevenir chrétiens, il faut bénir Dieu, car c'est la restauration sociale qui commence. Mais, si la même peur de l'Église et la même ardeur à résister à ses empiétements prétendus anime toujours les hommes qui dirigent les peuples, il n'y a pas de restauration possible. Les catholiques qui prétendent en saluer l'aurore se trompent, et les radicaux, qui la redoutent, ont tort de se laisser aller à des terreurs chimériques. Du reste, Dieu seul connaît ce qu'il réserve à la France, comme à l'Europe. Il a le pouvoir de frapper de ces coups qui sauvent par l'épouvante même qu'ils inspirent ; mais, à voir quelle semence a jetée sur notre sol l'année qui s'achève, l'espoir de jours meilleurs pour l'année qui va commencer son cours ressemble beaucoup à une témérité. La crise religieuse aboutira non point à la mort de l'Église, qui est immortelle, mais à la ruine des peuples qui s'obstinent à repousser le règne social de Jésus Christ.   H^{te} MARTIN.

JACQUES MARQUETTE

<hr>

III

LA PRIORITÉ DE LA DÉCOUVERTE DU MISSISSIPI

La Salle est-il arrivé au Mississipi avant Jolliet et Marquette, c'est-à-dire antérieurement au mois de juin 1673? Nous devons dire que l'affirmative a été soutenue bien avant M. Gravier par M. Pierre Margry, dans le *Journal général de l'instruction publique* (août 1862). Une polémique courtoise s'engagea sur ce sujet, il y a une quinzaine d'années, entre ce savant et notre confrère, le P. Tailhan, éditeur des curieux *Mémoires* de Nicolas Perrot sur *les mœurs, coustumes et relligion des sauvages de l'Amérique septentrionale*[1]. Cette controverse a ensuite occupé aussi M. Francis Parkman, dans son brillant ouvrage *La découverte du grand Ouest*[2], consacré presque tout entier à La Salle, et M. Harrisse, dans ses savantes *Notes pour servir à l'histoire, à la bibliographie et à la cartographie de la Nouvelle-France*. L'un et l'autre ont conclu en faveur de Marquette[3]. De nouvelles études sur les pièces du procès parais-

---

[1] Paris, 1864. Voir la note sur le ch. XVIII, p. 278-289.

[2] Cet ouvrage forme la 3e partie (et le 3e volume) de son *France and England in North America, a series of historical narratives*. Les découvertes de La Salle remplissent à peu près tout le volume.

[3] Parkman, p. 22-25 (7e édit., 1874; 1re édit. en 1869); Harrisse, p. 121-143. La question est résolue dans le même sens par l'abbé Ferland, *Cours d'histoire du Canada* (« la meilleure histoire du Canada, » dit M. Harrisse), t. II, p. 78.

sent avoir amené M. Margry au même sentiment. Dans le premier volume des *Mémoires et documents sur les découvertes et établissements des Français dans l'Ouest et dans le Sud de l'Amérique septentrionale*, le chapitre XI, renfermant les documents sur le voyage de Jolliet et de Marquette, en 1673, a pour titre : Découverte *du Mississipi par Louis Jolliet, accompagné du Père Marquette.*

M. Gravier, qui reste le seul patron de la priorité de La Salle, n'a pas donné d'autres preuves que celles qu'il a trouvées dans MM. Margry et Parkman. Or toutes ces preuves se réduisent, en somme, aux assertions d'un mémoire anonyme rédigé en 1678, cinq années après le voyage de Jolliet et de Marquette. Ce mémoire est publié pour la première fois en entier par M. Margry, dans ses *Documents*[1]; mais ce savant nous apprend qu'il l'avait trouvé et copié dès 1845 ; il en a fait usage en 1862, dans ses articles en faveur de la priorité de La Salle. M. Parkman en a aussi donné de longs extraits, et c'est d'après l'historien américain que M. Gravier cite la pièce dans sa seconde publication[2]. L'auteur ne s'est fait connaître que comme un ami de l'abbé de Gallinée, diacre de la Société de Saint-Sulpice, qui accompagna La Salle durant neuf semaines, dans son voyage de 1669. La suite de son récit montre qu'il était également lié avec Arnaud, le célèbre chef des jansénistes. Ce n'était pas un ami des jésuites, comme on peut bien penser, et on s'en aperçoit de reste. Suivant qu'il assure, son mémoire n'est que la reproduction fidèle de ce qu'il a entendu de la bouche même de Cavelier de la Salle, dans « dix ou douze conférences » qu'il a eues avec lui en 1678. La partie qui nous intéresse actuellement est intitulée *Histoire de M. de La Salle*, et est censée contenir le résumé des voyages et découvertes du héros durant ses onze premières années au Canada (1666-1678). Nous en reproduisons deux passages sur lesquels s'appuie toute la démonstration de M. Gravier.

[1] T. I, p. 345-401.

[2] M. Gravier ne dit rien des réserves que fait M. Parkman en citant ce factum. Du reste, il laisse aussi complètement ignorer à ses lecteurs que l'historien américain conclut autrement que lui-même. Cela n'est-il pas un peu contraire à certaines bienséances littéraires ?

Cavelier vient de se séparer de l'abbé de Gallinée, avec lequel
il était arrivé de Montréal, par le fleuve Saint-Laurent et le
lac Ontario, sur la rive méridionale de ce lac. L'anonyme poursuit ainsi son récit :

> Cependant M. de la Salle continua son chemin sur une rivière qui
> va de l'est à l'ouest et passe à Onontagué, puis à six ou sept lieues au
> dessous du lac Erié, et estant parvenu jusqu'au 280 ou 83ᵉ degré de
> longitude, et jusqu'au 41ᵉ degré de latitude, trouva un sault qui tombe
> vers l'ouest dans un pays bas, marécageux, tout couvert de vieilles sou
> ches dont il y en a quelques-unes qui sont encore sur pied. Il fut donc
> contraint de prendre terre, et suivant une hauteur qui le pouvoit mener
> loin, il trouva quelques sauvages qui lui dirent que, fort loin de là, le
> mesme fleuve qui se perdoit dans cette terre basse et vaste se réunis
> soit en un seul lit. Il continua donc son chemin, mais comme la fatigue
> estoit grande, 23 ou 24 hommes qu'il avoit menez jusques là le quittè
> rent tous en une nuit, regagnèrent le fleuve et se sauvèrent les uns à la
> Nouvelle-Hollande (New York), les autres à la Nouvelle-Angleterre.
> Il se vit donc seul à 400 lieues de chez luy, où il ne laissa pas de
> revenir remontant la rivière et vivant de chasse, d'herbes et ce que luy
> donnèrent les sauvages qu'il rencontra en son chemin[1].

Il est à peine besoin de faire remarquer, avec M. Parkman,
combien cette relation est « confuse et vague. » Aussi, pour en
tirer quelque chose, M. Gravier est-il obligé de la commenter à
l'aide d'un autre récit, qui se rapporte, suivant lui, au même
voyage. « Dans une *dépêche de* 1677, » écrit-il, « *adressée au
comte de Frontenac*, Cavelier de la Salle, parlant de lui à la
troisième personne, rappelle en ces termes les résultats de ce
voyage... » Avant d'aller plus loin, faisons observer que le témoignage que M. Gravier va citer n'est pas une dépêche adressée à Frontenac, mais un fragment du mémoire présenté par La
Salle au roi, en 1678, pour obtenir le privilège de « découvrir
la partie occidentale de l'Amérique septentrionale entre la Nouvelle-France, la Floride et le Mexique. » Ce privilège, La Salle
l'obtint, comme nous avons vu, sur la recommandation de
Frontenac et du prince de Conti, par lettres patentes du 12 mai
1678. Cela dit, voici les paroles du voyageur :

> L'année 1667 et les suivantes, il (La Salle) fit divers voyages avec

[1] Margry, *op. l.*, t. I, p. 377-378.

beaucoup de despenses, dans lesquels il descouvrit le premier beaucoup
de pays, au sud des grands lacs, entr'autres la grande rivière d'Ohio.
Il la suivit jusques à un endroit où elle tombe de fort haut dans de vastes marais, à la hauteur de 37 degrés, après avoir esté grossie par une
autre rivière fort large qui vient du nord ; et toutes ces eaux se deschar-
gent selon toutes les apparences dans le golphe de Mexique.

En combinant ce récit avec celui de « l'ami de M. de Gallinée », M. Gravier trouve que La Salle a dû arriver dès 1669
au Mississipi[1]. Il n'y a sur l'Ohio qu'un saut ou rapide, celui
de Louisville, qui est par 38° et quelques minutes de latitude
nord, et à 390 milles (627 kilomètres) du Mississipi. Mais le
champion de La Salle ne pense pas qu'il soit permis de placer
le terme de son excursion à Louisville. Car, dit-il, dans cette
hypothèse, « quelle serait cette rivière *fort large* dont il place le
confluent sur le 37° de latitude nord, à la limite de son voyage?
La relation (M. Gravier revient ici au récit de l'anonyme) dit
qu'après avoir quitté les rapides, il suivit des hauteurs; qu'il
apprit de sauvages que, « fort loin de là », l'Ohio se réunissait en un « lit », et qu'à « la hauteur du 37° degré », à l'endroit où le fleuve reçoit une « rivière fort large », il s'arrêta.
Or, tandis que les rapides sont par 38° 15', le confluent de
l'Ohio et du Mississipi se trouve par 37°10'. Est-ce par hasard
que La Salle indiquerait pour la position du confluent de (la
rivière venant du nord) et de l'Ohio la position de l'Ohio et du
Mississipi?..... Serait-ce aussi par hasard qu'il aurait pu
croire et dire que l'Ohio, grossi de (cette rivière), coulait droit
au golfe du Mexique? Non, vraiment; *il n'a pu désigner
comme venant du nord et s'unissant à l'Ohio, sur le 37° pa-
rallèle pour couler au golfe du Mexique, que le Mississipi*[2]. »

Cette argumentation pèche par plusieurs côtés. D'abord, La
Salle ne dit point qu'il trouva le confluent de l'Ohio et de l'autre
rivière à la limite de son voyage, et par le 37° degré. Ce qu'il
indique expressément comme le point où il s'arrêta, et où il re-
leva la hauteur de 37°, c'est le *saut* de l'Ohio. Quant à la rivière venant du nord, il l'avait rencontrée auparavant; il ne dit

----

1 *Découvertes... de La Salle*, p. 59; *La route du Mississipi*, p. 32-33.
2 *La route...*, p. 33.

pas à quel moment, mais ses expressions *(il la suivit* [la rivière
d'Ohio] *jusqu'à un endroit où elle tombe de fort haut, à la
hauteur du* 37ᵉ *degré, après avoir été grossie par une autre
rivière…*) laissent assez de large pour placer le confluent à
quelque distance au nord-est du saut de Louisville. Rien n'empêche donc que l'affluent dont La Salle a voulu parler ne soit,
comme le pense M. Parkman, le Miami ou le Scioto. D'ailleurs,
si, comme le veut M. Gravier, cette rivière qui venait du nord
était le Mississipi, le voyageur aurait-il pu en parler comme
d'un simple affluent de l'Ohio ? L'Ohio «grossi » par le Mississipi, ce serait aussi étrange que la Durance « grossie » par le
Rhône ou la Marne « grossie » par la Seine. Ensuite, que devien-
drait le *saut,* que La Salle a rencontré au delà du confluent ?
En effet, le Mississipi n'a aucun saut ou rapide au-dessous de
l'embouchure de l'Ohio.

A ces objections il faut en ajouter une autre, qui suffirait à
elle seule pour rendre la conclusion de M. Gravier invraisemblable. Si La Salle avait réellement atteint, durant ce voyage
de 1669, le grand fleuve dont la découverte était le rêve de
tout le monde dans la Nouvelle-France, comment ne l'aurait-il
pas dit dans le Mémoire que nous venons de citer? Est-il probable, demanderons-nous avec M. Harrisse, que si La Salle eût
découvert « ce fleuve tant désiré, cette route du nouveau Pac-
tole », il eût omis ce glorieux exploit dans l'énumération qu'il
fait de ses titres pour obtenir la faculté de continuer ses découvertes et « qu'il se fût contenté de cette piètre expression « entre autres », pour s'étendre avec complaisance sur la découverte
de l'Ohio, dont le principal mérite était justement d'être un des
affluents supposés de ce fleuve fameux[1] ».

En résumé, une seule chose ressort de ces premiers documents,
c'est, si nous en croyons La Salle lui-même, qu'il a découvert
l'Ohio et l'a suivi, dès 1669, jusqu'à environ 130 lieues du Mississipi, sans toutefois s'être assuré s'il rejoignait le grand fleuve.
Quant au Mississipi, il n'en parle point, et de son silence on
est en droit de conclure qu'il ne l'a point vu dans ce voyage.

A-t-il du moins été plus heureux dans les années suivan-

---

[1] *Notes…,* p. 130.

tes avant 1673 ? Cela serait, si l'on devait ajouter foi à « l'ami
de Gallinée »; car voici comment il poursuit le récit déjà cité :

A quelque temps de là il (La Salle) fit une seconde tentative sur la
mesme rivière, qu'il quitta au-dessous du lac Erié, faisant un portage
de six ou sept lieues pour s'embarquer sur ce lac, qu'il traversa vers
le Nord, remonta la rivière qui produit ce lac, passa le lac d'Eau Salée,
entra dans la Mer Douce, doubla la pointe de terre qui sépare cette mer
en deux, et, descendant du nord au sud, laissant à l'ouest la baye des
Puants, reconnut une baye incomparablement plus large, au fond de
laquelle, vers l'ouest, il trouva un très beau havre, et au fond de ce
havre un fleuve qui va de l'est à l'ouest. Il suivit ce fleuve, et estant
parvenu jusqu'environ le 280e degré de longitude et le 39e de latitude,
trouva un autre fleuve qui, se joignant au premier, couloit du nord-ouest
au sud-est. Il suivit ce fleuve jusqu'au 36e degré de latitude, où il trouva
à propos de s'arrester, se contentant de l'espérance presque certaine de
pouvoir passer un jour, en suivant le cours de ce fleuve, jusqu'au golfe
de Mexique, et n'osant pas, avec le peu de monde qu'il avoit, hasarder
une entreprise dans le cours de laquelle il auroit pu rencontrer quelque
obstacle invincible aux forces qu'il avoit.

Ce passage, dont M. Gravier ne donne qu'une petite partie,
méritait d'être reproduit en entier. Encore plus que le précédent,
où nous avons vu placer le saut de l'Ohio par 41° de latitude,
au lieu de 38°, il montre combien les notions de l'auteur sur la
géographie de la région des grands lacs, alors bien connue cependant, étaient peu nettes, et en beaucoup de points inexactes.
Sans nous arrêter à cette observation, déjà faite par M. Parkman, remarquons encore, dans ce passage comme dans le précédent, l'absence de tout nom propre, en parlant de ces rivières
et fleuves, qui avaient pourtant reçu leur baptême depuis longtemps. N'est-ce pas là un artifice d'un homme peu sûr de la
vérité de ses assertions, qui veut se ménager une échappatoire
contre une accusation de mensonge ?

Quoi qu'il en soit, le récit de l'anonyme tend à faire croire
que, peu après 1670, La Salle serait monté par les lacs Érié et
Huron dans le lac Michigan, et de ce lac serait allé (non point
directement par eau, ce qui était impossible, mais en faisant une
partie du chemin par terre) joindre la rivière des Illinois; il
aurait ensuite descendu l'Illinois jusqu'à son embouchure dans
le Mississipi ; enfin, il aurait suivi le courant du grand fleuve

jusque dans le voisinage des Arkansas, à moins de 70 lieues en
deçà du point qu'atteignirent Jolliet et Marquette en juillet 1673. Ajoutons tout de suite, pour terminer la série des
témoignages que « l'ami de Gallinée » fournit en faveur de la
priorité de La Salle, un troisième passage où il va jusqu'à contester la réalité du voyage de Jolliet. Après avoir parlé du
retour de La Salle en France (1678), il continue :

Les jésuites avaient envoyé en France, il y a plus d'un an, un de
leurs frères donnez, nommé Joliet, avec une autre carte faite par ouy-
dire, et ce frère donné se donnoit à luy mesme l'honneur de cette descouverte. Cette imposture ne réussit pas à l'honneur de ce frère donné,
qui, selon toutes les apparences, ne satisfit pas aux questions que l'on a
coustume de faire en pareilles occasions, et M. Gallinée fit entendre à
un de mes amis qu'il ne connoissoit que M. de La Salle capable d'avoir
fait cette descouverte[1].

Ni Jolliet ni les jésuites, ses protecteurs, n'ont plus besoin
d'être défendus du reproche d'imposture quant à l'exploration
de 1673. Mais que faut-il penser de la revendication de priorité
formulée par La Salle, en 1678, au témoignage de l'anonyme ?
« Si cette revendication émanait réellement de La Salle, écrit
M. Parkman, qui est très sympathique à ce voyageur, elle aurait du poids, même *in propria causa ;* mais elle ne nous vient
que par un intermédiaire très partial[2].

En effet, la partialité de ce témoin anonyme est telle qu'elle
rend tous ses récits suspects au plus haut degré. Ennemi passionné des jésuites, il ne paraît avoir pensé, dans ses conversations
avec La Salle, qu'à ramasser des accusations, des insinuations
malveillantes contre les objets de son antipathie. Il est impossible
de voir dans son récit, où l'on sent tout le fiel et l'habileté jansénistes, autre chose qu'une machine de guerre destinée à battre en brèche la Compagnie détestée. C'est un pamphlet qui
devait prendre place parmi tant d'autres, où les jésuites sont

[1] Margry, *op. l.,* p. 398-399. Rien ne prouve que Jolliet fût un « frère donné »
des jésuites, et nous ne le croirons pas sur la parole de l'anonyme. Les *donnés,*
qui n'étaient pas des « frères », puisqu'ils n'étaient pas religieux, s'engageaient, par
contrat et pour la vie, mais sans vœux, à servir la mission dans des emplois de domestiques, la mission se chargeant seulement de leur entretien. (*Le R. P. Isaac
Jogues,* par le P. F. Martin, S. J., 1873, p. 63-64.)
[2] *The discovery of the great West,* p. 23. Ajouter p. 101-102 (7e édit.).

invariablement présentés comme les plus scélérats des hommes. Pour établir cette thèse, l'auteur anonyme a fait comme ses pareils, comme font encore aujourd'hui beaucoup de leurs imitateurs : à quelques faits grossis et dénaturés, il a mêlé une quantité d'insinuations outrageantes et de racontars calomnieux qu'il place sous l'autorité de témoins insaisissables. On peut constater ce procédé à toutes les pages de son Mémoire. Déjà le titre qu'il se donne en est un exemple; car au moment où il écrit, ce M. Gallinée, dont il se targue d'être l'ami, était mort. Aussi nous ne saurions nous persuader que cette pièce soit de l'abbé Eusèbe Renaudot, comme M. Margry incline à le penser. Si lié qu'il fût avec quelques adversaires déclarés des jésuites, nous répugnons à croire que le savant historien des Églises orientales ait pu commettre, contre ses anciens maîtres, un factum d'un si triste caractère. De toute manière, nous n'en aurions de peine que pour le tort qu'en souffrirait son honneur. M. Parkman conjecture que l'anonyme cache un des princes de Conti, protecteur zélé de La Salle qui a donné le nom de *fort de Conti* à un de ses établissements formé près de la chute de Niagara.

M. Gravier, se fondant sur la connaissance que M. Margry croyait avoir acquise, en 1868, du nom de notre anonyme, qui serait « parmi les plus honorés de son temps », écrit aussitôt : « Si l'auteur est honnête homme, son amitié pour La Salle et son peu de sympathie pour les jésuites, n'ont pu lui faire dire le contraire de la vérité [1]. » Mais nous savons trop que la passion contre les jésuites peut entraîner des hommes, pour le reste fort honnêtes, à prendre d'étranges libertés avec la vérité. Pour faire juger, sinon de l'honnêteté, du moins de l'impartialité du champion anonyme de La Salle, il suffira de dire qu'il reproduit avec une volupté visible les accusations les plus ineptes et les plus indignes contre ces héroïques missionnaires du Canada, dont M. Parkman a dit : « Les plus violents ennemis des jésuites, employant les termes les moins mesurés à leur sujet, parlent néanmoins des missionnaires canadiens avec des éloges sans restriction »[2]. Ces hommes qui, après avoir dit un éternel

---

[1] *La route du Mississipi*, p. 36.

[2] *Les pionniers français dans l'Amérique du Nord* (1ʳᵉ partie de *France and*

adieu aux jouissances, aux honneurs, que leur naissance et leurs
talents leur assuraient dans la patrie, ont encore renoncé aux derniers avantages de la société civilisée, pour se consacrer corps et
âme à l'instruction des sauvages, qui se sont volontairement con-
damnés à passer leurs jours et leurs nuits avec des êtres gros-
siers, au milieu des bois ou dans de misérables huttes, en danger
continuel de périr de faim ou par la hache d'un barbare, ce ne
sont, d'après l'anonyme janséniste, que des trafiquants, des
spéculateurs. Il insulte même aux martyrs, nommément à
l'admirable P. de Brébeuf et au P. Garnier, que les Iroquois
auraient tués suivant toutes les lois de la guerre[1].

Il serait injuste peut-être de faire remonter la responsabilité
de ces récits jusqu'à La Salle. Après cela, faut-il croire qu'il
ait inspiré au moins les passages qui affirment la priorité de
ses découvertes sur le Mississipi ? Nous répondons non, avec
MM. Harrisse et Parkman ; l'ensemble de la Relation anonyme
donne tout droit de penser que le rédacteur, encore ici, a prêté
au voyageur ses propres inventions, pour ravir aux jésuites et à
Jolliet, leur protégé, l'honneur d'une des plus belles découvertes
que la France ait faites en Amérique. Il est possible que La Salle
ait donné prise au faussaire par quelques paroles peu mesurées
échappées dans l'intimité ; en effet, on ne saurait guère douter
qu'un certain chagrin d'avoir été devancé par Jolliet ne l'ait
porté quelquefois à diminuer le mérite de son rival. Mais, quant
à une revendication formelle de la première découverte du
Mississipi, comme celle que lui attribue l'anonyme en 1678,
elle serait en contradiction flagrante avec sa conduite jusqu'à

England in North America), traduction française de Mme de Clermont-Tonnerre,
Paris, 1874, p. 417, note 1. Comparer *The Jesuits in North America* (2e partie de
France and England, etc.). Cependant M. Parkman n'est pas moins indépendant
que M. Gravier, au point de vue religieux, et il doit être étonné de se voir rangé
parmi « les partisans des jésuites. » (*La route du Mississipi*, p. 39).

[1] *Récit*, dans Margry, I, p. 366. M. Gravier reproduit ces tristes reproches. Les
missionnaires jésuites « furent, dit-il, les vraies causes des martyres qu'ils subirent
chez les Iroquois. » En effet, qui les obligeait de se dévouer à la mort la plus terrible, en essayant de civiliser par leur prédication ces barbares féroces, ennemis
aussi redoutables pour la colonie française que pour les nouveaux chrétiens ? Toutefois, il avoue que, « franchement, il serait puéril de donner pour mobile à leur
conduite le trafic du castor et de l'eau-de-vie. » C'est bien généreux. Le P. de Brébeuf, pour sa part, semble inspirer à M. Gravier une véritable sympathie : est-ce
parce qu'il était Normand ?

cette époque, aussi bien qu'avec les documents les plus sûrs qui aient conservé le souvenir de ses différentes expéditions. « Sept années, dit encore M. Parkman, ont passé depuis la découverte prétendue, et La Salle ne l'a point revendiquée jusque-là, bien qu'il fût de notoriété publique que, durant cinq années, elle avait été revendiquée par Jolliet et que cette revendication était généralement admise. La correspondance du gouverneur (de la Nouvelle-France, M. de Frontenac) et de l'intendant (Talon) est muette sur le fait que La Salle serait arrivé au Mississipi, quoique la tentative eût eu lieu sous les auspices du second (de Talon), comme il le déclare lui-même dans ses lettres [1], tandis que tous deux avaient sérieusement à cœur la découverte de la grande rivière. Le gouverneur Frontenac, l'ardent protecteur et l'allié de La Salle, croyait en 1672, comme le prouvent ses lettres, que le Mississipi se déchargeait dans le golfe de Californie, et deux années plus tard, il annonce au ministre Colbert la découverte de Jolliet. »

Ces pièces montrent avec évidence que le voyage qu'aurait fait La Salle sur le Mississipi avant Jolliet, était absolument inconnu aux personnages qui auraient été les premiers informés, si la découverte avait eu lieu. Elles prouvent aussi que la prétention de Jolliet d'avoir découvert le Mississipi et de l'avoir, le premier, suivi jusque très près de son embouchure, était publique au Canada, dès le printemps de 1674. La Salle a même dû être un des premiers à en avoir la nouvelle; car Jolliet, à son retour, passa par le lac Ontario et s'arrêta quelque temps au fort Frontenac, où La Salle commandait. Est-il admissible que La Salle fût resté muet devant cette prétention jusqu'en 1678, et qu'il n'eût pas aussitôt énergiquemement revendiqué sa priorité, si cette priorité avait été réelle?

---

[1] Il s'agit du voyage à l'Ohio. Dans une lettre à Colbert, datée de Québec, 10 novembre 1670, Talon écrit : « Ce pays est disposé de manière que par le fleuve (de Saint-Laurent) on peut remonter partout à la faveur des lacs, qui portent à la source vers l'ouest, et des rivières qui dégorgent dans luy par ses costez. Ouvrant le chemin au Nord et au Sud, c'est par ce mesme fleuve qu'on peut espérer de trouver quelque jour l'ouverture au Mexique, et c'est aux premières de ces découvertes que nous avons envoyé, M. de Courcelles et moy, M. de la Salle, qui a bien de la chaleur pour ces entreprises. » (Margry, 1, p. 87). Le 2 novembre 1671, Talon écrit au roi : « Le sieur de La Salle n'est pas encore de retour de son voyage fait au costé du Sud de ce pays. » (Ibid., p. 92.)

M. Gravier a senti la force de cet argument, et il essaye d'y répondre [1]. D'abord, dit-il, au Canada, La Salle avait trop d'ennemis pour que sa protestation pût s'y produire verbalement avec chance d'être recueillie et conservée. Parmi ces ennemis, M. Gravier en nomme cinq, dont trois au moins, supposé qu'ils fussent réellement hostiles à notre voyageur, étaient sans influence dans la colonie; mais il y ajoûte « la masse des trafiquants », ce qui est vague, et surtout « les PP. jésuites qui, ayant un pied dans toutes les familles, une oreille sur toutes les consciences, régnaient despotiquement sur la colonie. » Sans nous émouvoir de cette phrase à effet et des accusations toutes gratuites qui la suivent, nous demandons au champion passionné de La Salle, pourquoi celui-ci n'a pas, du moins, protesté auprès du gouverneur du Canada, de Frontenac, qui n'était certes pas dans la « coterie » hostile à La Salle, de Frontenac qui fut toujours, au contraire, le protecteur déclaré de La Salle, en même temps qu'il était fort peu sympathique aux jésuites? Il ne l'avait point fait en novembre 1674, alors que Frontenac annonçait à Colbert la découverte de Jolliet. Cependant le temps ne lui avait pas manqué pour cela. Ajoutons qu'il se trouvait probablement avec son protecteur au moment même où celui-ci expédiait sa dépêche relative à la découverte du Mississipi; c'est ce qu'on peut conclure d'une lettre datée du même jour que cette dépêche par laquelle Frontenac recommande La Salle à Colbert. Il faut citer encore cette lettre, pour bien montrer les rapports qui existaient entre La Salle et le gouverneur général.

Je ne puis, Monseigneur, que je ne vous recommande le sieur de La Salle qui passe en France et qui est un homme d'esprit et d'intelligence, et le plus capable que je connoisse icy pour toutes les entreprises et descouvertes qu'on voudra lui confier, ayant une connaissance très parfaite de l'estat de ce pays, ainsy qu'il vous paroistra, si vous avez agréable de luy donner quelques moments d'audience [2].

Mais M. Gravier a une autre dépêche de Frontenac à nous opposer. *Trois années* après avoir constaté, comme nous l'a-

<hr>

[1]. *La route du Mississipi*, p. 39-42 ; cf. 37-38.
[2]. Margry, I, p. 277.

vous vu, la découverte de Jolliet, le gouverneur écrit à Colbert une lettre où, après diverses accusations contre le clergé de la Nouvelle-France, et en particulier contre les jésuites, il écrit :

> Sur cet avis du dessein de M. de la Salle (de demander la concession du lac Érié et de celui des Illinois), ils (les jésuites) ont résolu de faire demander eux-mesmes cette concession pour les sieurs Jolliet et Lebert, gens qui leur sont entièrement acquis et le premier desquels ils ont tant vanté par avance, *quoiqu'il n'ayt voyagé qu'après le sieur de la Salle*, lequel mesme vous tesmoignera que la relation du sieur Jolliet est fausse en beaucoup de choses[1].

Des derniers mots, M. Gravier conclut qu'au sentiment de Frontenac, La Salle a précédé Jolliet sur le Mississipi. Mais c'est là une conclusion que le texte ne justifie en aucune façon. Sans doute, La Salle « a voyagé » avant Jolliet; cela ne veut pas dire qu'il soit arrivé au Mississipi avant lui. De même, la relation de Jolliet sur sa découverte pouvait être incorrecte dans quelques détails, bien que le voyage fût réel et l'ensemble de la relation exact. Enfin, de ce que La Salle, en 1677, était ou se croyait en mesure de redresser Jolliet sur ces détails, il ne résulte nullement qu'il ait été plus loin que lui avant 1673. En résumé, dans cette pièce, suivant la remarque de M. Parkman, Frontenac n'affirme pas plus la priorité de La Salle qu'il ne *nie* celle de Jolliet.

M. Gravier a encore une autre réponse : si l'on ne trouve pas de preuves authentiques des protestations de La Salle en faveur de sa priorité, c'est que les pièces ont été perdues, ou peut-être (insinue-t-il) détruites par ses puissants adversaires. Malheureusement, cet argument, dernier refuge des avocats de revendications désespérées, n'a ici aucune valeur. D'abord la plupart des pièces dont M. Gravier regrette la perte existent encore et ont même été publiées. Ainsi en est-il de la *Relation des découvertes et des voyages du sieur de La Salle, seigneur et gouverneur du fort de Frontenac, au delà des grands lacs de la Nouvelle-France, faits*

---

[1] *Ibid.*, p. 324. Frontenac s'est exprimé en termes plus flatteurs pour Jolliet, dans sa dépêche, déjà citée, de 1674, où il constate que Jolliet « s'est très bien acquitté » de la découverte du Mississipi. (Margry, I, p. 258.) De même, plus tard, dans une lettre de 1695, citée par M. Harrisse, *Notes*, p. 133, note 1.

par l'ordre de monseigneur Colbert. 1679-80-81. « C'était, écrit M. Gravier, l'une des pièces les plus importantes du dossier de Cavelier de La Salle. » Cela n'est pas douteux, si l'on admet ce qu'en dit M. Margry, le meilleur juge dans la question: « Ce mémoire des événements de l'entreprise d'exploration depuis 1678 est assurément la pièce officielle qui a été présentée au ministre de la marine, en attendant le grand résultat de 1682 (c'est-à-dire le voyage sur le Mississipi jusqu'à son embouchure).» Quoi qu'il en soit, ce document, que M. Margry vient de publier en entier[1], est loin de favoriser la revendication de M. Gravier. Les voyages de La Salle avant 1678 y sont relatés, mais pas un seul mot n'indique qu'il ait eu la prétention d'être arrivé au Mississipi avant cette date. Par contre, nous y trouvons la priorité de Jolliet reconnue en des termes d'autant plus significatifs qu'ils respirent peu de bienveillance et sont même injustes pour le rival. Voici, en effet, ce qu'écrit La Salle ou celui qui tient pour lui la plume :

Pendant que le sieur de la Salle travailloit à la construction de son fort (de Frontenac, sur le lac Érié), les envieux, jugeant par de si beaux commencements de ce qu'il pourroit faire dans la suite, suscitèrent le sieur Joliet *à le prévenir dans ses descouvertes.* Il alla par la baye des Puants (aujourd'hui *Green Bay*, baie Verte, dans le lac Michigan) à la rivière de Mississipi, sur laquelle il descendit jusqu'aux Illinois, et revint par le lac des Illinois en Canada, sans avoir essayé pour lors ny depuis d'y faire aucun establissement[2].

Un autre mémoire plus court, mais vraisemblablement de la même main que celui-ci, et présenté au ministre Seignelay, est, s'il se peut, encore plus explicite. L'avocat de La Salle s'y pose cette objection : « On dit qu'il n'a pas, le premier, découvert la rivière Colbert (le Mississipi). » La réponse aurait été bien simple, si la thèse de M. Gravier était vraie. La voici :

1° Il a esté le premier *à former le dessein* de ces descouvertes, qu'il communiqua, il y a plus de quinze ans (le mémoire est de 1682 au plus

---

[1] *Op. l.*, t. I, 435-544. M. Margry pense que ce mémoire a été rédigé par l'abbé Bernou.

[2] *Ibid.*, p. 438-439. Il sera facile de rectifier les erreurs de ce passage d'après ce que nous avons dit jusqu'ici.

tôt), à M. de Courcelles, gouverneur, et à M. Talon, intendant du Canada, qui l'approuvèrent. Il a fait ensuite plusieurs voyages de ce costé-là et un entre autres en 1669 avec MM. Dolier et Galinée, prestres du séminaire de Saint-Sulpice. *Il est vray que le sieur Jolliet, pour le prévenir, fit un voyage en 1673 à la rivière Colbert*, mais ce fut uniquement pour y faire commerce, sans y avoir fait aucune despense, etc. [1].

Comme on le voit, la réponse n'est rien moins que catégorique, ou plutôt l'aveu de la priorité de Jolliet est clair, quoique donné de mauvaise grâce.

M. Gravier est excusable de n'avoir pas connu ces documents en 1870 ni même en 1877. Ce dont on peut l'excuser difficilement, c'est de ne pas voir l'objection insurmontable qu'élèvent contre sa thèse les documents existants et depuis longtemps connus. Cette objection, l'absence de quelques pièces du dossier de La Salle ne l'infirme point, et elle ne sera pas ébranlée par la découverte de pièces nouvelles. Nous l'avons déjà indiquée après M. Shea, le P. Tailhan, MM. Harrisse et Parkman; résumons-la encore une fois brièvement pour conclure.

A diverses époques, notamment en 1675, 1678 et 1682, Cavelier de La Salle a fait présenter des mémoires assez étendus au gouvernement royal, à l'effet d'obtenir des concessions et des privilèges pour la découverte et l'exploitation des régions à l'ouest de la Nouvelle-France. Dans ces mémoires qu'appuyait constamment la chaude recommandation du gouverneur général du Canada, M. de Frontenac, et d'autres amis puissants, l'occasion était donnée tout naturellement au voyageur de faire valoir les prétentions qu'on lui prête. Bien plus, il est impossible de comprendre qu'il ne l'ait pas fait, s'il les avait réellement, ces prétentions, et s'il était à même d'en démontrer le bien fondé. Quand il demandait le droit exclusif de fonder des établissements, de poursuivre les explorations, en un mot, d'exploiter à son profit cette riche vallée du Mississipi que d'autres se vantaient d'avoir ouverte à la France, pouvait-il négliger, parmi les titres qui lui permettaient de briguer cette faveur, celui qui aurait été le plus important de tous, c'est-à-dire la prio-

---

[1] Margry, t. II, p. 285.

rité prétendue de ses explorations sur le grand fleuve ? De fait,
il n'a pas manqué, dans toutes ces pièces, de rappeler ses voyages, ses découvertes. Mais toujours pas un mot d'où il résulte
qu'il fût lui-même arrivé au Mississipi en 1675. Ce silence n'est-
il pas décisif ?

Ajoutons encore la *Relation* officielle que nous citions il y a
un instant. Joignons-y, comme confirmation, cette note de
M. Parkman : « Après la mort de La Salle, son frère, son neveu
et sa nièce adressèrent un mémoire au roi, pour demander
certaines concessions en considération des découvertes de leur
parent, découvertes qu'ils spécifient avec quelque détail ; mais
ils ne prétendent point qu'il fût arrivé au Mississipi avant son
expédition de 1679 à 1682. Ce silence est d'autant plus signi-
ficatif, que la nièce dont il s'agit est celle-là même qui était en
possession des papiers où La Salle raconte les voyages dont
les résultats sont en question. Si ces voyages l'avaient conduit
au Mississipi, il est moralement certain qu'elle aurait fait connaître cela dans son mémoire[1]. »

Terminons cette longue discussion par la conclusion de l'historien américain de La Salle, qui exprime, sans nul doute, le
minimum des conséquences que nous avons le droit d'en tirer :
*Que La Salle ait découvert le Mississipi, cela n'a pas été
prouvé, et, à la lumière des documents que nous avons, cela
n'est point vraisemblable.*

IV

UN DERNIER MOT SUR LES JÉSUITES DU CANADA

Il serait superflu, maintenant, de discuter l'inculpation formulée par M. Gravier contre « les ennemis de La Salle », et
en première ligne contre les jésuites, d'avoir tout mis en œuvre

---

[1] *The discovery...*, p. 25. Ces faits détruisent aussi l'argument que M. Gravier
tire d'une lettre de Madeleine Cavelier, la nièce de La Salle, écrite le 21 janvier 1756
(*La route du Mississipi*, p. 33 ; Margry, t. I, p. 379, note), lettre singulièrement
confuse d'ailleurs, et où les découvertes de La Salle avant 1675 sont évidemment
exagérées. Au reste, les cartes dont il est question dans cette lettre ont-elles été
rédigées avant ou après le voyage de Jolliet? C'est ce que Madeleine ne dit point.

pour enlever au voyageur rouennais l'honneur d'être appelé le
découvreur du Mississipi, et pour étouffer tous les témoignages, tous les documents qui établissaient la priorité de ses
droits à ce titre. Il serait facile, au contraire, de montrer, à la
suite des écrivains français ou étrangers qui ont refait, de notre
temps, l'histoire de la découverte du Mississipi, que Marquette
et les jésuites ont eu à se plaindre, beaucoup plus que La Salle,
de la manière dont leurs services d'explorateurs ont été reconnus. Tout le monde sait, en effet, que la relation où le P. Marquette racontait son voyage sur le Mississipi, fait en compagnie
de Louis Jolliet, en 1673, n'a pu paraître pour la première fois
qu'en 1681, dans le Recueil de voyages de Thévenot, et cela
pour ainsi dire à la dérobée, avec des altérations notables et
sans aucune mention du P. Marquette. Le texte primitif n'a pu
être publié qu'en 1852. Toutes les pièces originales sur cette expédition, — les rapports et les cartes de Jolliet, aussi bien
que la relation du P. Marquette, — qui étaient entre les mains
des ministres de Louis XIV dès 1675, sont restées enfouies
dans les archives, et n'en sont sorties, par extraits, que depuis
une quinzaine d'années. Comment les jésuites qui, au dire de
M. Gravier, ont eu assez de puissance pour annihiler tant de
témoignages, officiels et autres, favorables à La Salle, comment,
dis-je, n'ont-ils pu obtenir la publication de ces documents si
honorables pour eux-mêmes? En réalité, leur puissance était
telle qu'ils furent même obligés, par les manœuvres de leurs
ennemis de Québec et de Paris, de cesser complètement, à
partir de 1673, la publication des célèbres *Relations de la
Nouvelle-France*[1]. En revanche, tout un groupe d'écrivains,
sous l'inspiration directe de Frontenac et, en partie, de La
Salle, a pu se donner carrière pour ridiculiser et traiter de fable
l'exploration de 1673[2].

[1] Voir à ce sujet Harrisse, *Notes*, p. 59. La relation de 1672-1673, que le P. Da-
blon avait préparée pour l'impression, et les relations de 1674 à 1679, que les supérieurs de la mission continuaient à envoyer en France et à Rome aux premiers supérieurs de la Compagnie, ont été publiées en 1861, avec le journal du P. Marquette,
dans le recueil déjà cité des *Relations inédites de la Nouvelle-France*. Cf. *Bibliothèque des écrivains de la Compagnie de Jésus*, par les PP. de Backer et Sommervogel, nouvelle édition, au mot *Canada*.

[2] Voir Shea, *The discovery*, p. LXXV et s.; Harrisse, notes, p. 342, n° 779, et
p. 158-159.

Nous sommes heureux des efforts faits par M. Gravier pour
tirer la mémoire de son compatriote d'un injuste oubli. Peut-
être pourrait-on lui demander un peu de bienveillance pour
d'autres Français, qui n'ont pas moins travaillé que La Salle à
étendre le renom et l'influence de la France en Amérique.
Mais nous n'en voulons aucunement à M. Gravier de son
« peu de sympathie » pour les jésuites; nous n'avons que le
droit de lui demander plus de justice. Comme savant, il se devait
à lui-même de mettre plus de critique dans les accusations qu'il
ramasse contre les anciens missionnaires du Canada. Pour
réduire ces accusations à leur juste valeur, il lui aurait suffi
d'examiner avec quelque attention les hommes qui les fournis-
sent, et ceux qu'elles doivent atteindre. Le menteur La Hontan [1],
le personnage suspect qui se dissimule sous le nom du P. Le
Clercq dans la seconde partie de l'*Établissement de la foi au
Canada*, mais surtout l'anonyme janséniste que nos lecteurs
connaissent, voilà des témoins sur la foi desquels M. Gravier
charge les jésuites du Canada, en bloc, des imputations les
plus graves. Il va même plus loin, quelquefois, que ces tristes
autorités, par exemple, à propos de ces tentatives d'empoisonnement sur La Salle, dans lesquelles il implique sans hésiter les
« PP. jésuites », bien que l'anonyme, par un reste de scrupule,
nous communique une lettre de La Salle lui-même, reconnaissant
l'injustice de ses soupçons à cet égard. Si l'on songe maintenant
que ces imputations, qui prêteraient aux jésuites du Canada en
général, les vues les plus sordides et des agissements de scélérats,
s'adressent à des hommes tels que les PP. Le Jeune, Lallemant,
Jogues, de Brébeuf, Nouvel, Allouez, Marquette, tout esprit
impartial saura ce qu'il faut en penser. Il est vrai que M. Gravier peut s'appuyer aussi sur des témoins un peu plus honorables,
comme Frontenac et La Salle lui-même; car tous deux, dans
leurs lettres authentiques, traitent assez mal nos missionnai-

---

[1] Voir la carte de la *Rivière longue* (inventée par lui) et la relation du voyage
qu'il prétend y avoir fait *(Nouveaux voyages de M. le baron de Lahontan*, t. I,
lettre XVI°. La Haye, 1715). Ce sont les allégations de ce faussaire au sujet des sauvages que M. Gravier oppose aux *Relations* des jésuites, en s'écriant : « Malgré tout
ce qu'on a pu dire et faire, Lahontan est et restera l'expression de la vérité. » *(Découvertes et établissements de La Salle*, p. 67.)

res. Nous ne prétendons pas non plus que les jésuites soient impeccables, ni que tous les torts aient toujours été du côté de leurs adversaires. Nous admettrons que les accusations de Frontenac, de La Salle et d'autres, avaient une certaine valeur, même *in propria causa,* pour parler comme M. Parkman. Mais pour fixer cette valeur avec justice, une condition élémentaire c'est de mettre en compte l'extrême partialité des accusateurs, puis de contrôler leurs griefs par ceux des accusés et par les témoignages de personnes moins engagées dans la lutte. C'est ce que M. Gravier a ordinairement négligé de faire, et voilà tout ce que nous lui reprochons.

Pour ce qui concerne La Salle en particulier, il faut bien le dire, son caractère, tel qu'il se révèle dans ses lettres, est fait pour commander une grande défiance au sujet de ses plaintes contre ses ennemis, soit réels soit supposés. Le 22 août 1682, sur l'avis charitable d'un de ses correspondants de France que ses *amis* mêmes ne le trouvaient pas assez sociable, il répond qu'il ne se connaît aucun ami au Canada. « Je n'excepte personne, ajoute-t-il, parce que je sçay que ceux qui me protègent en apparence *ne le font pas par amitié, mais parce qu'ils y sont en quelque sorte engagez d'honneur, et qu'au fond ils croyent que j'en ay mal usé avec eux....* Après cela, Monsieur, il n'est pas surprenant que je ne m'ouvre à personne, *me deffiant de tout le monde* et en ayant des sujets que je ne sçaurois escrire. » Certes, cette confession du malheureux découvreur doit nous disposer à une grande indulgence envers lui; mais, franchement, un caractère atrabilaire à ce point ne pouvait manquer d'exagérer singulièremeut les torts de ceux qui lui étaient antipathiques; en un mot, il était trop porté à voir toujours le mauvais côté des hommes et des choses, pour garder un jugement sain et impartial.

On dira que nous sommes suspects, faisant l'apologie de nos pères. Qu'il nous soit donc permis de citer une dernière fois l'historien protestant de Boston, M. Parkman. Il a traité assez durement les jésuites en bien des endroits, pour que son jugement, si favorable qu'il soit, puisse être regardé comme un témoignage arraché par la seule évidence des faits. « Une vie isolée de toutes relations sociales, et éloignée de tout ce que l'ambition poursuit avec ardeur, puis une mort solitaire ou sous les formes les plus effrayantes, telle était la perspective des missionnaires canadiens. Leurs ennemis peuvent les taxer, s'ils le veulent, de crédulité, de superstition ou d'un aveugle enthousiasme ; la calomnie n'arrivera pas à les convaincre d'hypocrisie et d'ambition. Ils entraient dans la carrière avec la droiture d'âme des martyrs et l'héroïsme des saints. — On trouvera difficilement dans l'histoire de l'humanité une piété plus ardente, une abnégation de soi-même plus complète, un dévouement plus constant et plus généreux. — Dans tous les récits de cette époque héroïque, on ne rencontre pas une ligne qui permette de soupçonner un seul de ces valeureux soldats d'avoir faibli ou chancelé un moment. Le grand mobile de toutes leurs actions était *la plus grande gloire de Dieu*[1]. »

A ce témoignage on pourrait en ajouter un autre plus glorieux encore, témoignage vivant, pour ainsi dire, et persistant depuis les commencements de la colonisation du Canada jusqu'à ce jour : c'est le culte de respect, de reconnaissance, et en quelque sorte, d'amour filial, qui s'attache à la mémoire des anciens missionnaires jésuites dans le pays si bien appelé jadis la Nouvelle-France. Au reproche par lequel M. Gravier couronne tant d'autres reproches gratuits, celui d'avoir causé la perte de la colonie, les jésuites n'ont besoin d'opposer autre chose que ce témoignage d'une population demeurée si française par le cœur, par la langue et par la fidélité aux meilleures traditions de l'ancienne France[2].　　　　　　　J. BRUCKER.

(La suite prochainement).

---

[1] *The Jesuits in North America*. Pour la justification de ces éloges, voir *Les Jésuites martyrs au Canada*, relation du P. Bressani, traduite, avec des additions, par le P. Félix Martin (nouvelle édition, à Montréal, 1877), et *Le P. Jean de Brébeuf*, par le même P. Martin (Paris, Téqui, 1877).

[2] Margry, t. II, p. 234-235.

DARWINISME

S'IL EST AUJOURD'HUI TOUT A FAIT ANTISCIENTIFIQUE
DE SOUTENIR QUE LES ESPÈCES ANIMALES ET VÉGÉTALES ONT ÉTÉ CRÉÉES
TELLES QU'ELLES EXISTENT ACTUELLEMENT

(Suite)

2ᵉ ARGUMENT POUR LA FIXITÉ PRIMORDIALE DE L'ESPÈCE : *EMBRYOGÉNIE*

II

LA VÉRITÉ EN EMBRYOGÉNIE

« Chaque animal porte en lui, dès son origine, le principe de son individualité spécifique, et le développement de son organisme conformément au tracé général du plan de structure propre à son espèce est toujours pour lui une condition de son existence. Il n'y a jamais parité complète, ni entre un animal adulte et un embryon d'un autre animal, ni entre un de ses organes et l'état transitoire du même organe en voie de formation, et la multiplicité des produits de la création ne saurait s'expliquer par une pareille transmutation des espèces[1]. »

Ainsi parle M. Milne Edwards dans sa première leçon *sur la physiologie et l'anatomie comparée*, et le savant professeur ajoute encore : « La nature propre de chaque animal est fixée longtemps avant que celui-ci ait aucune des particularités de structure à l'aide desquelles cette nature se manifestera. Le germe n'est pas une miniature de l'animal qui doit en provenir, mais le siège de la force organogénique qui déterminera l'édification

---

[1] M. Milne Edwards : *Leçons sur la physiologie et l'anatomie comparée*, t. Iᵉʳ, p. 32.

de cet être nouveau. Chaque animal porte en lui le principe
du genre de vitalité propre à son espèce, bien avant d'avoir
dans sa structure rien qui soit en rapport avec son mode d'activité future ou qui le distingue d'autres individus dont les facul-
tés et les organes seront différents. Ne croyez pas que, si
j'attache une si grande importance aux études anatomiques, c'est
parce que j'attribue à ce mode d'arrangement de la matière,
dont les animaux sont composés, le merveilleux ensemble de
propriétés vitales dont ces êtres sont doués, et que, suivant les
errements de quelques écoles physiologiques, je considère l'organisation comme étant *tout* dans l'économie des corps vivants.
Non : les propriétés physiologiques de l'animal ne sont pas, à
mon avis, une conséquence de sa structure, mais la raison d'être
de celle -ci. Chacune de ces machines admirables, en naissant
de la main du Créateur, me semble avoir été appelée d'avance à
exercer une série d'actes déterminés, et porter en elle le germe
de la puissance qui la fera agir avant que d'être pourvue des
instruments nécessaires à l'exercice de cette force. Il y a toujours harmonie entre les fonctions et les organes ; mais ce qui
domine dans tout l'être animé et commande en quelque sorte la
nature qui lui sera propre, c'est la manière dont les forces qu'il
met en jeu doivent s'exercer dans son organisme, et non la manière dont les organes sont constitués[1]. »

Cette doctrine, si contraire aux idées matérialistes, M. Milne
Edwards nous la propose comme la conviction qui s'est faite
dans son esprit à mesure qu'il avançait dans ses recherches sur
la physiologie comparative : elle ne repose pas sur une
connaissance superficielle de la création ; elle est la conclusion
générale mais correcte de l'étude sérieuse et approfondie de
tout l'ensemble du règne animal. Avec de telles idées nous
sommes menés aux antipodes de tous les darwinismes ou trans-
formismes possibles ; puisque, dès son premier commencement,
avant même qu'il ait ses organes, l'être vivant a en lui le principe de vitalité propre à son espèce ; il est déjà ou poisson, ou
reptile, ou mammifère ; il est dès lors ou chien, ou chat, ou lion,
ou bœuf, ou singe : la structure, l'organisation, ne lui viennent

---

[1] *Ibid.*, p. 2.

point par l'effet de causes étrangères, extérieures, accidentelles ; mais il a en lui la puissance réelle par laquelle il se
développera suivant un rythme déterminé, par la vertu de laquelle il sera pourvu petit à petit des pièces nécessaires à l'exercice des actes vitaux pour lesquels il est fait ; enfin, pour employer une expression connue et qui résume tout : *la fonction
préexiste à l'organe et crée l'organe*, et ce n'est pas le mode
d'organisation qui détermine l'apparition de la fonction : si
l'animal acquiert un œil, des pieds, etc., c'est que cet animal
était fait pour voir, pour marcher ; mais la raison pour laquelle
il voit, il marche, etc., n'est pas simplement parce qu'il lui est
survenu par hasard un œil et des pieds, etc.

« L'espèce est donc divine », conclurons-nous avec M. l'abbé
Moigno ; « elle a été l'objet immédiat de la création. Il est écrit
solennellement que chaque être sorti des mains du Créateur
contient en lui la semence, le germe, la raison de sa reproduction sur la terre et que chacun se perpétue selon son espèce.
Rien au fond de plus mystérieux, de plus inaccessible à l'esprit humain que cette constante uniformité des êtres se repro-
duisant indéfiniment selon leur genre et selon leur espèce, de
telle sorte qu'on soit forcé de dire que le premier individu de
l'espèce contient en lui la causalité, la raison suffisante et nécessaire de l'immense multitude de ses descendants, et cependant rien de plus éloquemment constaté par les faits[1]. »

Après avoir entendu la voix autorisée de ces vrais savants,
laissons maintenant parler les faits. Dire tout ici est chose impossible. Puisqu'il faut resserrer notre cadre, tenons-nous-en
aux points suivants : L'œuf est un être vivant, par conséquent non point une simple masse de matière organisée, vague,
indéterminée, mais un individu défini : — l'œuf vivant procède
à son développement par l'impulsion d'une tendance innée vers
un but parfaitement déterminé : il ne va donc jamais au hasard :
— l'œuf vivant, dans son évolution organogénique, ne sort jamais de la voie spécifique dans laquelle il est engagé et dirigé
par une tendance innée, et on ne parvient jamais à l'en faire
sortir ; donc toujours il ressemble à ses parents, et jamais il ne
passe à une autre espèce.

[1] M. l'abbé Moigno : *Les Splendeurs de la foi*, t. II, p. 312.

L'œuf est un être vivant, un individu défini. — L'œuf est
un être vivant, et l'œuf vit par quelque chose qui n'est ni son
organisation simplement dite ni des forces simplement physiques et chimiques. L'œuf vit, et il vit d'une vie qui lui est propre et intrinsèque : c'est un fait qui domine toute la discussion.

Sans doute, en cet œuf qui vit vraiment, ne se manifeste encore aucun mouvement de nutrition, de circulation, de formation
de tissus ou de développement organogénique. Tout au plus
pourrait-on s'apercevoir de quelque phénomène analogue à
l'acte respiratoire. Et cependant en cet état particulier d'inacti-
vité, l'œuf est vivant. Il est vivant, car vous pouvez le tuer
sans troubler aucunement son organisation, et, quand vous l'avez
tué, au lieu de se conserver comme auparavant, il pourrit. Et
quand vous essayez de tuer un œuf, vous trouvez en lui une
propriété, une puissance vitale vraiment positive et d'une réalité
existante, car l'œuf vivant résiste aux causes de destruction.
Les œufs des insectes, déposés à l'automne sur les branches et
les feuilles des arbres, résistent au froid et à l'humidité de l'hiver
de la même manière que les jeunes chenilles qui passent la
mauvaise saison à l'abri d'une toile très mince. Bien entendu,
il y en a qui périssent, mais aussi il y en a qui triomphent et se
tirent d'affaire.

Mais passons à des expériences. Y a-t-il une différence entre
un œuf vivant et un œuf mort ? C'est la question que se posait
Hunter. « Je remarquai, nous dit ce naturaliste, que dans tous
les œufs qui éclosent, le jaune n'a pas diminué au terme de l'incubation, qu'il reste sans se gâter jusqu'à la fin, et que la partie
de l'albumen ou blanc qui n'a pas encore été employée au développement est parfaitement conservée, bien que le jaune et
le blanc se trouvent soumis pendant trois semaines à une température de 39 ou 40 degrés centigrades. C'est que l'œuf a la
vie : car s'il est mort, s'il n'éclôt pas, le jaune et le blanc se
putréfient comme toute autre matière animale privée de vie. »

Donc l'œuf qui peut donner un poulet est vivant, disait Hunter, et, pour mieux appuyer sa conclusion, il imagina le moyen
suivant : il plaça un œuf dans un mélange réfrigérant à 17 ou
18 degrés de froid et le fit geler, puis il le laissa dégeler. « Je
pensais, écrit-il, que par ce procédé le principe de conservation

de l'œuf devait être détruit, que l'œuf devait être tué, et c'était bien ce qui avait lieu ; car ce même œuf fut placé avec un autre œuf encore vivant dans un mélange réfrigérant à 9 degrés de froid, et l'œuf vivant ne fut gelé que sept ou huit minutes après que l'œuf mort eut subi le même effet. » Le principe de la conservation des œufs, ce quelque chose qui fait que la matière organisée est vivante, résiste donc au froid.

Dans une autre expérience, un œuf vivant mit une demi-heure à geler dans un bain dont la température était de 8 à 9 degrés au-dessous de zéro, et quand il eut été ainsi privé de vie, il gela en un quart d'heure dans un bain moins froid, à une température de 4 degrés seulement au-dessous de zéro. « Or, ajoute Hunter, la congélation dans le second cas, ne se serait pas produite même en une demi-heure si l'œuf n'avait été tué dans la première expérience, puisque dans le second cas le froid était moins intense de cinq degrés. Ces expériences démontrent donc que l'œuf, quand il est vivant, est doué d'une force de résistance au froid et qu'il n'en jouit plus quand il est tué par la congélation [1]. »

Voulez-vous tuer un œuf par un procédé moins compliqué ? Empêchez seulement l'œuf de respirer ; car l'œuf respire et il lui faut de l'air atmosphérique pour cet acte vital. Aussitôt que l'œuf a été pondu, ce point est important, avant donc que la chambre à air se soit formée à l'un des bouts, enduisez la coquille d'huile ou d'une couche de vernis imperméable aux gaz; vous le tuerez ainsi par asphyxie, et cet œuf, soumis à l'incubation, au lieu d'éclore, pourrira. C'est à M. Dareste que nous devons cette expérience.

Donc, pour quiconque veut s'en tenir à l'indication des faits, l'œuf est vivant.

Il y aurait bien encore un autre moyen d'arriver à cette même conclusion, ce serait de dire : de cet œuf doit sortir un jour un être vivant, donc l'œuf est vivant. En effet, *omne vivum ex ovo :* tout être aujourd'hui vivant est sorti d'un œuf : médiatement ou immédiatement tout animal, mammifère, poisson, rep-

---

[1] J. Hunter : *Œuvres*, t. Ier, p. 258. (Apud Frédault, *Traité d'anthropologie*, p 149.)

tile, insecte, helminthe, zoophyte, a été d'abord un œuf. Or cet œuf, s'il n'est pas vivant dès son commencement, s'il n'est pas un être, un individu dès qu'il est complètement formé, à quelle époque et comment y ferez-vous entrer la vie? A quelle époque et comment en ferez-vous un être, un individu ? N'est-ce que sous la couveuse que l'œuf de poule prend vie ? Conçoit-on que l'élévation de température ou une autre cause physique, mécanique, chimique, introduise la vie dans un milieu où la vie n'est pas, infuse dans cet amas vague de cellules un principe de dépendance réciproque, une cause active d'harmonie entre des parties dissemblables par laquelle soit réalisée l'unité dans la variété et dont le produit soit enfin un individu ?

D'ailleurs, agents physiques, mécaniques ou chimiques, ne peuvent donner que ce qu'ils ont, et la vie n'est pas un simple phénomène physique, mécanique ou chimique. Il faut bien admettre que cette proposition est l'expression de la pure vérité, puisque les physiologistes les moins spiritualistes et aussi les physiologistes les plus matérialistes nous l'affirment. Écoutons Küss : « En examinant les actes dont l'être vivant est le théâtre, nous rencontrons un grand nombre de phénomènes physiques et chimiques en tout semblables à ceux qui se produisent dans la nature inanimée ; mais nous rencontrons en outre des phénomènes qui ne peuvent plus s'expliquer ni par la chimie ni par la physique. Ce sont là des phénomènes qui méritent une étude à part, qui doivent constituer une science spéciale à domaine bien défini : ce sont là des phénomènes vitaux proprement dits, et dès ce moment nous pouvons du moins donner de la vie une définition purement négative : *La vie est tout ce que ne peuvent expliquer ni la physique ni la chimie*[1]. »

S'il faut l'autorité d'un matérialiste de renom, consultons M. Ch. Robin, il nous dira : « Indépendamment des propriétés d'ordre mécanique, physique, chimique, la matière organisée amorphe ou figurée (quand elle est vivante) est le siège d'un certain nombre de manifestations qui ne peuvent être ramenées par l'analyse à aucune des propriétés des corps bruts, bien que celles-ci soient la condition d'existence de ces manifestations.

---

[1] Küss et Duval : *Cours de physiologie*. Paris, Baillière, 1873, p. 2.

L'ensemble de ces actes constitue ce qu'on entend par *propriétés d'ordre organique, biologique* ou *vital*. Ces propriétés de la substance organisée sont au nombre de cinq, et ont reçu les noms de *nutrilité, évolutilité, natalité, contractilité* et *névrilité*[1].»

L'œuf est donc doué de vie, il est vivant par quelque chose qui lui est particulier et intrinsèque, par quelque chose qui lui donne l'aptitude à des actes spéciaux, à des actes vitaux, qui ne peuvent être posés que par lui seul. Et ce quelque chose qui donne la vie, ce *principe de vie*, ne nous le figurons pas comme un lutin qui, caché derrière cet écran cellulaire, se servirait de la matière organisée par forme d'instrument pour agir ici et là, pour produire ceci ou cela. Non, son rôle est tout autre. L'œuf doué de vie n'est pas simplement un organisme au milieu duquel le principe de vie a établi sa résidence; mais cet œuf vivant résulte de l'union substantielle du principe de vie avec l'orga-

---

1 M. Ch. Robin, membre de l'Institut de France, professeur d'histologie à la Faculté de médecine de Paris : *Anatomie et physiologie cellulaires*, p. 152. M. de Quatrefages a dit *(Métamorphoses de l'homme et des animaux*, p. 319) : « Épigenèse : évolution simple ou complexe; production, destruction, appropriation des organes; autant d'effets du *tourbillon vital*, du double mouvement d'*apport et de départ* qui se révèle dans l'être vivant et est en quelque sorte la cause immédiate de la formation, du développement, du parachèvement des êtres vivants. Cependant, il faut y voir le résultat d'une cause plus haute ; car, inerte par elle-même, la matière ne se meut que sous l'impulsion des agents ou des forces. Tout mouvement matériel est d'abord un *effet* avant de devenir une *cause* à son tour. Quel est donc l'agent qui remue ici la matière? Avec quelques physiologistes, invoquerons-nous les six ou huit forces admises par les physiciens et les chimistes pour expliquer les phénomènes de chaleur, d'électricité, de lumière? Oui, les affinités chimiques, les attractions capillaires s'y manifestent à chaque instant ; oui, l'on y trouvera peut-être des faits qui se rattachent à la catalyse et à l'épipolisme. Mais ces phénomènes s'accomplissent, ces faits se produisent sous l'influence d'un agent plus élevé, dont il est en vérité impossible de nier l'existence. L'électricité, la chaleur, les affinités chimiques, agissent dans l'être vivant et ne sont certainement pas étrangères à la production du tourbillon vital. Elles ne fonctionnent néanmoins que dominées et réglées par une force supérieure, par *la vie*, qui modifie ces forces brutales et leur fait produire, au lieu de sels ammoniacaux, du sang et des muscles ; au lieu de crise taux de phosphate calcaire, des os ; au lieu de corps bruts, des plantes et des animaux. — Mais toute force est aveugle et veut être dirigée. Pour produire une espèce déterminée et non pas l'espèce voisine, pour ne pas s'égarer au milieu des phases si variées de la métamorphose et de la généagenèse, il faut que la vie elle-même soit maîtrisée par quelque chose de supérieur. Ce quelque chose, c'est l'essence propre de chaque être, essence que toute plante, tout animal a reçue de ses ancêtres par l'intermédiaire de la graine ou de l'œuf d'où il est sorti, qu'il transmettra à ses descendants par l'intermédiaire des germes qui sortiront de lui. Pour expliquer la nature vivante, il nous faut donc aller jusqu'à l'origine même des choses.»

nisme, de sorte que, de ces deux choses ainsi unies, il est formé une nature active d'une espèce toute particulière ; et voilà pourquoi en cet œuf vivant la vie est partout, partout en lui il y a conservation de la matière organisée, résistance à la décomposition, à la putréfaction, aptitude au mouvement évolutif qui se produira quand les circonstances extérieures seront favorables. Voilà encore pourquoi cet œuf vivant est déjà un être distinct de tout autre, un individu, et voilà aussi pourquoi ce composé naturel d'un principe animateur et d'un organisme substantiellement unis, est déterminé, défini comme nature et comme agent, pourquoi il n'est point uniquement un vague assemblage d'éléments organiques, pourquoi il n'est point enfin comme une matière banale qui par son développement pourrait donner ceci ou cela, à la manière du bloc dont parle le statuaire chez le bon la Fontaine :

> Qu'en fera, dit-il, mon ciseau?
> Sera-t-il dieu, table ou cuvette[1]?.

[1] Saint Thomas, *Summa theologica*, 1a 2m, q. 3, art. 2, nous dit de la vie : «Vitæ nomen impositum est ad significandam substantiam cui convenit secundum suam naturam movere seipsam, vel agere se quocumque modo ad operationem, et, secundum hoc, vivere nihil aliud est quam esse in tali natura. — Vita in actu secundo est operatio viventis. »

Suarez : *De anima*, lib. I. cap. ii, donne la notion des corps vivants : « In corporibus viventibus vivere substantiale nihil aliud est quam informari tali forma quæ constituit compositum aptum substantialiter ad se movendum ab intrinseco. »

Ce qu'on peut expliquer ainsi : « La vie *in actu primo* consiste dans l'union substantielle du principe vital avec l'organisme corporel ; c'est l'acte vivifiant par lequel le corps est constitué substantiellement vivant et qui lui donne la capacité d'exercer en temps opportun les fonctions vitales : le mouvement, les opérations vitales sont la conséquence, les effets, les manifestations de la vie ainsi constituée et sont la vie *in actu secundo*, qui suppose la vie *in actu primo*.

Ces scolastiques, dont parfois on aime à se moquer, avaient vraiment du bon et allaient au fond des questions. Les actes vitaux, se disaient-ils, sont d'une autre sorte que les actes des corps inanimés : ce qui vit *se meut* ; ce qui est inanimé ou mort *est mû*. Des actes d'espèces différentes requièrent des causes ou agents d'espèces aussi différentes : l'agent vivant n'est donc pas de même nature que le corps inanimé, et ce qui meurt change de nature : d'ailleurs l'inanimé ou le mort est toujours l'inanimé ou le mort, que la matière dont il est fait soit organisée ou non : donc ce n'est pas en ajoutant la matière à la matière que nous trouverons le vivant ; mais c'est *autre chose* qu'il faut unir à la matière pour avoir le corps vivant. De plus, cette *autre chose* et la matière organisée, il ne suffit pas de les juxtaposer pour avoir le corps vivant, car l'agent vivant est *un* ; donc il y a là union substantielle d'où résulte une seule nature ou principe d'action.

Quoi de plus simple et de plus beau, mais aussi quoi de plus vrai? Lisez M. Ch. Robin *(anatomie et physiologie cellulaires)*, et vous serez étonné de voir comment l'étude sérieuse et intime des êtres vivants mène le professeur matérialiste

L'œuf est un être vivant : il est fait pour l'action, cette activité, un jour, quand les circonstances extérieures seront favorables, se mettra à l'œuvre. Mais de quel côté se tournera-t-
elle? Recevra-t-elle sa direction de l'extérieur? Devons-nous
nous la représenter comme placée au centre d'un cercle et indifférente à prendre son mouvement suivant n'importe quel rayon,
vers n'importe quel point de la circonférence? Non, il n'en est
pas ainsi : l'indétermination n'est en aucune sorte la condition
de l'œuf vivant ; bien au contraire, le but vers lequel tend cette
activité vitale, le chemin dans lequel elle doit s'engager et
duquel elle ne pourra sortir, tout est prévu, tout est fixé : passer par là ou mourir, voilà la seule alternative. Nous arrivons
donc à notre second point :

*L'œuf vivant procède à son développement par l'impulsion
d'une tendance innée, intrinsèque, vers un but parfaitement
déterminé d'avance.*

Cette tendance innée, ce but, il est impossible de les mécon-
naître; aussi tous les physiologistes sérieux nous en parlent et
trouvent à peine des termes assez expressifs pour en déterminer les caractères.

très près de la solution si bien exprimée par saint Thomas et Suarez. M. Ch.
Robin blâme ceux « qui ont imaginé de considérer la vie comme une force dis-
tincte de la matière organisée venant influencer les actes mêmes de celle-ci et y
présider : il ne faut pas non plus, ajoute-t-il, suivre l'exemple des auteurs qui
font hypothétiquement exercer par les diverses propriétés de la matière organisée
une influence *sur la vie*. Donc la vie n'est pas constituée par les réactions réci-
proques du principe vital et de la matière organisée. La vie est un attribut dyna-
mique de la substance organisée dite vivante. L'*immanence* des qualités vitales à
la substance organisée qui les manifeste, est le résultat dominant des études d'anatomie et de physiologie générale. Les phénomènes biologiques sont les conséquences simultanées des propriétés élémentaires ou irréductibles qui sont imma-
nentes aux cellules et au fonctionnement de l'ensemble des appareils, etc. » Si
M. Ch. Robin ne s'était pas acharné à vouloir, comme l'on dit, tirer de l'*huile
d'un mur*, c'est-à-dire à vouloir tirer la vie de la seule matière organisée, morte,
qui ne l'a point, il serait certainement tombé sur la formule de saint Thomas.
Nous citons souvent des zoologistes : ajoutons quelques lignes de botanistes connus :
« La matière est inerte par son isolement même; elle ne peut servir aux manifestations vitales qu'à la condition d'être unie ou assujettie à des puissances d'une
nature différente et par cela même immatérielle. Dans cette manière de voir, tout
ce qui vit est animé, les végétaux aussi bien que les animaux, et les organismes
divers qui peuplent le globe ne sont que les incarnations d'âmes de natures diverses, seuls agents véritablement actifs du drame mystérieux auquel nous assistons
et dans lequel nous sommes nous-mêmes acteurs. » (MM. Decaisne et Naudin :
Manuel de l'Amateur des Jardins ; p. 20).

Platon disait de l'être vivant que c'est une activité formelle, ou plus simplement une forme, *eidos;* ce principe, en agissant, développe l'idée qu'il possède, le *eidos*, ou forme de l'être ; il a en lui la raison d'être de l'existence et de telle existence, et il met cette raison d'être en action en vivant.

Burdach ne parle pas autrement : « L'idée est le noyau de la vie ; la fonction préexiste à l'organe ; l'idée de la fonction crée son organe pour pouvoir se réaliser en acte ; c'est pour le besoin de l'acte vers lequel tend l'être vivant que la matière du corps prend son arrangement et s'organise [1]. »

« L'activité continuelle qui se déploie dans la matière organique vivante , écrit Müller, jouit d'un pouvoir créateur soumis aux lois d'un plan raisonné et harmonieux; car les parties sont disposées de telle sorte qu'elles répondent au but en vue duquel tout existe, et c'est là précisément ce qui distingue l'organisme... Cette force créatrice se manifeste suivant une loi rigoureuse : elle existe déjà dans le germe, avant même que les futures parties du tout apparaissent, et c'est elle qui réellement produit les membres sans lesquels le tout ne serait pas possible. Le germe est le tout en puissance : quand il se développe les parties du tout apparaissent en acte [2].»

Hirn n'est pas moins affirmatif : « L'œuf renferme en lui toute la virtualité de l'être qui peut en sortir. L'affinité chimique, partout et sans cesse en jeu, est évidemment ici au service d'une force directrice qui en agrandit ou diminue l'énergie, et qui ainsi localise les produits qu'elle seule peut engendrer. C'est l'idée de chaque être vivant qui organise cet être. »

Écoutons enfin Claude Bernard; l'habile physiologiste parle de l'impulsion innée, intrinsèque et spécifique qui dirige l'œuf vivant dans son évolution, aussi catégoriquement que Burdach, Müller et Hirn. « Quand, dit-il, on considère l'évolution complète d'un être vivant, on voit clairement que son organisation est la conséquence d'une loi organogénique qui préexiste d'après une loi préconçue et qui se transmet par tradition organique d'un être à l'autre..... L'œuf représente une sorte de for-

---

[1] Burdach : Physiologie, tom. VI, p. 496 (apud Frédault : *Anthropologie*, p. 721).

[2] Müller : *Manuel de Physiologie*, t. I, p. 16, etc.

mule organique qui résume les conditions évolutives d'un être
déterminé par cela même qu'il les possède. L'œuf n'est œuf
que parce qu'il possède une virtualité qui lui a été donnée par
une ou plusieurs évolutions antérieures ; c'est cette direction originelle, qui n'est qu'un atavisme plus ou moins prononcé, que
je regarde comme ne pouvant jamais se manifester spontanément et d'emblée ; il faut nécessairement une influence héréditaire... L'œuf est sans contredit de tous les éléments histolo-
giques le plus merveilleux, car nous le voyons produire un organisme entier. On ne s'étonne plus des phénomènes qu'on a sans
cesse sous les yeux ; comme dit Montaigne, « l'habitude en
« oste l'estrangeté. » Cependant quoi de plus extraordinaire que
cette création organique à laquelle nous assistons, et comment
pouvons-nous la rattacher à des propriétés inhérentes à la matière qui constitue l'œuf ? C'est là que nous sentons l'insuffisance
de la physiologie purement atomique... L'œuf est un devenir... L'œuf est un centre puissant d'action nutritive, et c'est à
ce titre qu'il fournit les conditions pour la réalisation d'une idée
créatrice qui se transmet par hérédité. »

Et encore, comme conclusion : « S'il fallait définir la vie d'un
seul mot, qui, en exprimant bien ma pensée, mît en relief le
caractère qui, selon moi, distingue nettement la science biologique, je dirais : La vie, c'est la création. De sorte que ce qui
caractérise la machine vivante, ce n'est plus la nature de ses
propriétés physico-chimiques, si complexes qu'elles soient, mais
bien la création de cette machine qui se développe sous nos yeux
dans des conditions qui lui sont propres, et d'après une idée définie
qui exprime la nature de l'être vivant et l'essence même de la
vie. Ce qui est essentiellement du domaine de la vie, c'est l'idée
directrice de cette évolution vitale. Dans tout germe vivant il
y a une idée créatrice qui se développe et se manifeste par l'organisation. Pendant toute sa durée, l'être vivant reste sous l'influence de cette force vitale créatrice, et la mort arrive lorsqu'elle ne peut plus se réaliser. Ici, comme partout, tout dérive
de l'idée, qui seule crée et dirige. Quand on considère l'évolution
d'un être vivant, on voit clairement que l'organisation est la
conséquence d'une loi qui préexiste[1].

[1] Claude Bernard : *Rapport officiel sur les progrès de la physiologie.*

Si donc nous voulons nous rendre au témoignage de savants de valeur et compétents en ces questions, nous n'en douterons pas : le germe, l'œuf, a vraiment et totalement en lui la raison d'être de l'individu vivant qui va en sortir, il est déjà cet individu vivant, il contient en puissance tout l'organisme par lequel l'être vivant manifestera un jour ses caractères spécifiques : l'œuf a bien en lui une tendance innée à une évolution organique, et dans cette évolution progressive, rien ne sera livré au hasard, tout se fera suivant un plan conçu d'avance que porte en lui le germe : le but à atteindre est au préalable fixé, déterminé. Il n'y a donc point de place dans l'évolution de l'œuf pour ces transmutations bizarres qui feraient passer l'être naissant dans un autre embranchement, une autre classe, un autre genre, une autre espèce que l'embranchement, la classe, le genre, l'espèce à laquelle appartenaient ses parents.

« N'est-il pas évident, dit Agassiz, grâce à tout ce que l'embryologie nous apprend, que l'individualisation est le vœu de toute multiplication ou reproduction ? Un germe, œuf ovarien ou bourgeon, est tout d'abord individualité. Il est formé et rendu distinct, en tant qu'individu, du corps de son parent, avant d'avoir assumé soit le caractère de son embranchement, soit ceux de sa classe, etc. C'est là un fait d'une grande signification et qui montre bien l'importance qu'a l'individualité dans la nature. »

Ainsi donc la cellule-germe, l'œuf, n'est pas indifférente à ce qui pourra survenir, de façon que, suivant le cas, elle puisse revêtir le caractère de cet embranchement ou de cet autre, de cette classe ou de cette autre, de cette espèce ou de cette autre, et par conséquent d'être un individu de cette epèce ou un individu de cette autre espèce, par exemple un bœuf ou un lion, un canard ou un aigle, etc. Vraiment cette hypothèse ne peut être admise, car un individu est nécessairement de cette classe, de cette espèce, ayant *en puissance* ou *en acte* tous les traits caractéristiques de cette classe, de cette espèce ; et même encore un individu est nécessairement, dès le premier moment que lui survient l'individualité, et il est, dis-je, nécessairement de cette race, de cette variété.

Je trouve enfin dans le fait reconnu de l'identité essentielle de tous les œufs, la preuve évidente et invincible de l'existence dans chacun d'eux d'une idée créatrice et directrice qui les empêche absolument de passer d'une espèce à un autre. Sans cela, sans cette idée, il n'y aurait en réalité qu'un seul œuf, et par conséquent il ne devrait y avoir qu'une sorte d'êtres, la même combinaison matérielle ne pouvant mener qu'à des résultats identiques d'après les principes de la science positiviste elle-même. Or comme de ces œufs, identiques en apparence, dans leur composition essentielle, sortent des êtres distincts, il faut de toute nécessité qu'ils contiennent en eux un principe de distinction, et ce principe, c'est ce que les physiologistes nomment l'*idée directrice*. Ne nous arrêtons pas à la dénomination plus ou moins bien choisie ; prenons le sens, l'affirmation qui se cache sous ces mots. Si cette idée directrice n'existait pas, est-ce que le désordre, la confusion, des mélanges hideux, des promiscuités horribles et sans nom, ne surgiraient pas comme spontanément de ces combinaisons purement matérielles, qui seules, dans cette hypothèse, constitueraient l'œuf ?

Les œufs ou germes ne sont point tellement identiques dans ce qu'il y a d'essentiel en leur constitution qu'ils ne présentent cependant quelques différences soit au point de vue organique, soit au point de vue chimique, et nous trouvons en ces faits une nouvelle raison d'affirmer que chacun de ces œufs ou germes est prédestiné à se développer suivant une voie plutôt que suivant une autre, que chacun d'eux a son but spécial à atteindre, sa fin spécifique à remplir.

Si nous examinons en premier lieu la composition anatomique de l'œuf, nous remarquerons d'abord qu'en ce qui regarde les parties essentielles, le volume des œufs arrivés à maturité n'est aucunement en rapport avec la grandeur des animaux qui les produisent. Quelquefois le vitellus est considérable ; d'autres fois tout le germe semblerait réduit à la tache blanchâtre que l'on nomme la *cicatricule*, et qui n'occupe qu'un point sur la sphère vitelline de l'œuf de poule.

Les conditions dans lesquelles doit se faire l'évolution du germe règlent aussi d'avance la composition organique de l'œuf. Si le germe doit se développer en dehors de son parent, l'œuf, comme l'œuf de poule, renfermera toute la matière organisable dont le nouvel être aura besoin jusqu'au moment de sa naissance ; alors l'œuf est gros, plus complexe, et contient un dépôt plus ou moins volumineux de substance alimentaire. D'autres germes se développeront dans l'intérieur même du parent qui les a produits : ils sont petits, n'ont point de réserve alimentaire ; mais à mesure que le travail embryogénique s'avancera, ils tireront de l'organisme procréateur de nouvelles quantités de matière assimilables et contracteront pour cela de nouvelles relations avec le corps vivant dont ils ont tiré leur origine.

« Ainsi, dit M. Milne Edwards, il existe plusieurs sortes d'œufs et on peut les classer sous trois types. Les uns que j'appellerai des œufs incomplets, méritent ce nom parce que leur contenu ne suffit pas à la nourriture de l'embryon. D'autres sont des œufs complets, c'est-à-dire pouvus de tous les matériaux constitutifs de l'embryon ; cependant ils ne possèdent qu'une faible provision de corpuscules vitellins, en sorte que la croissance du jeune animal ne peut faire que peu de progrès avant la naissance. Enfin d'autres sont non seulement des œufs complets comme les précédents, mais aussi des œufs plus chargés de matières nutritives, et dont la sphère vitelline se développe au point que sa portion plastique prend la forme d'une tache locale, ou cicatricule. »

« Les œufs à cicatricule, ou à grand vitellus, sont propres aux Oiseaux et aux Mollusques de la classe des Céphalopodes. Les œufs complets à petit vitellus se rencontrent chez les Reptiles, les Batraciens, la plupart des Poissons et presque tous les animaux invertébrés. Enfin les œufs que j'ai appelés incomplets appartiennent aux Mammifères et à quelques Poissons[1]. »

Ainsi une des opérations délicates à exécuter pour faire passer un animal d'une classe dans une autre serait de modifier foncièrement la constitution organique de l'œuf. Mais ce n'est point tout, et cela ne suffirait pas : il faudrait encore éliminer de cet œuf certains produits chimiques et les remplacer par d'autres.

La composition chimique des œufs accuse en effet, tout autant que l'agencement organique, une spécification primordiale.

---

[1] M. Milne Edwards : *Leçons sur la physiologie*, etc., t. VIII, p. 328.

MM. Frémy et Valenciennes nous apprennent que le vitellus se compose principalement de matières azotées albuminoïdes, associées à des sels organiques et presque toujours aussi à des corps gras ; mais la nature des substances azotées varie avec l'espèce d'animal : tantôt ces substances azotées ne diffèrent pas sensiblement de l'albumine proprement dite ; mais d'autres fois elles s'en éloignent assez pour être considérées par les chimistes comme constituant toute une série de principes immédiats particuliers. Par exemple, l'œuf de tortue, très riche en albumine et en huile phosphorée, contient un principe particulier auquel on a donné le nom *d'émydine ;* chez les Batraciens et les Poissons plagiostomes, comme la raie, etc., les granules sont formés par une autre substance appelée *ichtine ;* chez les Poissons osseux, l'ichtine est remplacée par d'autres principes qui s'en distinguent chimiquement et se nomment *ichtidine* et *ichtuline ;* l'œuf de poule contient de la *vitelline ;* la matière albuminoïde de l'œuf des Mollusques n'est pas coagulable par la chaleur et diffère par là de l'albumine des autres œufs, etc., etc. [1].

Le lecteur me pardonnera de lui avoir mis sous les yeux ces noms assez étranges : vitelline, émydine, ichtine, etc. Ce ne sont là sans doute que de légers détails ; mais encore faut-il ne pas les négliger quand on parle sérieusement de transformisme; si on les méprise trop, on se prépare de graves mécomptes. Ainsi, M. de Hartmann, ne trouvant pas les hypothèses de Darwin satisfaisantes, nous propose, sous sa propre responsabilité, et pour faire pièce au vieux dogme de la constance des espèces, ce qu'il appelle la *génération hétérogène.* La génération hétérogène consisterait, selon cet auteur, en ce que le premier œuf d'une nouvelle espèce prendrait origine ou naissance dans l'ovaire d'une espèce parente, et ce miracle s'accomplirait sous l'influence de « modifications embryogéniques dans le stade primitif de l'évolution. » Ainsi parle M. de Hartmann, et il ajoute : « C'est l'hypothèse la plus probable. » Mais encore n'aurait-il pas fallu oublier que dans le plus grand nombre de

---

1 M. Frémy : *Compte rendu de l'Académie des Sciences,* 1854, t. XXXVIII. — M. Milne Edwards : *Leçons de physiologie,* etc., t. VIII, p. 323.

cas, pour constituer une espèce il est nécessaire qu'il y ait deux individus, et par conséquent deux œufs; ce qui requiert un double coup du hasard : ensuite il était fort utile de se ressouvenir que l'œuf de chaque groupe animal a sa constitution déterminée. Alors comment s'y prendre pour concevoir de quelle façon l'œuf d'une espèce nouvelle prendra origine dans l'ovaire d'une race parente ? S'agit-il, par exemple, de passer de l'animal vivipare à l'animal ovipare, il faudra que la provision nutritive augmente considérablement dans l'œuf. Le passage inverse de l'ovipare au vivipare sera encore plus difficile : c'est un saut que la nature ne permet pas. Un animal a toujours pondu des œufs : peut-il, pour se prêter aux caprices de la génération hétérogène, devenir du jour au lendemain un animal vivipare ? Je le veux ; tout s'arrange de ce côté. Mais le produit chimique, qui le fournira ? Un animal ne donnait que de la vitelline, et il faut dans cet œuf de l'émydine. L'émydine, où se fera-t-elle, quand le laboratoire organique est uniquement monté pour fournir de la vitelline ? Non, la prétendue génération hétérogène n'est même point capable de faire sortir le poisson osseux du poisson cartilagineux, par exemple la carpe de la raie , puisque la raie ne met dans son œuf que de l'ichtine et que l'œuf, pour donner naissance à une carpe, doit contenir un produit différent de l'ichtine.

Encore un pas, et nous arrivons au terme de notre démonstration. L'œuf est vivant : l'œuf vivant a une tendance innée et intrinsèque à se développer suivant un plan déterminé, nous l'avons vu. Reste un troisième point à examiner.

L'œuf vivant, dans son développement organogénique, ne sort jamais de la voie dans laquelle il est engagé et dirigé par tendance innée, et on ne parvient jamais à l'en faire sortir.

Le terrain sur lequel nous voulons pénétrer est difficilement accessible. Les phénomènes que nous voulons étudier se passent à l'abri d'une coque. Il faut, pour suivre le développement embryogénique d'un germe, savoir sacrifier à temps beaucoup d'êtres vivants et armer souvent son œil d'un verre grossissant. Aussi ne pouvons-nous pas ici en appeler aisément à l'observation individuelle, comme nous l'avons fait pour les métamorphoses et les phénomènes de généagenèse. Nous sommes forcé d'avoir recours au témoignage ; mais nous ne voulons produire que des autorités qu'on ne puisse récuser.

Nous allons d'abord entendre M. Ch. Robin : « Tous les éléments anatomiques, nous dit le professeur matérialiste, changent graduellement par suite de leur augmentation de masse et des modifications de leur structure... On sait que c'est là ce qui caractérise l'évolution ou développement... Les conditions d'existence des êtres durant ces périodes évolutives sont toutefois circonscrites entre des limites si étroites que, dès que les influences perturbatrices dépassent ces limites, l'organisme, au lieu de se modifier seulement, cesse de se nourrir et de se développer.»

Par l'influence des causes perturbatrices, le germe ne change donc jamais d'espèce ? « Non, jamais, répond M. Robin, jamais ; durant la vie individuelle, soit intra-ovulaire, soit indépendante, sous les influences anormales, soit naturelles ou tératologiques, soit accidentelles ou morbides, les variations qu'éprouve l'organisation ne conduisent jamais ni les parties ni le tout à posséder des attributs superposables à ceux d'une espèce différente. Ces influences peuvent bien mener le corps organisé à différer de l'état qu'il offre le plus habituellement, mais nullement à se confondre avec l'une quelconque de ces espèces. »

Et pour mieux faire comprendre sa pensée, M. Robin répond encore : « En d'autres termes, la permanence des caractères spécifiques du tout comme de ses parties, résulte inévitablement de ce que, à compter du point de départ de chaque individu organique représenté par le début de l'apparition de l'ovule, les conditions individuelles ou intrinsèques de son existence, ainsi que les conditions de milieu ou extrinsèques, sont en tel nombre et d'une stabilité si délicate que l'être n'évolue et ne marche qu'entre les monstruosités et la mort, et nullement vers la transmutation *de specie in speciem.* »

Et ce sont là des conclusions bien scientifiques ? « Oui, ajoute M. Robin, tous ces faits sont aujourd'hui nettement démontrés par l'expérience et par l'observation embryonnaire des œufs des plantes et des animaux, et, en ce qui touche les monstruosités, par l'observation du développement des œufs d'oiseaux et des œufs de poissons surtout.»

De l'ensemble des faits serait-il possible de déduire la raison intime pour laquelle le germe ne passe pas, ne passera jamais, soit pendant, soit après sa vie embryonnaire, d'une espèce à une autre? M. Robin veut encore être notre guide en cette recherche ; il s'exprime ainsi : « Loin de dire avec Charles Bonnet que *le germe porte l'empreinte originelle de l'espèce et non celle de l'individualité ; qu'il est en très petit un cheval, un homme, un taureau, etc., mais non un certain cheval, un certain homme,* et ainsi des autres, il faut reconnaître avec les embryologistes et les zoologistes, comme le fait Agassiz, qu'un germe est tout d'abord individualité. Il est formé et rendu distinct en tant qu'individu du corps de son parent, avant d'avoir assumé, soit le caractère de son embranchement, soit ceux de sa classe, de son ordre, de sa famille, de son genre, de son espèce [1]. »

On peut en croire M. Robin. Les tendances du célèbre professeur ne vont nullement à favoriser l'enseignement catéchistique et le cléricalisme : il ne voit dans les êtres vivants, y compris l'homme, que matière et organisation; à son sens, la *pensée est simplement ce mode de névrilité qui est propre aux éléments anatomiques de l'encéphale, et qui a pour résultat la production des idées instinctives et intellectuelles pouvant être exprimées ou non.* Et cependant, d'après M. Robin, il est défendu, de par la nature, à n'importe quel germe de passer d'une espèce à une autre espèce : dans son espèce même, ce germe reste essentiellement ce qu'il a été d'abord, puisqu'il est de prime saut un individu : or l'individu vivant ne disparaît de la scène de ce monde que par la mort, la destruction, et non point

---

[1] M. Ch. Robin : *Anatomie et Physiologie cellulaires.* Introd. p. **XXV.** — Agassiz : *De l'espèce,* p. 27. — M. Robin ne veut même pas qu'une cellule d'une certaine sorte se change en une cellule d'une autre sorte, par exemple qu'une cellule musculaire devienne une cellule nerveuse ou autre, ou inversement. « Chaque élément trace dans son évolution une courbe qui lui est propre..... En fait, il n'est pas exact de dire qu'un élément observé quelconque dérive d'une cellule-type qui est la même pour tous et pour tous les êtres organisés. Les cellules d'une espèce, en quelque temps que ce soit de leur évolution, ne deviennent pas cellules d'une autre espèce. Jamais on ne voit, tératologiquement, pathologiquement, non plus que selon les besoins fonctionnels des parties, les cellules du tissu cellulaire se métamorphoser en cellules épithéliaques, ou osseuses, en fibres élastiques, en cartilages, en os, en leucocytes, etc., ou *vice versa.* » (Pp. **xxviii, xxix, xxx** — 606.)

par la transmutation en un autre individu, et non point, à plus forte raison, par le passage à une autre espèce. Voilà où nous mène le raisonnement de M. Robin fondé sur les faits et la science ; nous enregistrons ce résultat : on peut difficilement trouver quelque chose de plus concluant en faveur de la fixité de l'espèce.

Et maintenant, si nous nous en tenons à ces principes aussi philosophiques que scientifiques, que nous importe tout ce qui a pu se dire ou s'écrire sur les ressemblances entre les germes d'espèces fort diverses ? Accordons toutes ces ressemblances, et qu'on les fasse aussi intimes qu'on voudra. Laissons avancer que, pendant les premières semaines de l'homme, le meilleur microscope ne trouve aucune différence entre son fœtus et celui du singe, du chien, etc. [1]. Permettons que l'on ajoute que l'embryon de l'homme ressemble primitivement à un infusoire, puis à un ver, ensuite à un articulé, à un mollusque, etc. Mais ressemblance n'est pas identité. Ils sont ressemblants, dites-vous ;

---

[1] Haeckel : *Histoire de la création*, p. 242. Consulter, sur le point qui nous occupe, un article du P. V. Becker, *Etudes religieuses*. Mai 1877 : *Un duel darwiniste*. Ce que le P. Becker a dit de la marche embryogénique, me permet d'être court. Cependant à propos de Haeckel, et de l'assimilation du fœtus de l'homme au fœtus du singe ou du chien, il est bon de rappeler le procédé fort peu scientifique par lequel Haeckel a prétendu prouver son assertion. « A la page 242 de la 1re édition de l'*Histoire de la Création*, nous trouvons dans trois figures l'œuf de l'homme, l'œuf du singe et l'œuf du chien, avec un grossissement de 100 ; et à la page 248, dans trois figures superposées, l'embryon du chien, l'embryon du poulet et l'embryon de la tortue. La ressemblance dans les deux séries de figures est complète, et on peut à peine s'imaginer quelque chose de plus frappant que cette identité extrême de forme d'êtres divers. Cette identité s'étend même à des détails qui au premier abord sembleraient sans importance... En vérité, n'était-ce pas pour la science un hasard heureux au-delà de toute expression, que celui qui mit entre les mains de Haeckel trois embryons si ressemblants et lui livra ainsi le matériel d'une démonstration décisive pour sa doctrine ? Mais un examen plus attentif révèle des ressemblances encore plus remarquables : par exemple, dans la place et la forme des lettres de repère ; l'identité se retrouve jusque dans le nombre et la longueur des petits traits qui relient les lettres aux figures. Qu'est-à-dire ? Nous sommes en présence d'une SUPERCHERIE. L'auteur de cette ruse a été assez étourdi pour n'en pas effacer les marques. En d'autres termes *Haeckel nous a offert sous trois titres divers trois clichés de la même gravure matrice !* Ce procédé un peu hardi a été aussitôt stigmatisé par le professeur Rütimeyer comme une atteinte à la sincérité scientifique. Il semble qu'après cela on pouvait s'attendre, sinon à une rétractation, du moins à un essai de justification. Loin de là, dans la préface de ses éditions postérieures, Haeckel se contente d'entasser contre le professeur Rütimeyer les injures les plus déplacées. » (*Études*, 5e série, t. XI, p. 678.) La science anthropogénique de Haeckel a un pendant : c'est la science théologique du député Paul Bert.

vous saisissez ce par quoi ils se rapprochent, vous oubliez ce par quoi ils se distinguent. D'autres font autrement, et arrivent à des affirmations contraires. Ainsi fait Agassiz.

« On a soutenu, dit ce naturaliste, dans les termes les plus généraux, que les animaux supérieurs passent, durant leur développement, à travers toutes les phases qui caractérisent les classes inférieures. Ainsi formulée, cette proposition est tout à fait contraire à la vérité ; et cependant il y a, dans de certaines limites, une correspondance positive entre les phases embryonnaires du développement des animaux supérieurs et les caractères permanents d'autres animaux d'un degré inférieur... En tant qu'œufs, dans leur condition primitive, tous les animaux se ressemblent. Mais aussitôt que l'embryon commence à montrer quelques traits caractéristiques, ceux-ci présentent des particularités telles que le type peut se distinguer. On ne peut donc pas dire qu'il y ait chez l'animal certaines phases de développement qui ne rentrent pas dans les limites de son propre embranchement. A aucun moment, un Vertébré n'est un Articulé ou ne lui ressemble ; jamais un Articulé n'est un Mollusque ; ni un Mollusque, un Rayonné, et *vice versa*, etc. [1]. »

Von Baer disait aussi : « Il est simplement possible qu'au premier moment tous les animaux se ressemblent et ne représentent qu'une sphère creuse ; mais le développement individuel des animaux supérieurs ne reproduit pas dans ses phases les formes permanentes des animaux inférieurs ; le type de chaque animal est défini dès la première heure et domine tout le développement ; l'embryon d'un vertébré est un vertébré dès le commencement et ne correspond à aucun moment à un invertébré. Chaque embryon d'un type donné, au lieu de traverser d'autres types définis, devient au contraire de moins en moins semblable à ces types, et plus deux formes animales diffèrent, plus leur développement doit être étudié de bonne heure pour qu'on puisse remarquer une ressemblance entre elles : les phases embryonnaires des animaux supérieurs et l'état permanent des animaux inférieurs n'offrent une certaine similitude que parce

[1] Agassiz : *De l'espèce*, p. 78.

que la différenciation ne s'est pas encore faite, que parce que la
structure du corps n'est pas encore nettement accusée[1]. »

Une anecdote va nous fournir une comparaison qui exprime
bien la position dans laquelle nous sommes quand nous suivons
le travail embryogénique. Pie IX se promenait dans une salle
du Vatican où de pieux visiteurs avaient exposé les objets qu'ils
voulaient offrir à Sa Sainteté. Parmi ces objets se trouvait une
magnifique tapisserie représentant sainte Agnès avec un agneau
au milieu des flammes. Au sujet de ce tableau le pape se mit à
dire : « Cette tapisserie est une image de la Providence. Quand
les ouvriers faisaient ce tableau, le public ne voyait qu'un amas
de laines de toutes couleurs confondues dans un grand désordre
apparent et où personne ne pouvait reconnaître un plan suivi.
C'était l'envers qu'on apercevait. Mais l'œuvre faite, elle a été
retournée, et vous voyez le merveilleux dessin que produisait le
travail. Ainsi en sera-t-il des événements qui s'accomplissent
maintenant. »

Le germe en voie d'évolution, l'embryon qui se développe et
s'organise peu à peu, n'est-ce pas aussi comme la tapisserie à
l'envers ? Il y a comme du désordre, de l'indécision : plusieurs
croient y voir cette forme ou cette autre. Nous n'avons d'abord
qu'une simple ébauche de l'être : c'est un ver, dit celui-ci, non,
dit cet autre, c'est un infusoire. Mais laissons faire la vie. Voilà

---

[1] Cité par Agassiz : *De l'espèce*, p. 366. De Baer, d'après les résultats de ses
recherches sur l'embryologie, propose la classification zoologique suivante :

I. Type périphérique (RAYONNÉS). *Evolutio radiata*. Le développement procède d'un centre, et produit des parties identiques dans un ordre rayonnant.
(Oursin.)

II. Type massif (MOLLUSQUES). *Evolutio contorta*. Le développement produit
des parties identiques, courbées autour d'un espace conique ou autre. (Escargot.)

III. Type longitudinal (ARTICULÉS). *Evolutio gemina*. Le développement produit
des parties identiques, partant des deux côtés d'un axe et se refermant supérieure-
ment le long d'une ligne opposée à l'axe. (Gordius, Crabe, Hanneton.)

IV. Type à symétrie double (VERTÉBRÉS). *Evolutio bigemina*. Le développement produit des parties identiques qui partent des deux côtés d'un axe, se pro-
jettent en haut et en bas, et se closent le long de deux lignes, de telle sorte que le
feuillet interne du germe se ferme en dessous, et le feuillet supérieur en dessus
L'embryon de ces animaux a une corde dorsale, des lames dorsales et des lames
ventrales, un tube nerveux et des fissures branchiales. (Poissons, Oiseaux, Mammifères.)

Ce court tableau suffit pour montrer combien il est impossible qu'un vertébré ait
été autrefois un rayonné ; si on le complétait, on verrait manifestement qu'un mammifère n'a pas plus été un oiseau ou un poisson.

que le travail s'avance : les contours du corps sont d'abord simplement arrêtés, en commençant bien entendu par les échafau-
dages provisoires qui serviront d'appareils fonctionnels tempo-
raires au fœtus. C'est comme le canevas. Dans ce canevas vital
est tracé le dessin idéal d'une organisation encore invisible pour
nous, mais qui a d'avance assigné à chaque partie et à chaque
élément sa place, sa structure, ses propriétés. L'organisation ne
se réalise point d'emblée. D'abord elle est vague et simplement
indiquée; voilà l'envers de la tapisserie : mais elle se perfec-
tionne par différenciation élémentaire; les organes et chacune
des pièces requièrent le fini et la perfection qui lui convient; l'être
vivant est achevé : nous voyons la tapisserie du bon côté et le
plan se révèle à nous[1].

---

[1] Claude Bernard, dont nous citons ici quelques paroles, s'est posé, dans une
conférence à la Sorbonne (27 mars 1865 : *conférence sur la physiologie du cœur
et ses rapports avec le cerveau*), comme partisan de la théorie que nous combattons
ici. Il parle en ces termes du développement du cœur du poulet : « A son origine, ce
n'était (le cœur) qu'une simple vésicule obscurément contractile, comme la vésicule
circulatoire d'une infusoire ; mais cette vésicule s'allonge bientôt et bat avec rapidité : la partie inférieure reçoit le liquide sanguin et représente une oreillette, tandis
que la partie supérieure constitue un ventricule qui lance le sang dans un bulbe
aortique se divisant en arcs branchiaux ; c'est alors un vrai cœur de poisson. Plus
tard, ce cœur subit un mouvement combiné de torsion et de bascule qui ramène en
haut sa partie auriculaire et en bas sa partie ventriculaire. Avant que ce mouvement de bascule soit complet, l'organe représente un cœur à trois cavités, c'est-à-
dire un cœur de reptile, et, dès que le mouvement est achevé, il possède les
quatre cavités d'un cœur d'oiseau ou de mammifère. » Et Claude Bernard tire cette
conclusion : « Les diverses phases de développement du cœur nous montrent donc
que cet organe n'arrive à son état d'organisation le plus élevé — chez les oiseaux,
les mammifères et l'homme, — qu'en passant transitoirement par des formes qui
sont restées définitives pour des classes inférieures. C'est l'observation de ces faits
et de beaucoup d'autres du même genre, qui a donné naissance à l'idée, philosophiquement vraie, que chaque animal reflète dans son évolution embryonnaire les
organismes qui lui sont inférieurs. » L'idée que nous présente ici Claude Bernard
n'est pas philosophiquement vraie, et elle n'est pas non plus scientifiquement
bonne. En général, il ne faut pas chercher l'expression exacte de la science dans
les conférences qui sont faites pour produire grand effet sur le public, et dont le
style comporte l'exagération. Avons-nous eu successivement un cœur de poisson
et un cœur de reptile avant le cœur d'homme qui bat aujourd'hui dans notre
poitrine? demandons-le à M. Milne Edwards. M. Milne Edwards, assis dans sa
chaire de professeur en Sorbonne, nous répond : « Le cœur naît de bonne heure :
chez le poulet, dès la deuxième journée d'incubation on observe le *punctum sa-
liens* et des battements. Chez les poissons il apparaît moins vite. Ce qui sera le
cœur est d'abord un cylindre plein, mais le cylindre se creuse bientôt d'une cavité
centrale, se replie sur lui-même en manière d'anse, puis se dilate inégalement de
manière à présenter deux renflements situés l'un devant l'autre et destinés à devenir l'un l'oreillette, l'autre le ventricule. Primitivement, le cœur est conformé de

Maintenant est-il bien nécessaire pour notre dessein d'entrer dans la description minutieuse des diverses phases par lesquelles passe l'embryon? Il nous faudrait dire comment, à la suite de la fécondation, des mouvements moléculaires remarquables se passent dans l'œuf, comment la matière plastique se fractionne en sphérules ou cellules ; comment se forme la tache blanchâtre ou cicatricule ; comment cette tache blanchâtre, par suite du travail organogénique, donne naissance à plusieurs feuillets, le feuillet cortical, le feuillet muqueux, le feuillet séreux ; comment de chacun de ces feuillets naît une classe d'organes, du feuillet muqueux l'appareil nutritif, du feuillet séreux l'appareil circulatoire, etc. ; comment l'embryon respire, comment il se nourrit ; à quel moment et de quelle manière on voit apparaître la tête, les yeux, le cerveau, la bouche, les bourgeons rudimentaires des membres, etc., etc. Chaque organe se développe à sa place indépendamment de ses connexions ; ce n'est d'abord qu'un magma qui semblerait formé d'activités isolées entre elles ; mais en réalité il y a de l'ordre. Comme l'a dit Burdach, l'idée est le noyau de la vie, et en tous les points de ce chantier tout le travail est pour la réalisation d'un plan et l'incarnation d'une idée. Il serait ensuite nécessaire de comparer entre elles les voies que suivent les divers embryons, de noter les ressemblances, de tenir compte des différences. Un volume y suffirait à peine. M. Milne Edwards a fait ce résumé dans le IX⁰ volume de ses *Leçons sur la physiologie et l'anatomie comparée de l'homme et des animaux*. Nous nous contentons d'indiquer cet ouvrage.

Il reste encore un point à éclaircir. Le germe livré à lui-

la même manière chez tous les vertébrés, mais il ne conserve nulle part ce caractère embryonnaire, et en se développant il subit des modifications différentes, suivant la classe à laquelle appartient l'espèce où on l'observe. Cette première ébauche se modifie pour devenir un vrai cœur de poisson, comme aussi elle se modifie pour devenir un vrai cœur de batracien, de reptile ou d'oiseau, mais sans que, pour devenir un cœur d'oiseau, elle prenne d'abord la forme d'un vrai cœur de reptile.» M. Milne Edwards remarque même que, suivant Serres et M. Dareste, l'ébauche primitive qui doit donner un cœur d'oiseau ou de mammifère, serait formée primitivement d'un double élément tubuliforme correspondant au double cœur des animaux de ces classes, tandis que l'ébauche du cœur de poisson n'aurait qu'un cylindre simple. Dans cette manière de voir, impossible tout à fait de faire dériver le cœur du poulet et le cœur de l'homme du cœur du poisson. (*Leçons de physiologie*, t. IX, pp. 508-512.)

même, à sa tendance innée, ne sortira point par lui-même de
sa voie ; mais qu'arrivera-t-il si ce germe vient à être soumis à
des influences extérieures qui lui barrent le chemin et le forcent
à prendre une voie détournée ? Ne serait-il pas possible alors
qu'il passât à une autre forme typique, à une autre espèce ?

M. Ch. Robin nous a déjà donné la réponse à cette question,
quand il nous a dit : « Les conditions individuelles ou intrinsèques de l'existence du germe ainsi que les conditions de milieu,
ou extrinsèques, sont en tel nombre et chacune d'une stabilité
si délicate que l'être n'évolue et ne marche qu'entre les monstruosités ou la mort, et nullement vers la transmutation *de specie
in speciem.* » — Et encore : « Dès que les influences perturbatrices dépassent, soit en intensité, soit quant à leur durée, certaines limites d'ailleurs assez resserrées, l'organisme, au lieu
de se modifier seulement, cesse de se nourrir et de se développer, ou, en d'autres termes, il meurt et se détruit nécessairement[1]. » C'est là, ajoute M. Robin, le résultat de l'observation et de l'expérience.

L'observation est à la portée de tout le monde. Un œuf de
poule donne un poulet ou meurt ; jamais on n'est sorti de cette
alternative. Des expériences, nous pouvons citer celles de Lereboullet et celles de M. Dareste.

Lereboullet a expérimenté sur les œufs de brochet. Il a fait
quatre-vingts essais qui ont porté sur plus de 200,000 œufs ;
il a employé des agents extérieurs de diverse nature : le froid,
les brusques changements de température, l'obscurité, l'air confiné, l'eau non renouvelée, le brossage avec des pinceaux, la
compression, etc. Lui-même va nous dire quels furent les résultats de ses nombreuses tentatives.

« 1° Il se produit des monstres en tout genre parmi les œufs
de brochet, que ces œufs soient ou ne soient pas soumis à l'influence d'agents extérieurs particuliers.

« 2° Des influences diverses donnent naissance à des monstruosités identiques, et par conséquent il ne faut pas chercher dans
ces influences seules la raison de la production des monstruo
sités. . . . .

---

[1] M. Ch. Robin : *Anat. et Phys. cell.* Introd. pp. xiv-xxv.

« 4° Les seules modifications qui m'ont semblé pouvoir être attribuées à l'influence des agents extérieurs, consistent dans des
arrêts de développement caractérisés par l'absence de parties
plus ou moins considérables du corps embryonnaire : ces arrêts
se trouvent liés à un ralentissement dans la marche du développement de l'œuf.

« Est-il enfin sorti de l'œuf du brochet, un autre animal qu'un
brochet ? Mais jamais, jamais on n'en vit sortir autre chose qu'un
brochet ; jamais une carpe ou une raie. Ce brochet, né dans ces
circonstances difficiles était plus ou moins bien venu, plus ou
moins complet ; il avait ceci ou cela de moins ; mais c'était un
brochet. »

Lereboullet a tiré de ses expériences quelques conclusions que
les darwinistes feront bien de méditer. Darwin et ses amis accordent une énorme influence aux actions de milieu, aux influences des agents extérieurs : voyons comment Lereboullet
apprécie cette influence.

« 1° Il n'est nullement prouvé, dit-il, que les monstruosités en
général et particulièrement les monstruosités doubles, soient oc-
casionnées par les influences que les agents extérieurs ont pu
produire sur les œufs.

« 2° Les seules modifications qui paraissent dues quelquefois à
l'influence des agents extérieurs sont des arrêts de développement, des déformations et des atrophies ; encore ces effets ne
sont-ils pas constants.»

« 3° Il n'est donc pas possible de produire à volonté des formes
monstrueuses déterminées d'avance, ni d'établir d'une manière
positive la cause des monstruosités.»

« 4° Cette cause pourrait bien être inhérente à la constitution
primordiale de l'œuf et ne dépendre en aucune façon des conditions extérieures.»

Nous retrouvons sous la plume de Lereboullet le principe que
nous avons si souvent formulé dans le courant de ce travail :
« l'œuf a une constitution primordiale déterminé, et ne peut
donner qu'un être d'espèce déterminée primordialement [1]. »

---

[1] Lereboullet. *Comptes rendus de l'Académie des Sciences*, 1862 : *Expériences
relatives à la production artificielle des monstruosités dans l'œuf du brochet.*
T. LIV, p. 761.

Voilà donc à quelle conclusion fort peu darwinienne nous conduisent les expériences sur les œufs de brochet.

M. Dareste a pris pour sujet les œufs de poule et est arrivé aux mêmes résultats que Lereboullet. Mais d'abord laissons M. Dareste nous dire ce que nous devons entendre ici par *arrêt de développement;* car cette expression n'a pas pour nos expérimentateurs le sens que lui donnait Geoffroy Saint-Hilaire. On entend par *arrêt de développement*, dit M. Dareste, la permanence d'un état embryonnaire qui dans l'évolution normale n'est que transitoire. Il en résulte des anomalies dans la structure de l'être et ces anomalies peuvent se rapporter à trois chefs : ou défaut de formation d'un organe ; ou maintien pour un organe de ses conditions embryonnaires ; ou permanence d'un organe qui n'est que transitoire dans la vie embryonnaire. Le monstre, on le voit, reste toujours dans l'espèce à laquelle appartenait le germe ; seulement ce produit tératologique a plus ou a moins qu'il ne devrait avoir normalement, ou bien une des pièces qui le constituent n'est point disposée ou construite de la manière ordinaire.

Cependant les expériences de M. Dareste ont été assez variées et assez nombreuses pour que la moindre disposition à la transmutation, s'il s'en trouvait quelqu'une dans l'œuf, ait dû passer en acte[1]. M. Dareste employait surtout deux procédés pour gêner le germe dans son développement : tantôt il recouvrait d'un vernis imperméable à l'air, d'huile par exemple, une étendue plus ou moins grande de la coque ; tantôt il maintenait l'œuf dans une position verticale ; il faisait aussi varier la température.

Les œufs ainsi préparés et soumis à l'incubation artificielle ont présenté trois ordres de faits : ou bien l'embryon ne s'est point développé ; ou bien il s'est développé d'une manière normale, mais il a toujours péri avant d'avoir atteint l'époque de l'éclosion ; ou bien enfin le développement s'est opéré d'une manière anormale et a donné des produits tératologiques.

M. Dareste ne s'occupe que des anomalies : « Le nombre, dit-

---

[1] M. Dareste : *Recherches sur la production des monstruosités. — Comptes rendus de l'Académie des Sciences.* T. **XLI** et suivants.

il, en a été très grand », et il ajoute en forme de conclusion :
« Il m'a été impossible d'établir une relation de cause à effet
entre les effets tératologiques qui se sont manifestés dans mes
expériences et les conditions physiques particulières dans lesquelles j'ai placé mes œufs. En effet les deux procédés m'ont
donné, et me donnent tous les jours, les mêmes types anomaux :
aussi je suis disposé à croire qu'ils n'exercent point d'action spécifique et qu'ils ne font en réalité qu'introduire une perturbation plus ou moins grande dans la marche du développement.
Il faut d'ailleurs attribuer à l'œuf lui-même une prédisposition
plus ou moins grande à subir l'influence des causes extérieures;
car les œufs placés dans des conditions identiques m'ont donné
à la fois et des embryons normaux et des embryons mons-
trueux [1]. »

Nous voici une dernière fois remis en présence de cette force
mystérieuse qui maintient chaque être vivant dans la voie qu'ont
suivie ses parents, et oppose une résistance invincible à tout
agent extérieur qui voudrait lui faire quitter sa route. C'est là
la preuve la plus claire qu'il existe dans chaque sorte d'animaux
et de plantes un principe spécifique, immatériel. Car tous les
êtres commencent leur existence à l'état d'ovule microscopique
et pour tous la structure de cet ovule présente la similitude la
plus merveilleuse. Cependant cet ovule, d'abord physiquement
constitué d'une manière si identique chez tous les animaux, ne
produit jamais rien qui diffère des parents. Toujours, après une
succession de changements invariablement les mêmes, toujours
il aboutit à la production d'un nouvel être identique avec ses
auteurs. Si donc il était vrai, comme quelques-uns le prétendent, que les agents physiques, de par la toute-puissance de
leur influence, façonnent les caractères des êtres organisés,
comment se fait-il que nous n'observions pas trace de cette
influence dans les cas innombrables où ces ovules sont abandonnés au sein des éléments dans lesquels ils subiront leur développement ultérieur, juste à une période où ils n'ont encore
assumé aucun des caractères définis qui plus tard distingue-
ront l'animal adulte ou la plante parfaite ? Les physiciens con-

---

[1] *Comptes rendus.* 1862, 1er sem., t. LIV, p. 1212.

naissent-ils quelque loi du monde matériel qui offre avec ces phénomènes une analogie quelconque et puisse être regardée comme ayant avec eux n'importe quel rapport[1]?

Mais la raison intrinsèque de ce fait nous est connue : c'est que le germe est un individu vivant d'une espèce déterminée, qu'il est ainsi constitué dès son premier commencement : et voilà pourquoi, quoi qu'il en soit des circonstances extérieures, cha-cun parcourt son cycle particulier et va à son but spécifique.

L'espèce est donc fixe, et cette fixité de l'espèce, bien loin d'être battue en brèche par les faits de métamorphose, de généa-genèse et d'embryologie, reçoit de ces trois séries de phéno-mènes une nouvelle confirmation. Pour arriver à la transmu-tation des êtres, au transformisme, il faudrait toucher à la constitution intime de l'œuf, changer l'essence même de l'œuf : ce pouvoir est-il donné à l'homme ou à la nature ? c'est ce que nous verrons prochainement en traitant du *métissage* et de l'*hy-bridité*.

A. HATÉ.

(La suite prochainement.)

---

[1] Agassiz : *De l'espèce*, p. 73.

CHRISTOPHE DE BEAUMONT

ARCHEVÊQUE DE PARIS

— SUITE —

XVIII

La mort de Louis XV est plus qu'une date ordinaire. On a dit avec raison qu'elle marque la fin d'un ordre social tout entier. Louis XVI, en recueillant le royal héritage de son aïeul, était animé des intentions les meilleures, mais, pour faire face aux crises terribles qu'allait traverser la monarchie, il eût fallu sur le trône de saint Louis autre chose que d'incontestables vertus privées, autre chose même que l'amour passionné du bien public. « Je me représente Louis XVI, écrira bientôt Frédéric de Prusse à Voltaire, comme une jeune brebis entourée de vieux loups ; il sera bien heureux s'il leur échappe[1]. » — Le malheureux prince, arrivé au pouvoir sans préparation, ne leur échappera pas. Victime du plus criminel abus de confiance, il déclarera vainement, dès le premier jour, qu'il veut exclure de ses conseils les personnages mal famés : on surprendra sa religion en remplaçant par des hommes sans probité ces hommes sans mœurs. C'est, à l'exception du fidèle du Muy, un ministère de « philosophes » que Maurepas impose au plus consciencieux des rois, et l'oracle du parti pourra écrire au monarque prussien : « Nous espérons en France que la philosophie, qui est auprès du trône, sera bientôt dedans[2]. »

[1] Lettre du 18 juin 1776

[2] Lettre du 8 août 1775.

Au début d'un règne que menaçaient mille conspirations, il y avait une première faute à commettre : le rappel de l'ancien parlement. Elle ne fut pas épargnée au jeune roi. Christophe de Beaumont, qui s'aveuglait moins que personne sur le péril de l'heure présente, s'est vu loué par les uns, blâmé par les autres, pour avoir lutté de toutes ses forces afin de conjurer ce qu'il appelait « un grand malheur. » Nous dirons bientôt dans quelles conditions.

Le généreux prélat souffrait alors — on s'en souvient — de ces douleurs aiguës dont le retour fréquent ne cessait d'inspirer des craintes pour sa vie. Le 17 juin 1774, après avoir, dans la chapelle intérieure de son palais, remis le *pallium* à Raymond de Durfort, récemment transféré de l'évêché de Montpellier à l'archevêché de Besançon, il se sentit tout à coup si mal qu'il n'hésita plus à mander près de lui le célèbre frère Cosme, religieux feuillant, qui jouissait d'une juste réputation de praticien consommé. Celui-ci ayant déclaré qu'une opération seule pouvait sauver les jours de l'archevêque, Beaumont, sans prévenir ses amis ni sa famille, prend tranquillement son jour et se dispose par la célébration du saint sacrifice à se confier au fer de l'habile chirurgien. On ne tarda pas à savoir, en effet, que, dans la matinée du 22 juin, le malade, en dépit de ses soixante-onze ans, avait supporté avec le plus grand courage l'opération dangereuse de la taille. Il n'avait laissé échapper qu'un cri, aussitôt éteint dans un sourire et une prière. Le succès, du reste, était complet : la convalescence néanmoins ne fut pas sans donner encore plus d'une inquiétude.

« Tout péril n'est pas écarté ! » avait avoué le doyen du chapitre, en annonçant à ses collègues ce qui venait d'avoir lieu. Aussi fut-il unanimement décidé qu'on réciterait chaque jour à la messe, tant que dureraient les appréhensions, la collecte *pro infirmo Pontifice nostro Christophoro*. Je trouve même, parmi les délibérations capitulaires, une note que je transcris dans toute sa simplicité, parce qu'elle exprime au naturel de quels égards on entourait le vénéré malade.

« Du jeudi 23 juin 1774, MM. étant assemblés au Revestiaire, à l'issue de la messe canoniale,

Sur la représentation faite par M. le doyen que l'état actuel de Mgr
l'archevêque ne pouvoit supporter le moindre bruit sans danger pour sa
conservation si précieuse à la religion, à son Église et à tout son diocèse,
et attendu la trop grande proximité de l'église paroissiale du cloître et
de l'appartement où Mgr a été opéré, MM. après en avoir délibéré ont
ordonné que l'office de saint Jean-Baptiste, fête patronale de ladite
paroisse, sera transféré et célébré aujourd'hui et demain en la chapelle
de Saint-Crespin de l'église de Notre-Dame, après néanmoins les offices
du chœur, et qu'à cet effet les vespres de l'office canonial seront aujourd'hui avancées d'une demi-heure, et les bénéficiers de Saint-Jean-
le-Rond dispensés pour cette fois seulement de chanter les matines
dudit office patronal; qu'au surplus les messes basses pourront être dites
à l'ordinaire dans ladite église paroissiale, mais sans être sonnées[1]. »

La convalescence suivit régulièrement son cours jusqu'au
2 juillet, où l'archevêque ayant commis l'imprudence de se pro-
mener trop longtemps dans sa chambre, la plaie cicatrisée se
rouvrit et provoqua de fâcheux accès de fièvre. On en fut quitte
une fois encore pour la peur, et, le dimanche 17, Beaumont
put se rendre à la métropole pour célébrer, dans la chapelle de
la sainte Vierge, une messe d'actions de grâces à laquelle se
portèrent nombre de personnes de distinction, heureuses de com-
munier des mains du prélat rétabli. Une dame de qualité, qui
voulut rester inconnue, offrit même à cette occasion une croix de
diamants, composée de six brillants d'une belle eau et merveilleusement assortis, avec prière de l'attacher au principal soleil
dont on se servait dans l'église métropolitaine, pour les expo-
sitions du Saint-Sacrement[2]. La mort qui la surprit, un an plus
tard, le 5 novembre 1775, a révélé le nom de cette pieuse do-
natrice : c'était une paroissienne de Saint-Sulpice, veuve de ce
Jacques Languet, chevalier comte de Gergy, dont la famille
avait toujours professé un véritable culte pour les vertus du
grand archevêque.

Mais, des divers témoignages de respectueuse sympathie que
Beaumont recueillit en cette circonstance, aucun ne lui fut sensible comme la démarche spontanée des curés de Paris. Le 21

---

[1] *Registres capitulaires de N.-D.* (Archiv. nation. LL. 335³⁴).

[2] « Ces divers diamants pesaient ç celui du milieu 14 grains, et celui au-dessus
11 grains et demi, celui du côté droit 11 grains et celui du côté gauche 12 grains,
faisant en tout 17 carats. » *(Ibid.* 19 août 1774).

juillet, tous, ayant à leur tête le doyen d'âge, se rendirent en
corps à l'archevêché, pour complimenter leur premier pasteur
sur l'heureux rétablissement de sa santé. C'est au nom de ses
confrères réunis que Laugier de Beaurecueil, curé de Sainte-
Marguerite depuis 1743, prononça le discours suivant qui n'a
que le défaut de sentir un peu l'emphase :

Monseigneur, les maux cruels dont Votre Grandeur ressentait de fréquentes atteintes depuis plusieurs années nous causaient les plus vives
alarmes ; elles étaient à leur comble, il y a peu de jours; le principe
n'en existe plus, et Votre Grandeur est rendue à nos vœux. Puisse cette
faveur du ciel être aussi durable qu'elle est précieuse pour nous ! Nous
osons vous supplier, Monseigneur, de vous défier d'un courage et d'un
zèle que les forces du corps ne seconderaient pas. Votre repos sera un
des plus pressants motifs de notre vigilance et de notre activité.

Vingt-huit ans d'un gouvernement plein de force et de douceur, soutenu par l'éclat des plus éminentes vertus, ont donné à votre diocèse la
perfection dont il est susceptible, et dont il ne saurait déchoir sous
vos yeux. Désormais, assis au gouvernail entre la gloire et la paix, il
ne sera plus entre vos mains que pour leur servir d'appui.

Jouissez, Monseigneur, pendant une longue suite d'années, du fruit
de vos travaux. Nos vœux sont ceux de la religion et de la patrie ; nous
aimerons à vous rendre souvent les hommages de nos cœurs, et à recevoir de votre présence seule les plus touchantes leçons de zèle et de
vertu. Ce calme majestueux devait achever le tableau d'une vie traversée par tant de sollicitudes, d'épreuves, d'orages et de combats. Sans
doute, Monseigneur, comme le grand Apôtre, vous avez été bien choisi
de Dieu pour être un spectacle au monde, au ciel et à la terre : le monde
étonné reconnaît que dans vos combats le Seigneur était avec vous ; le
ciel applaudit à votre fidélité, et les hommes, frappés d'admiration, dé-
cernent à Votre Grandeur, dans les siècles à venir, les hommages qui
ne sont dus qu'aux plus héroïques vertus[1].

Inutile de dire que les membres du chapitre de Notre-Dame
ne s'étaient laissé devancer par personne dans ces manifestations
de la sympathie publique. Beaumont les avait remerciés affec-
tueusement, comme toujours, non sans mêler cette fois des féli-
citations à l'adresse de l'un d'eux, le chanoine de Galard-Ter-
raube, qui venait d'être nommé à l'évêché du Puy.

---

[1] *Année littéraire de Fréron*, 1774, t. V, p. 140.

XIX

Nous n'aurions pas tout dit sur cet épisode de l'archevêque, si nous ne rappelions de quelles injures grossières ses ennemis jurés continuaient à le poursuivre. « L'archevêque de Paris, écrivait alors l'étrange abbé Baudeau, a été taillé par le frère Côme, qui lui a tiré une pierre énorme : on dit qu'il va bien. S'il lui arrivait quelque accident, ce serait un grand tracassier de moins en ce bas monde. Cet homme a la rage au corps pour le jésuitisme ; il est bon diable d'ailleurs, mais il égorgerait cent millions d'hommes et brûlerait toute l'Europe avec plaisir pour le jésuitisme. Sans ce tic abominable, il aurait été un bon gros garçon, borné, entêté comme tous les sots ; mais obligeant et charitable, même d'assez bonne humeur [1]. »

Les injures eussent été, en somme, peu redoutables au digne prélat, si la malveillance, qui ne recula jamais devant les imputations calomnieuses, n'avait sourdement travaillé à le perdre de crédit dans l'âme du jeune roi. L'occasion paraît bonne d'ailleurs, car Beaumont, même au plus fort de sa maladie, n'a pas craint de se prononcer de la façon la plus énergique contre le rappel de l'ancienne magistrature, et, pour parer à cette éventualité menaçante, il a fait mettre en mouvement les influences religieuses, si puissantes dans la nouvelle cour. Or, des intrigues de palais sont parvenues à persuader à Louis XVI que le seul moyen de satisfaire l'opinion est d'annuler le coup d'État de 1771, en répondant au « vœu général » par la réintégration pure et simple du parlement exilé. Je sais que l'opération répugnait à cette âme royale, si honnête et si droite, mais y avait-il un sacrifice auquel Louis XVI ne crût dès lors devoir se plier pour gagner, à ce prix, la reconnaissance de ses bien-aimés sujets ? Une popularité éphémère le récompensera mal de cette trop confiante générosité.

L'archevêque de Paris ne s'était pas contenté de donner l'éveil

_____

[1] *Chronique secrète de Paris* (25 juin 1774).

à Mesdames, tantes du roi, il avait mis bravement en campagne le seul des ministres à qui Voltaire pût reprocher « le malheur d'être dévot[1]. » Je parle de ce vertueux du Muy, l'ami de cœur de feu le dauphin père de Louis XVI, lequel n'avait jamais passé un jour sans adresser au ciel cette prière touchante : « Protégez, ô mon Dieu ! votre fidèle serviteur, le comte du Muy, afin que, si vous m'obligez à porter le pesant fardeau de la couronne auquel ma naissance me destine, il puisse me soutenir par sa vertu, ses conseils et ses exemples. » Pressé par Beaumont, l'honnête ministre de la guerre avait fait au roi les représentations que réclamaient les circonstances. Démarche stérile. Louis XVI continuait à se retrancher derrière une question de sentiment qui coupait court à la réplique : « Je sais tout cela, mon cher du Muy, mais je dois et je veux commencer par me faire aimer de mon peuple[2]. »

Les ennemis du prélat avaient donc beau jeu pour entretenir contre sa personne les préventions du souverain. On ne voyait, selon eux, que réunions suspectes d'évêques et de gens de cour qui s'en venaient prendre clandestinement chez lui un mot d'ordre toujours bien écouté. Quand le centre de la cabale jésuitique ne se déplaçait pas du palais archiépiscopal, il fallait le chercher au carmel de Saint-Denis, où Madame Louise correspondait sans relâche avec sa sœur Adélaïde et la comtesse de Narbonne, dame d'atours, à seule fin de jeter la division dans la famille royale et surtout de « brouiller le roi avec la reine ». Beaumont, à les entendre, s'échauffait singulièrement dans ce manège de pratiques plus ou moins mystérieuses.

Ce fut au point que des rumeurs de disgrâce nouvelle trouvèrent bientôt créance parmi le peuple et la bourgeoisie. Tantôt il s'agissait d'un cinquième exil à Conflans, tantôt d'une simple défense de paraître à Versailles. On parlait un jour d'une lettre sévère dans laquelle le roi aurait enjoint à Beaumont de s'en tenir au gouvernement de son diocèse, sans s'ingérer à piloter de ses conseils Mesdames Adélaïde, Sophie et Victoire ; le lendemain, il était tout au plus question d'une verte semonce à

---

[1] Lettre du 3 août 1775 au roi de Prusse.
[2] Cité par l'évêque de Senez dans son oraison funèbre du dauphin.

propos de ses liaisons avec la royale carmélite « que Sa Majesté lui défendait de visiter à l'avenir [1]. »

Ces bruits devaient naturellement tomber devant la réalité des choses, d'autant qu'on apprit que Beaumont avait reçu le plus gracieux accueil au château de la Muette, quand le roi et la reine y étaient venus de Marly pour se rencontrer avec Mesdames Clotilde et Élisabeth, leurs sœurs. C'est même vainement que l'archevêque essaya, pour motif de santé, d'introduire à nouveau la question d'un coadjuteur : Louis XVI se défendit d'avoir à se préoccuper d'un tel souci, au moment où tant de prières montaient à Dieu pour rendre grâces de sa guérison.

Ainsi en devait-il être des caquets répandus sur le compte de la pieuse Madame Louise. Si, par exemple, le couple royal s'oubliait un jour à traverser Saint-Denis, sans prendre le temps de s'arrêter au Carmel, c'est qu'il avait voulu faire sentir son mécontentement de l'intrigue formée, derrière ces grilles austères, contre les frivolités aimables de Marie-Antoinette. Celle-ci n'ayant pu ni obtenir du roi qu'il en fît des reproches à sa tante, ni être autorisée à se plaindre elle-même de ces procédés, on avait préféré se passer de l'entrevue et commencer la rupture. Malheureusement pour des nouvellistes si bien informés, le roi, la reine, Monsieur, Madame, le comte et la comtesse d'Artois venaient en famille, dans l'après-midi du 14 septembre, visiter la chère carmélite, auprès de qui ses sœurs, Adélaïde, Victoire et Sophie, se rendaient pareillement le lendemain. « Ce qui annonçait, remarque le chroniqueur, qu'on n'avait point encore envie de rompre totalement avec cette religieuse, quoiqu'il eût été très expédient de le faire, si tout ce qu'on lui avait imputé dans le monde relativement à la reine était vrai [2]. »

Cependant le rappel de l'ancienne magistrature devenait un fait accompli. Se conformant à ce qu'on lui disait être « le vœu de la nation », Louis XVI avait écrit à tous les exilés de rentrer à Paris et de se trouver en robes, le 12 novembre, au palais, dans la chambre de Saint-Louis, pour y attendre ses ordres. A l'opposition motivée de l'archevêque de Paris, on avait répondu

<hr>

[1] Hardy (août et septembre 1774).
[2] Ibid. (14 septembre).

en donnant l'assurance que le parlement réintégré n'aurait plus désormais à connaître des affaires ecclésiastiques. Mais Beaumont ne s'y fiait qu'à demi. Quoi qu'il en soit, et dût-il courir encore, même à son âge, les risques d'un nouvel exil, l'intrépide vieillard tient à ce qu'il ne reste aucun doute sur « sa ferme résolution de ne changer ni de conduite ni de façon de penser. » Il s'en expliqua nettement, tant avec le garde des sceaux qu'avec les affidés du ministère, et nous savons s'il était homme à reculer devant l'accomplissement d'un devoir !

Le roi s'émut des rapports qu'il reçut à ce sujet. Il vit l'archevêque et lui parla de modération : l'archevêque invoqua respectueusement les droits de la conscience et promit de n'outrepasser en rien ce qui serait dicté par elle. L'entrevue avait été des plus courtoises. Manifestement, ceux qui cherchaient à laisser croire que Beaumont était perdu dans l'esprit de Louis XVI attendaient autre chose. De là ces anecdotes plus ou moins controuvées qui avaient cours alors dans le public, et qui ne cessent pas de défrayer encore la curiosité facile des fureteurs d'ana. « Monsieur l'archevêque, fait-on dire au roi, je vous ai mandé pour vous prévenir que je veux que la paix règne dans mon royaume et dans ma capitale, et que si j'entends parler de refus de sacrements, c'est à vous seul que je m'en prendrai. » Sur les représentations de Beaumont, qui allègue à son ordinaire les intérêts de la religion et de l'Église, le roi aurait répliqué : « Je connais, Monsieur, votre zèle, et je sais tout ce qu'il convient de savoir là-dessus [1]. »

Ce fut bien une autre histoire, lorsque, peu de jours après, l'archevêque ayant reçu ordre de se rendre à Versailles pour répondre d'un refus de sacrements sur la paroisse de Saint-Severin, on fit circuler dans les cafés de Paris le texte d'une prétendue semonce royale, tirée à des milliers d'exemplaires. Louis XVI, assis la tête couverte et les jambes croisées, aurait apostrophé en ces termes Christophe de Beaumont, en présence du prince de Conti, des ducs de Brancas et d'Aumont et de son capitaine des gardes : « Le roi, mon aïeul, vous a exilé plusieurs fois pour les désordres que vous avez causés parmi mes sujets.

---

[1] Ibid. 6 décembre),

Je ne vous exilerai pas, mais je vous livrerai à toute la sévérité des lois. Je vous donne ma parole royale que je n'en arrêterai
point l'activité pour vous. Vous l'entendez... Retirez-vous[1]. »

Il faut reconnaître que bien des personnes eurent peine à
croire que le roi se fût exprimé avec tant de dureté et si peu de
décence. « Le discours peut être vrai au fond, écrivait-on de
l'étranger, mais les gens qui réfléchissent doutent que les expressions en soient telles qu'on le dit[2]. » Hardy lui-même, qui
s'était indigné de ce que l'archevêque «avait eu le front », en
sortant de l'appartement du roi, d'aller rendre ses devoirs à
la reine, commençait à insinuer qu'il pourrait bien se faire
« qu'on eût altéré toute la substance du fameux discours. »

Le vrai est que Louis XVI, informé de ces cailletages d'anti-
chambre, s'en montra fort humilié, et qu'il envoya le cardinal
de la Roche-Aymon à l'archevêque de Paris « pour lui témoigner tout son déplaisir sur la réponse qu'on lui attribuait[3]. »
Hardy est forcé d'en convenir, bien qu'il prétende que le roi
aurait surtout insisté, dans son message à l'archevêque, sur la
nécessité d'entretenir la paix et de rester fidèle à la *loi de silence*
tant recommandée par son aïeul.

On ne douta plus, au reste, des bonnes dispositions du prince
à l'égard de Beaumont, en voyant de quelles prévenances ce
prélat fut l'objet à Versailles, lorsqu'il vint officier dans la
chapelle du château pour les fêtes du jour de l'an, et, le lendemain, pour le service funèbre des chevaliers de l'ordre du Saint-
Esprit, dont le feu roi était grand-maître. Il est permis de penser
que le bruit répandu d'une tentative d'empoisonnement sur sa
personne n'était pas étranger à ces marques exceptionnelles de
faveur. La nuit de Noël, en effet, l'archevêque avait éprouvé
des soulèvements de cœur après les dernières ablutions. Le
vin du calice lui parut d'un goût détestable et l'inquiétude saisit
les assistants; mais on put constater à la sacristie qu'il y avait
eu pur accident dans ce fait d'un vin aigri et tourné.

Ajoutons que Louis XVI sut bientôt le meilleur gré à Christophe de Beaumont de la chaleur avec laquelle, presque seul

---

[1] Ibid. (18 décembre).

[2] *Journal historique* de janvier 1775, p. 145.

[3] *Ibid.* (mars 1775, p. 377).

parmi les pairs, il allait plaider, dans la séance du 20 janvier
1775, pour les prérogatives de la couronne et la soumission due
au roi. Sa protestation, pas plus que celle du duc de Charost,
ne devait empêcher sans doute le parlement de formuler ses
remontrances contre les édits publiés dans le lit de justice ; mais
il se montrait jaloux, une fois encore, de ne pas moins rendre à
César ce qui est à César, qu'à Dieu ce qui est à Dieu. C'était
justifier d'avance l'éloge qu'on gravera un jour au bas de son
portrait :

> Austère dans ses mœurs, vrai dans tous ses discours,
> Plein de l'esprit de Dieu qui l'anime et l'embrase,.
> Ou libre ou dans les fers, il sut joindre toujours
> La fermeté d'Ambroise à la foi d'Athanase [1].

« Un homme de ce caractère, devenu le conseil de l'autorité,
eût suffi, au jugement de Proyart, pour imprimer à son siècle
une direction nouvelle et faire rétrograder une révolution com-
mencée [2]. » Mais on était arrivé en France à ces temps dont
parle Tite Live : *Ad hæc tempora, quibus nec mala nostra
nec remedia pati possumus, perventum est* [3].

XX

Sur ces entrefaites, un événement déplorable mit tout à
coup en émoi la capitale et les environs. C'était une de ces
émeutes populaires causées par l'élévation du prix du pain ,
émeute qui fut vigoureusement réprimée sans doute, mais dont
le retentissement rapide dans nombre de provinces ne laissait
que trop présager un système d'agitations plus turbulentes encore. Déjà des bandes séditieuses avaient paru sur divers
points, à Dijon, à Pontoise et ailleurs. On criait partout à la
famine, et on crevait stupidement les sacs de grains, jetant le
blé et le pain sur les routes et dans les rivières. Les émeutiers,
après avoir semé une sorte de terreur à Saint-Germain, à

---

[1] L'auteur du quatrain s'appelait d'Aquin de Château-Lion.
[2] *Louis XVI détrôné avant d'être roi*, p. 262.
[3] *Præfat.* (a medio).

Poissy, à Brie-Comte-Robert, à Gonesse, se portèrent jusqu'à Versailles et menacèrent Paris. Le régiment des gardes-françaises y dut marcher contre les mutins. Nous n'avons pas à raconter ces faits, mais nous dirons, à l'honneur du jeune roi, qu'il déploya dans cette occasion une fermeté intelligente dont il ne donnera par la suite que des preuves toujours trop rares, inefficaces toujours [1].

L'émotion manifestée au milieu de ces désordres avait été si vive, que l'archevêque, sollicité par une lettre du roi, publia un mandement très ferme pour rappeler aux fidèles leurs devoirs envers le souverain. Trois jours après, le dimanche 21 mai, lecture en fut faite au prône des paroisses. Partout on l'écouta avec un religieux silence, sauf à Saint-Étienne du Mont, où le premier vicaire dut s'y reprendre à plusieurs fois pour dominer les murmures qui accueillaient la lettre pastorale. Suivant le chroniqueur parisien, « le menu peuple croyait entrevoir que le fond de cette instruction était de lui persuader qu'il devait prendre son parti d'acheter toujours chèrement son pain [2]. » Comme ces murmures, en effet, n'avaient pas d'autre cause, l'incident n'eut pas de suite.

Ce fut sous l'empire des salutaires impressions produites par son premier acte de vigueur, que Louis XVI se rendit à Reims pour la cérémonie du sacre. La fermentation avait été grande dans cette ville, quelques jours auparavant, à la nouvelle du brigandage inouï qui s'exerçait sur les blés. Des placards incendiaires proposaient de mettre le feu aux quatre coins de Reims, dès que le roi y serait entré. C'étaient des menaces plus odieuses encore affichées dans Paris : « Louis XVI sera sacré le 11 et massacré le 12. » Or, non seulement ces appels sauvages restèrent sans écho, mais l'enthousiasme fut tel au moment de l'intronisation, que Marie-Antoinette ne put étouffer ses larmes, et que le roi, se sentant tout à la fois obligé et grandi par ces témoignages de fidélité et d'amour, en écrivait à Maurepas sur ce ton ému : « J'ai été fâché que vous n'ayez pas pu partager avec moi la satisfaction que j'ai goûtée ici. Il

[1] Voir les témoignages apportés par M. de Larcy. (*Correspondant* d'août 1866, p. 861).
[2] Hardy (mai 1775).

est bien juste que je travaille à rendre heureux un peuple qui
contribue tant à mon bonheur. Je vais maintenant m'en occuper tout entier [1]. »

Christophe de Beaumont n'assistait point au sacre, mais il
avait, dès le 2 juin, réclamé à cette occasion des prières publiques dans un mandement que les *Nouvelles à la main* qualifient de « vraie capucinade politique », sous prétexte qu'il est
« tout à fait dans le sens du clergé, qui rapporte l'autorité
des princes toute à Dieu, c'est-à-dire, à lui [2].» Ces injures sont
d'autant plus à l'éloge de notre prélat, qu'on avait délibéré en
conseil royal si la cérémonie du sacre aurait lieu, « tant elle
était regardée généralement comme inutile et superflue d'après
les gallicans ». Bien plus, même après que le conseil se fut
décidé pour l'affirmative, l'orateur de la fête, loin de reconnaître
avec Beaumont que les rois relèvent de J.-C. *comme rois*,
eut soin, pendant la cérémonie, de prévenir les conséquences
frappantes qu'on en pouvait tirer en faveur de la royauté temporelle de J.-C., et de la dépendance de nos souverains à
l'égard de cette royauté, « en annonçant hautement en présence du peuple étonné, et conformément à la doctrine gallicane, que cette cérémonie n'était point obligatoire pour le roi
ni essentielle à sa charge [3]. »

Le lendemain, Louis XVI, mieux inspiré, écrivit à l'archevêque une lettre dans laquelle il sollicitait encore des prières
pour obtenir de Dieu « toutes les grâces » attachées à l'onction
sainte qu'il venait de recevoir. Christophe de Beaumont ré-
pondit par un mandement spécial fort touchant, dont les dernières lignes résument l'esprit tout entier. « Pour nous, mes
très chers Frères, ne mettons aucun obstacle aux heureux effets
de tant de grâces; écartons tout ce qui pourrait refroidir à
notre égard la protection divine, et en demandant à Dieu qu'il
conserve toujours notre Roi *selon son cœur*, tâchons de nous
rendre nous-mêmes un peuple selon le cœur de Dieu [4]. »

---

[1] *Correspondant* (Loc. cit. p, 862).

[2] Bachaumont (4 juin 1775).

[3] Voir l'auteur anonyme cité par Crétineau-Joly *(L'Église romaine en face de la
Révolution*, t. I, p. 64).

[4] Mandement du 28 juin 1775.

Le 29 juin, l'archevêque présidait, dans sa métropole, à la cérémonie du *Te Deum* d'actions de grâces. Quant à sa visite officielle au roi, elle fut retardée jusqu'au 3 août, d'après les dispositions prises en vertu de l'avis suivant expédié au doyen Tudert :

« A Versailles, 26 juillet 1775. — Sa Majesté recevra volontiers, Monsieur, la députation du chapitre de Notre-Dame, pourvu qu'elle ne soit pas trop nombreuse. Je vous conseille de vous concerter à cet égard avec M. l'archevêque de Paris, et de prendre un jour qui ne soit pas un de ceux où S. M. va à la chasse. Il m'est agréable, etc... MAUREPAS[1]. »

Le jeudi 3 août, sur les sept heures et demie du matin, les députés du chapitre, en manteau long, partaient pour Versailles. L'archevêque en conduisait deux dans sa voiture, le doyen avait pris les trois autres dans son carrosse « attelé de quatre chevaux. » Vers dix heures on arrive, on descend au milieu de la cour des princes, et Beaumont fait monter ses prêtres dans son appartement jusqu'à l'heure du lever du roi. A onze heures, ils sont introduits dans l'Œil-de-Bœuf, en attendant leur tour de réception dans la chambre royale. Le prince ayant fini sa prière s'arrêta près de la porte du cabinet, et salua la députation que lui présentait l'évêque de Senlis, son premier aumônier. Il fit avancer l'archevêque à sa droite, tandis que les membres du chapitre se rangèrent à sa gauche. Le doyen s'inclinant alors avec respect prononça une courte harangue dont il faut reproduire ici les termes :

« SIRE, vous voyez à vos pieds les députés et les hommages d'une Église toujours paisible, et au sein de la paix dont elle fait son bonheur, toujours attentive à prier pour la prospérité de l'État et la gloire de ses maîtres le Dieu tout-puissant qui vous a confié la plus belle couronne de l'univers. Vous lui êtes devenu encore plus cher par l'onction sainte de votre sacre, où votre religion et l'attendrissement de la nation ont donné un spectacle si touchant, dont l'impression s'est fait sentir à la capitale prosternée alors devant nos autels. Il va donc combler de bénédictions le glorieux plan que vous avez pris de faire fleurir la piété et la justice, de détruire les vices par la loi et d'établir la vertu par vos exemples. Désormais presque toutes nos prières ne seront que des actions de grâces. Puisse V. M. dans l'exercice du droit d'inspec-

---

[1] Billet autographe du 26 juillet 1775.

tion sur toutes les églises attaché essentiellement à son sceptre, arrêter quelquefois ses regards sur la nôtre ! Vous y trouverez, dans l'en-
ceinte de ce temple antique, de tous les temps celui de nos rois, les
marques de la libéralité de vos augustes prédécesseurs, déjà celles de
la vôtre, et la reconnaissance dans tous nos cœurs [1]. »

Louis XVI avait écouté la harangue avec bonté : il renouvela au clergé de Notre-Dame l'assurance de sa protection,
remercia l'archevêque d'une allusion discrète aux dernières
largesses royales en faveur de l'église métropolitaine [2], puis se
dirigea vers la chapelle pour assister au saint Sacrifice.
Beaumont et ses prêtres, qui s'étaient placés en ligne sur le
passage du roi et de la reine, se rendirent, au sortir du palais,
chez le digne curé de Versailles où le prélat leur ménageait
la surprise « d'un très beau repas, pour lequel il avait fait
venir ses officiers de Paris. » Messieurs du chapitre se montrèrent flattés de cette attention de l'archevêque; ils voulurent
même que les détails en fussent consignés dans les procès-
verbaux de leurs registres. Je n'ai fait qu'abréger le récit des
secrétaires.

XXI

Le 6 août de cette même année 1775, la comtesse d'Artois
donnait à la France un prince que l'histoire a connu sous le
nom de duc d'Angoulême. Ce fut l'occasion d'un échange de
lettres entre Malesherbes, récemment nommé au ministère de
la maison du roi, et Christophe de Beaumont, que le ministre
avisait des mesures à prendre pour la prochaine réception de
l'heureuse mère. L'archevêque profita de l'ouverture pour
adresser à Malesherbes une protestation contre un genre d'a-
bus assez nouveau, dont son profond respect pour les choses
saintes était fort alarmé. J'ai sous les yeux cette pièce inédite :

[1] *Registres capitulaires de N.-D.* (Loc. cit. août 1775).
[2] Le 26 mai, Albert, lieutenant général de police, avait adressé ce billet à l'abbé
Montjoye, un des intendants de la fabrique : « Le Roy, Monsieur, a bien voulu accorder au chapitre de Notre-Dame la somme de 303,000 livres sur le bénéfice des
loteries, pour l'indemniser des frais extraordinaires que le pavé de l'église a coû-
tés. L'intention de S. M. est que cet ouvrage soit entièrement achevé le plus tôt
possible. J'ai l'honneur, etc.. »

elle est signée de la main un peu tremblante, mais sûre encore, du vénérable vieillard.

A Conflans, ce 21 aoust 1775.

Les personnes pieuses, Monsieur, et qui respectent la religion ont cru devoir m'informer qu'il est d'usage depuis quelque tems que la comédie de la suite de la Cour joüe les jours de grandes fêtes, tant à Versailles qu'aux grands voyages du Roy. Ces personnes voient avec la plus grande peine que la Directrice de cette comédie affecte de choisir les jours de fêtes annuelles où les spectacles sont prohibés à Paris pour donner le sien à Versailles, dans l'espérance d'y avoir plus de monde : ce qui est arrivé mardy dernier, jour de l'Assomption, une des fêtes annuelles du diocèse, tandis qu'elle auroit pu donner son spectacle la veille ou le lendemain de cette fête. Les honnêtes gens gémissent sur un usage aussi abusif, aussi contraire à la décence, et que le Roy étant Dauphin desapprouvoit fort, à ce qu'on m'a assuré. J'espère donc, Monsieur, de votre amour pour la religion et de votre zèle pour le bon ordre que vous vous porterés à faire cesser un pareil scandale. On ne peut rien ajouter au sincère et respectueux attachement avec lequel j'ai l'honneur, etc...

† CHR. arch. de Paris.

Je crois devoir vous prévenir, Monsieur, que cet abus s'était introduit peu de tems avant la mort du feu Roy[1]. »

Même vigilance de la part de notre prélat pour lutter contre un autre abus qui tendait à passer de mode chez une classe de prédicateurs, dont le principal mérite semblait être de caresser l'engouement du jour, en insérant à tout propos de longues tirades économiques dans la trame sévère des enseignements de l'Évangile. Ce fut au point que l'on dira bientôt de l'un d'eux : « M. Turgot était un des saints que cet orateur célébrait le plus[2]. » L'écart de l'abbé de Besplas, alors aumônier de Monsieur, parut tout particulièrement regrettable à l'archevêque de Paris, qui fit entendre sur-le-champ ses réclamations à la cour. S'autorisant, en effet, du fâcheux exemple déjà donné par d'autres panégyristes de saint Louis, Besplas, qui prêchait au Louvre devant l'Académie française, ne s'était pas seulement permis de transporter dans la chaire chrétienne un langage tout profane ; il avait encore affecté de ne jamais appeler Louis IX que

---

[1] Archives des *Études religieuses.*
[2] Bachaumont (20 mai 1776).

Louis, et non *saint Louis,* tandis qu'il poussait l'oubli des convenances jusqu'à laisser échapper une sorte d'invocation à *sainte Agriculture !* S'il fallait même en croire certaine chronique, on l'aurait presque applaudi comme au théâtre, et l'un des spectateurs se serait levé dans un moment d'enthousiasme pour lui jeter ce cri : *Courage, Monsieur l'abbé* [1] ! — On n'er accusa pas moins « les dévots » aux gages de l'archevêque d'avoir monté une cabale contre l'aumônier de Monsieur pour le discréditer auprès de ce prince et du roi. Ce qui est certain , c'est que Beaumont s'opposa de tout son pouvoir à la publicité d'un tel discours par voie d'impression. Il savait d'ailleurs que la tactique philosophique allait à proposer comme orateurs de circonstance, en ces occasions d'apparat, des hommes connus pour être plus ou moins de leur bord. Le jour n'est pas loin où Voltaire mandera tout cruement à d'Alembert : « Je vous remercie de votre bonne volonté pour l'apprenti prêtre et apprenti évêque d'Espagnac. J'ai quelque lieu d'espérer qu'un jour il sera un prélat assez philosophe. Vous pouvez lui confier saint Louis pour l'année 1778 [2]. »

Pendant ce temps-là , se tenaient aux Grands-Augustins les assises du clergé de France , dont l'ouverture avait été retardée par suite des cérémonies du sacre. Malgré l'importance des questions qui s'y agitèrent, nous en dirons peu de chose, car la santé de Mgr de Beaumont ne lui permit d'y prendre qu'une part assez restreinte. Je dois cependant signaler, outre sa dénonciation en règle contre Fébronius, le discours qu'il prononça, dans la séance du 18 novembre, pour défendre les intérêts des ordres religieux. Leur recrutement, en effet, rencontrait les difficultés les plus sérieuses, depuis que l'édit de 1768 mettait un obstacle absolu à toute entrée en religion, « avant l'âge de vingt et un ans accomplis pour les hommes, de dix-huit ans accomplis pour les filles [3]. » Beaumont, raconte un écrivain des moins suspects, « s'était élevé avec force, non seulement contre le vice radical qui les minait (les ordres

---

[1] Ibid. (5 septembre 1775).

[2] Lettre du 8 décembre 1776.

[3] Le discours de l'archevêque est cité *in extenso* dans les *Procès-verbaux de 1775,* p. 667.

religieux), mais contre la fureur politique avec laquelle la commission des prélats concernant les réguliers concourait honteusement à la même destruction, en réunissant, supprimant, anéantissant, sans égard et sans pitié, des hospices, des maisons particulières et même des corps entiers [1]. »

L'assemblée, frappée des raisons alléguées par l'archevêque, voulut qu'une commission, dont il ferait partie, préparât sur ce point des remontrances spéciales. Beaumont, chargé par ses collègues de plaider la cause devant le roi, obtint du monarque qu'il serait tenu bon compte des observations présentées, et lui-même fut unanimement prié « de suivre le succès de cette affaire [2]. » On en conclut aussitôt, dans le public, que le haut clergé s'occupait de rétablir les jésuites. Mais les prélats s'étaient contentés de se plaindre du régime d'éducation introduit dans les collèges depuis la suppression de ces religieux, et ils demandaient au souverain d'illustrer son règne en rendant les collèges au clergé, lequel, par ses lumières, son désintéressement et la nature de son ministère, était si bien appelé à la mission d'enseigner la jeunesse. Il est vrai qu'ils avaient chaleureusement applaudi le magnifique témoignage que l'évêque de Senez, dans son discours d'ouverture, venait de rendre aux deux plus chauds défenseurs de la Société éteinte. Parlant de la nécessité de s'unir contre les progrès de la licence et de l'impiété, Beauvais ne craignait pas d'offrir comme modèles ces deux hommes, l'honneur de l'épiscopat : l'un, mort depuis peu, *Louis d'Orléans de la Motte ;* l'autre, encore entouré du respect de tous, *Christophe de Beaumont* [3].

Quand l'orateur du clergé de France prononçait cet éloge caractéristique, l'archevêque de Paris, qui n'était pas encore consolé de la perte de son saint collègue d'Amiens, ne se doutait guère qu'avant la fin des séances il aurait à déplorer une autre mort, bien affligeante pour sa nature affectueuse. Le 10 octobre, son cher du Muy succombait à l'opération qu'il avait subie lui-même, peu auparavant, dans des conditions si favorables. « La mort du maréchal du Muy est affreuse », mandait à sa

---

[1] *L'espion anglais,* t. II, p. 290.
[2] *Procès-verbaux,* p.874.
[3] Cf. *Journal de Hardy,* 7 juillet 1775.

mère la reine Marie-Antoinette qui, tout récemment encore, s'était rencontrée avec lui, le jour où, reçue par Beaumont chez les Visitandines de la rue du Bac, elle avait été invitée à la pose de la première pierre de leur nouvelle église[1]. Cette mort prématurée du plus fidèle des conseillers de la monarchie, devenait une vraie calamité pour le royaume. Les cœurs honnêtes en furent singulièrement affectés. « Le comte du Muy, pouvait écrire un publiciste de renom, est regretté de tout ce qu'il y a de gens vertueux et particulièrement de M. l'archevêque de Paris, son ami intime, qui est infiniment sensible à cette perte[2]. » Le corps du défunt fut transféré à Sens dans la nuit du 12 au 13, et déposé près de la tombe de son inséparable dauphin, père du roi. On connaît la devise qu'il y avait fait graver d'avance : *Huc usque luctus meus.*

Le service célébré aux Invalides, le 24 mai de l'année suivante, attira le plus brillant concours qui se puisse voir. Le chapitre de Notre-Dame avait prêté les riches ornements déployés à l'obit de Louis XV, les tapissiers du roi s'étaient chargés des décorations. Tous les ministres assistaient à la cérémonie funèbre, et ce fut encore l'évêque de Senez qui prononça le discours. Beaumont, qui n'avait cédé à personne le douloureux honneur de présider l'office, renouvela devant Dieu la promesse faite à son ami mourant : celle de l'associer au dauphin dans un *memento* spécial de chaque jour. L'archevêque a tenu parole jusqu'au dernier soupir, car nul n'est resté plus fidèle à monter à l'autel tous les matins. Ce qui ne paraîtra pas un mince éloge de la régularité du prélat, en un temps où, sans parler d'autres motifs qui pouvaient rendre plus rare l'offrande des saints mystères, une morale empruntée au janséniste Duguet n'hésitait point à prononcer « qu'il y aurait imprudence à un prêtre, même pieux, de célébrer la messe plus de trois ou quatre fois par semaine[3]. »

---

[1] Lettre écrite de Fontainebleau à Marie-Thérèse, 17 octobre 1775.
[2] *Journal historique* du 1er novembre 1775, p. 693.
[3] Cf. *Institutions liturgiques* par D. Guéranger, t. II, p. 608.

XVII

Nous avons précédemment rappelé l'élection de Pie VI à la mort de Clément XIV. L'année 1776 apportait au monde catholique la grâce de ce jubilé universel qni devait avoir en France tant d'éclat.

Le P. Lenfant prêchait alors le carême à Notre-Dame de Paris. Le succès qu'il avait obtenu l'année précédente à Versailles, où il n'était bruit que de l'admiration qu'il excitait[1], ne pouvait manquer d'attirer de nombreux auditeurs au pied de sa nouvelle chaire. Ce n'était point que les gens du parti ne trouvassent mauvais que Beaumont affectât de prendre ses prédicateurs parmi les ex-jésuites : « Est-ce qu'il y a disette d'orateurs chrétiens ? » dira-t-on, quand viendra le tour du P. Beauregard. Si, au contraire, le carme Élisée est appelé dans une autre circonstance : « Il faut qu'aucun jésuite ne se soit présenté à Monseigneur[2]. » Pour le moment, la question est envisagée par les plus misérables côtés. « Ce choix de prédilection, écrit un janséniste austère, devenait d'autant plus avantageux pour les RR. PP. que l'orateur recevait à la fin de sa station une rétribution de 800 livres[3]. »

Les hommes de la magistrature, pour regarder les choses de plus haut, ne voyaient guère plus juste. Le parlement, en effet, troublé d'apprendre que, sur vingt prédicateurs de la capitale, les jésuites occupaient seize chaires, ne put se défendre d'employer contre eux une mesure de mesquine taquinerie. Sous ombre qu'on l'accusait, dans les églises, d'entraver les dispositions du roi pour le bien de ses sujets, en favorisant les financiers et autres propriétaires de la plus grande partie des terres du royaume, il arrêta « que les gens du roi seraient chargés de veiller à ce qu'aucun ecclésiastique ne profitât de la circonstance du jubilé universel, pour inspirer dans les différentes

---

[1] On dit que la reine est « enthousiasmée du P. Lenfant », écrivait l'homme le moins disposé à la bienveillance pour les jésuites *(Hardy*, 14 avril 1775).

[2] *Ibid.* (4 mars 1778-17 février 1779).

[3] *Ibid.* (21 février 1776).

instructions qu'on allait donner au peuple l'esprit de fanatisme, et de rendre compte à la cour des écarts de ceux qui pourraient s'oublier au point de débiter en chaire des maximes ou des as - sertions opposées aux vues pacifiques du gouvernement[1]. » Ces farouches magistrats ne se sentiront pleinement rassurés que le jour où Louis XVI, pour avoir la paix, rendra l'édit déclarant que la Société des jésuites ne serait « jamais rétablie[2]. »

En attendant, les orateurs sacrés, soutenus par le prélat qui les a choisis, poursuivent leur œuvre apostolique avec une ar- deur tempérée de sage prudence. Ce qui n'empêche point les opposants *quand même* de tout censurer en eux, jusqu'au com- pliment d'usage que Lenfant adresse à l'archevêque sur la fin de sa station. Hardy, l'ami zélé du parlement, eût voulu que le prédicateur se fût contenté de louer dans Beaumont « la régularité des mœurs et sa charité envers les pauvres, qualités qu'on ne peut lui refuser ». Le reste, à l'en croire, ne peut être avancé « sans rougir » que par un membre « de la Société des ci-devant jé- suites[3] ». C'est ainsi que, même après leur extinction, les reli- gieux dispersés de la Compagnie de Jésus offusquaient encore ce parti qui a tant reproché à Bernis de s'être laisser jouer, en appuyant, contre son gré, l'élection d'un pape favorable à leur cause[4].

Ouvert le 11 mars 1776, le jubilé ne prit fin que le 11 sep- tembre. L'archevêque de Paris en fit lui-même la clôture so- lennelle à Notre-Dame. Il avait écrit aux fidèles de son diocèse pour en recommander les intérêts ; il leur adressa une nou- velle lettre pastorale pour se féliciter avec eux du succès ob- tenu[5]. « Beaucoup en ont profité », avoue le bourgeois parisien... *tant bien que mal*, ajoute-t-il, choqué de ce que plusieurs sont venus puiser dans le trésor des indulgences avec « du rouge, des mouches et des coiffures à la monte-au-ciel[6]. » — Les fruits, quoi qu'il en pense, furent assez grands pour éveiller les préoc- cupations des philosophes et troubler leur repos. « On a re-

---

[1] Hardy (14 mars) — Cf. *État de la France en 1789*, par Boiteau, p. 179.
[2] Édit de mai 1777. — Cf. Déclaration du 7 juin de la même année.
[3] Hardy (7 avril 1776).
[4] Ibid. (6 et 17 mars 1775).
[5] Mandements des 6 mars et 27 septembre 1776.
[6] Hardy (11 septembre).

marqué, écrivait Grimm, que le jubilé avait été célébré à Paris avec une dévotion et une régularité capables d'étonner des temps moins corrompus que les nôtres. Il serait assez plaisant que la philosophie eût contribué, sans le vouloir, à réchauffer la foi de son siècle[1]. »

> Tu peux enfin cesser tes plaintes maternelles,
> Sion ! quitte ce deuil ; vois tes enfants rebelles,
> Dans ces temps de pardon revoler dans tes bras.
> Tout marche, tout fléchit sous ta loi fortunée ;
> Et l'impiété détrônée
> Cherche où fut son empire, et ne le trouve pas[2].

Celui qui célébrait en ces beaux vers le triomphe de la sainte Église était un poète, jeune encore, récemment accouru à Paris sur la foi de mainte espérance dont l'avortement lui causa d'abord de cruelles déceptions. Sans secours et sans asile, repoussé de toutes les avenues de la fortune, Gilbert n'avait pas frappé en vain au cœur du charitable archevêque de Paris, auquel le recommandait un ex-jésuite, l'abbé Grosier[3]. Aussi put-il se croire à l'abri de la misère, le jour où la caisse épiscopale des économats commença de lui payer ce revenu de cinq cents livres que des philosophes, grassement rentés, cherchaient à flétrir du nom d'*aumône*[4]. Le poète se trouva presque riche, lorsque, grâce à l'appui de Beaumont et de Madame Louise, il devint pensionnaire officiel du *Mercure*, avec un appoint de huit cents livres fournies sur la cassette du roi, sans compter un mandat de six cents autres livres qu'il recevait annuellement de Mesdames de France, à titre de gracieuse étrenne. Lorsque Gilbert succombera le 16 novembre 1780, ce ne sera donc point de misère, comme le dit une légende très répandue de nos jours, mais bien des suites d'une chute de cheval, après laquelle il fut transporté dans sa villa de Conflans, voisine de celle de l'arche-

---

[1] *Correspondance littéraire*, avril 1776.

[2] *Ode sur le jubilé* de 1776, par Gilbert.

[3] Fréron, qui avait été l'un des premiers protecteurs de Gilbert, venait de mourir, le 10 mars 1776, endetté de plus de 40,000 livres. La Harpe prétend que Beaumont se trouva « pour 9,000 francs » dans cette banqueroute. (*Correspondance littéraire*, lettre XLIII, t. I, p. 342).

[4] Je n'ai pu découvrir sur quel document on s'appuie pour affirmer que Gilbert avait aussi à l'archevêché « la table et le logement. » *Magasin pittoresque* de 1871, p. 118.

vêque[1]. Cet infortuné poète, quoique mort à la fleur de l'âge, avait néanmoins assez vécu pour comprendre qu'il s'était trop hâté d'entonner un chant de triomphe. Le jubilé de 1776, au dire des coryphées de la secte, avait « retardé l'empire de la philosophie de plus de vingt ans[2]. » On pouvait espérer mieux.

Aussi les joies de Beaumont n'avaient-elles pas été sans mélange. Ce prélat, « très rigoriste », au rapport des habitués de la rampe, eût voulu, paraît-il, que les théâtres restassent fermés pendant tout ce saint temps ; mais le lieutenant de police, alarmé d'une interruption aussi longue, obtint du gouvernement que les spectacles vaqueraient seulement à l'ordinaire, c'est-à-dire, à partir du dimanche de la Passion[3]. Beaumont, qui voyait avec douleur que, malgré le jubilé, la licencieuse promenade de Longchamps n'en subsistait pas moins durant la semaine sainte, fut bien autrement scandalisé quand il apprit que le Wauxhall de Torré s'était rouvert le jeudi 11 avril, et qu'on accélérait la tenue de cette espèce de *Foire d'amour*, dont on ne s'occupait habituellement que vers les fêtes de la Pentecôte. « Pour apaiser le prélat, dit la chronique, on assure que le gouvernement ne permettra aucun spectacle profane, les dimanches et fêtes, pendant ces deux mois[4]. » Les oisifs refluèrent sur les boulevards, et des concerts spirituels organisés aux Tuileries firent prendre patience à ceux dont le relâche des théâtres contrariait les habitudes.

Ces démarches et d'autres ne laissaient pas de créer à l'archevêque plus d'un genre d'embarras ; mais, à voir le soin qu'il prenait de solliciter la répression des scandales de toute sorte qui avaient déjà signalé les approches de ce jubilé fameux, on pouvait conjecturer que l'âge n'avait rien éteint de ses ardeurs et qu'il saurait braver encore bien des tempêtes. Des personnages de la première volée l'apprirent à leurs dépens, notamment à l'ocasion d'une fête qui, sur sa demande, fut interdite par ordre supérieur ; fête plus que profane, « délicieuse orgie », suivant le langage des initiés, qui devait réunir

---

[1] Cf. *Journal officiel*, n° du 27 juin 1875, p. 4680.
[2] Grimm (avril 1776).
[3] *Espion anglais*, t. III, p. 127.
[4] Bachaumont (14 avril 1776).

« les plus célèbres courtisanes » et des princes du sang [1].
« On a honte de le dire, répéterai-je avec l'estimable auteur de
la notice sur le P. Beauregard, ce plaisir de prince s'achetait par
souscription. Parmi les souscripteurs, on cite en effet deux princes du sang, dont l'un, alors duc de Chartres, plus tard jacobin
régicide, devait porter sa tête sur l'échafaud. Respectons la
mémoire de l'autre : il a expié dans un long exil, sur un trône
où il a passé rapidement, et dans un autre exil où il est mort,
les égarements de sa jeunesse [2]. » On comprend mieux, après
cela, cette note confidentielle que Mercy-Argenteau glisse dans
une lettre à la mère de Marie-Antoinette : « M. le comte d'Artois a causé du scandale par la peine et la répugnance qu'il a
marquées à faire ses pâques ; il a fini cependant par remplir ce
devoir le 9 de ce mois [3]. »

Un autre personnage de cour devait, bientôt après, apporter à
l'âme du pieux Beaumont une douleur plus vive encore. « M. le
prince de Conti, écrit Mme du Deffand, mourut avant-hier après
dîner ; il avait reçu la visite de l'archevêque et des exhortations
de M. de la Borde ; *c'est tout ce qu'il a reçu* [4]. » Ces dernières
paroles laissent malheureusement entendre que le moribond, en
dépit des efforts du prélat, se refusa jusqu'à la fin aux secours
de la religion et aux sacrements de l'Église. Cet exemple, remarque l'auteur des *Nouvelles à la main*, « est le premier
qu'on cite d'un prince de la maison de Bourbon, toujours très
édifiante dans ses derniers moments [5]. »

Feu M. de Loménie parle, il est vrai, d'un manuscrit inédit
de Gudin, d'après lequel on serait parvenu à déterminer Conti à
mourir plus chrétiennement, en ajoutant aux exhortations de l'archevêque de Paris celles d'un homme avec lequel ce prince était
fort lié, Beaumarchais [6]. Nous voudrions un autre témoignage
que celui-là pour nous persuader que l'auteur du *Barbier de
Séville* s'est associé à l'archevêque de Paris dans le but d'ob-

---

[1] Grimm (mars 1776).
[2] *Études religieuses*, 1e série, t. III, p. 354.
[3] *Correspondance secrète*, t. II, p. 439 (Lettre du 13 avril 1776).
[4] Lettre du 4 août 1776 à Horace Walpole.
[5] Bachaumont (10 août 1776).
[6] *Beaumarchais et son temps*, t. II, p. 55.

tenir qu'un prince du sang consentit à recevoir l'extrême-onction.

Quoi qu'il en soit, Christophe de Beaumont, justement alarmé sur le sort de Conti, s'était porté à son palais et avait été brusquement introduit près du malade. Celui-ci le reçut avec beaucoup de déférence, lui témoigna l'estime qu'il gardait pour sa personne et ses vertus, mais se montra inflexible devant les supplications du prélat qui se promit bien de revenir à la charge. Il revint, en effet, à deux reprises différentes, et insista pour être mis de nouveau en présence du moribond ; mais Conti, dont la fatale influence avait tant contribué à populariser chez nous la franc-maçonnerie, s'était expliqué dans l'intervalle par les ordres les plus formels. Deux fois le suisse refusa d'enfreindre sa consigne et tint la porte barrée, au vu et au su d'une foule considérable, attroupée pour suivre les tentatives de l'archevêque.

On a reproché à Beaumont de n'avoir pas sauvé ce scandale, « en mettant un peu d'astuce, en descendant, en entrant dans la cour, et se tenant en quelque endroit pour en imposer au moins aux spectateurs, et qu'on crût qu'il avait été admis auprès de Son Altesse[1]. » Mais l'archevêque de Paris avait bien l'âme trop fière et trop droite pour s'entendre à ce manège et s'abaisser à ces roueries.

XXIII

Un autre reproche, plus spécieux, a été adressé à notre prélat : celui des relations qu'il entretint avec le protestant Necker, banquier genevois dont Louis XVI, malgré les représentations de Beaumont et de ses collègues, avait fait son directeur général des finances. Sur le faux bruit d'une invitation à dîner chez l'archevêque, grand scandale parmi les fervents du parti. On en trouve un écho dans ce quatrain :

> Malgré le zèle ardent de notre prélature,
> Enfin Necker dîne à Conflant *(sic)* ;
> Ne soyez pas surpris d'une telle aventure :
> Il n'est point *janséniste*, il n'est que *protestant*[2].

[1] Bachaumont, t. IX, p. 208.
[2] Hardy (26 novembre 1776).

Certes, dans la seule question de la validation des mariages d'hérétiques, le religieux prélat fit preuve, en ce temps-là même, de susceptibilités trop jalouses pour qu'on puisse le soupçonner d'avoir donné le moindre gage de complaisance aux sectaires. Beaumont d'ailleurs pouvait-il se le dissimuler ? les protestants, qui ne perdaient jamais de vue la poursuite de leur rétablissement dans le pays, intriguaient sans relâche auprès des gens en place pour parvenir à leurs fins; en réclamant avec tant d'ardeur la simple reconnaissance officielle de leurs mariages, ils espéraient que, cette première concession obtenue ou extorquée, le reste irait comme de cire.

La vérité est que les relations de Beaumont avec Necker, aussi bien qu'avec Sartine et Turgot, furent uniquement fondées sur la nécessité de pourvoir aux œuvres charitables dont il avait pris la charge. Le lieutenant de police en eût témoigné mieux que pas un, lui qui, dans les temps de disette publique, savait si vite recourir à une bourse toujours ouverte pour subvenir au besoin des indigents. « Voici cinquante mille écus, lui avait dit un jour l'aimable prélat; c'est à peu près tout ce qui me reste, et je regrette d'avoir à vous offrir si peu pour tant d'infortunés. »

Le cœur du roi, il faut le dire, entrait souvent de moitié dans les libéralités inépuisables de l'archevêque. C'est ainsi qu'on lira, dans ses lettres patentes relatives aux travaux entrepris pour les améliorations du service de l'Hôtel-Dieu : « Nous avons vu avec satisfaction que la dépense n'excéderait pas six cent mille livres, et que nous pourrons y pourvoir sans rien détourner de notre trésor royal, en destinant à cet objet un fonds qui nous est particulier, et de plus les droits que notre cousin l'archevêque de Paris avait acquis sur la ville de Paris, mais qu'il nous a cédés en partie, pour être employés à cet établissement d'utilité publique [1]. » Bienfaits de premier ordre, auxquels ne concourront point les largesses des particuliers, et qui, ne devant rien non plus au trésor, seront le produit exclusif des privations de Louis XVI et des offrandes de Beaumont! Et je ne dis rien d'une autre offrande de cent mille écus, faite par l'archevêque

____

[1] Lettres patentes de Louis XVI, enregistrées le 11 mai 1781.

au roi, pour frais d'établissement d'un séminaire d'aumôniers militaires. Cette entreprise admirable devait échouer contre le mauvais vouloir des comités philosophiques.

J'ai regret à être contraint de l'avouer, mais la correspondance intime de Mercy-Argenteau avec l'impératrice-mère fournit, à la même époque, de pénibles renseignements sur les prodigalités que Marie-Antoinette laissait alors s'égarer ailleurs que dans le sein des pauvres. Consacrant toutes ses ressources au plaisir, elle dérangeait, par « cet amusement ruineux », l'équilibre des finances domestiques, au point d'être réduite à « se refuser aux actes de bienfaisance que lui auraient dictés sa grandeur d'âme et sa générosité naturelle[1]. » Rien n'explique mieux pourquoi l'archevêque de Paris, après avoir gagné cinq cent mille livres dans un procès engagé avec la ville, et désirant que cette somme fût tout entière distribuée en aumônes, la fit passer, non point à la reine, mais à Mme Necker, devenue la directrice générale des institutions de charité. « Le prélat, disent les *Nouvelles à la main*, s'en est rapporté à elle, quoique hérétique[2]. »

Christophe de Beaumont ne s'en tenait pas moins en garde contre certains agioteurs de haut parage, lesquels, sous prétexte de favoriser les opérations de bienfaisance, ne cherchaient qu'à entretenir l'âpre furie des usuriers leurs complices. Le premier, il envoya au comité ministériel sa protestation contre l'ouverture du *Lombard* établi. En vain lui fut-il représenté que cet établissement procurerait au moins cent cinquante mille livres par an à ses pauvres : « Eh bien ! répliqua-t-il, je m'oppose encore à cette usure publique, et je fournirai moi-même aux pauvres 200,000 livres[3]. »

Les ennemis de l'archevêque, ne pouvant mettre en doute ses immenses charités, s'avisèrent d'insinuer qu'il ne répandait tant de largesses qu'aux dépens de son exactitude à satisfaire ses propres créanciers. Pareille calomnie fit assez d'impression sur quelques âmes honnêtes, pour qu'un très riche personnage

[1] Lettre de Mercy à Marie-Thérèse, 15 janvier 1778.
[2] Bachaumont (30 août 1779).
[3] *Correspondance secrète sur la cour et la ville*, publiée par M. de Lescure, t. I, p. 132.

offrit d'employer la majeure partie de sa fortune à payer les dettes du saint prélat. Celui-ci, touché de la bonne intention, n'eut pas de peine à justifier de l'ordre qui régnait dans ses affaires. Tous les mois, en effet, Beaumont, qui n'eut jamais à contracter d'emprunt, calculait une à une toutes ses ressources et ne laissa jamais entièrement tarir les réserves de la charité. Une sévère économie, l'habitude des privations personnelles, et, par-dessus tout, la secrète bénédiction que Dieu attache aux œuvres de miséricorde, en faut-il davantage pour avoir la clef de ce pieux mystère[1]? Hardy lui-même nous apprendra un jour que le prélat, bien que surpris en quelque sorte par la mort sans avoir pu achever ses dispositions testamentaires, n'a pas laissé un sou de dettes[2]. Il est vrai qu'il ne laissera pas non plus de quoi enrichir sa famille. Mais quel plus bel éloge à faire de celui dont on a dit, si justement, que sa charité est « une des gloires du xviii° siècle[3]! »

C'était encore l'intérêt de ses bien-aimés pauvres qui préoccupait Beaumont, lorsque Louis XVI ayant chargé Turgot de se concerter avec lui sur le nombre et le choix des fêtes à supprimer, il présenta au ministre des finances des observations qui avaient toute la force d'un argument *ad hominem :*

« Je ne sache pas, Monsieur, que le peuple se soit jamais plaint lui-même des fêtes qu'il célèbre depuis tant de siècles, et que vous le plaignez de célébrer. Ces fêtes existaient quand Colbert portait nos manufactures au plus haut degré de prospérité, et rendait jaloux de l'industrie française les peuples voisins, sans en excepter ceux qui avaient secoué le joug des fêtes en même temps que celui de l'Église. Je sais, Monsieur, que vous aimez le pauvre ; mais lorsque l'opulence vit dans les délices, en faisant de tous les jours de l'année autant de jours de repos, ce pauvre, qui mange le pain de la douleur, n'auroit-il donc pas le droit de rencontrer de loin en loin quelques-uns de ces jours? Vous êtes ennemi de toute espèce d'oppression ; mais c'est dans ces jours de fêtes que le pauvre, affranchi de la dure servitude du travail, vient dans nos temples se placer à côté du riche, devant le trône du Père commun des hommes, et se consoler du présent par les promesses de l'avenir. Si les abus qui profanent aujourd'hui ces saints jours étaient une

<hr>

[1] Témoignage de Ferlet *(Biblioth. nation. Lu°? 1345).*
[2] *Journal* (14 décembre 1781).
[3] *L'Église romaine en face de la Révolution,* t. 1, p. 60.

raison de les supprimer, il n'y en aurait plus pour laisser subsister le
dimanche même, dont nous avons aussi la douleur de voir de scanda-
leuses profanations. Mais le moyen de détacher l'abus de la chose est
entre les mains du gouvernement. Qu'il le veuille, et dès lors la police
pourra faire aujourd'hui, comme elle le faisait autrefois, que le peuple
ne trouve autre chose dans ces féries religieuses, qu'un aliment pour sa
piété et l'utile délassement de ses travaux[1]. »

Christophe de Beaumont crut néanmoins devoir céder devant
des considérations d'un autre ordre, et il publia, au sujet de la
suppression sollicitée par le roi, un mandement où l'on retrouve
cette éloquence lumineuse et pleine d'onction qui caractérise les
instructions du vénérable archevêque[2]. Le parti auquel il s'était
arrêté devait nécessairement surprendre nombre d'âmes pieuses,
et j'ai raconté ailleurs la peine que Madame Louise en avait ressen-
tie. Mais ce furent surtout les jansénistes que cette nouvelle
« mit en l'air », parce qu'elle leur fournissait une bonne occasion d'inculper « la pusillanimité du prélat » et de crier au
« scandale[3]. »

Le vrai scandale remontait à ces hommes dont les pernicieu-
ses doctrines, en desséchant les sources de la piété catholique,
réduisaient le plus vertueux des pontifes à prendre des mesures
pour couvrir, à la honte des auteurs de tant de maux, et l'a-
bandon du lieu saint et la désertion des sacrements. On sait que
Beaumont fit dresser le relevé, en deux colonnes parallèles,
des communions pascales qui avaient eu lieu dans les paroisses
de Paris en 1760, et de celles qu'on avait constatées en 1778.
De ce tableau comparatif il résultait la preuve mathématique
« que cette capitale, depuis la dispersion des jésuites, et dans
un espace de moins de vingt ans, avait perdu plus de moitié en
catholicité pratique[4]. » Aussi Proyart fait-il remarquer, avec
raison, qu'en dépit des exemples contagieux donnés par les premières classes de la société, l'usage des sacrements était resté
en honneur parmi le peuple jusqu'au milieu du XVIIIe siècle.

---

[1] Témoignage de l'abbé de Malaret. — Proyart déclare qu'on peut joindre à ce
témoignage, avec le sien propre, celui de l'abbé Maury et de l'abbé Emery
(*Louis XVI et ses vertus*, t. II, p. 335).

[2] Voir le mandement du 11 février 1778.

[3] *Espion anglais*, t. VIII, p. 253.

[4] *Louis XVI et ses vertus*, t. III, p. 36

Le devoir pascal surtout n'avait pas cessé d'être sacré pour lui jusqu'à la destruction de la Compagnie de Jésus. Mais, grâce au jansénisme, très peu d'années suffirent pour consommer la perversion de ce peuple très chrétien, et amener ce « dépérissement de la foi » que déplora jusqu'à son dernier jour le saint archevêque.

(La fin au prochain numéro.)   E. Régnault.

SUR LA CHUTE DES ÉTOILES

Notre étude sur le texte *stellæ cadent de cœlo*, grâce à ses imperfections, ne devait pas échapper à la critique. Nous remercions les personnes qui nous ont fait l'honneur de nous lire avec assez d'attention pour remarquer les points faibles de notre travail : elles ont droit à quelques explications nouvelles.

Suarez a été notre guide, au moins en ce qui concerne la partie théologique de notre article. Ce grand théologien n'a pu connaître que la physique et l'astronomie de son époque, sciences alors fort imparfaites ; mais, sous tous les autres rapports, disons-le bien haut, il est éminent. C'est encore à lui que nous allons nous adresser pour avoir les éclaircissements théologiques que demande notre question.

Il importe, avant tout, d'assigner aux événements des derniers jours l'ordre suivant lequel ils s'accompliront. Sans cette précaution, on se jette dans une confusion inextricable. Suarez distingue, suivant une succession chronologique : 1° les signes précurseurs du dernier avènement de Jésus-Christ, 2° la résurrection des morts, 3° le jugement universel, 4° la conflagration de la terre, 5° la rénovation de la terre et de tout l'univers. Le sujet abordé par nous était moins vaste, il se bornait à l'un des signes précurseurs. Qu'on veuille bien s'en souvenir. C'est une fin de non-recevoir pour plusieurs difficultés.

La manière dont se produiront les derniers événements n'est pas moins digne d'attention. Suarez dit, en parlant des signes pré-

curseurs : « Ces signes n'auront lieu que pour frapper les hommes
d'effroi, mais, pour cet effet, il n'est pas nécessaire que les cieux subissent un changement intrinsèque, ni que leurs propriétés naturelles
soient amoindries ; *hæc signa tantum fient ad terrorem homi-
num ; ad hoc autem non est necessarium ut in ipsis cælis fiat
intrinseca immutatio et naturalium proprietatum diminutio*
(édit. Vivès, t. XIX, p. 1072). La puissance de Dieu est infinie, les
fidèles le savent ; mais, sur ce fondement d'une solidité absolue, ils
bâtiraient volontiers un édifice de prodiges qui n'aurait pas une
égale certitude. Suarez leur apprend à modérer cette intempérance
quand il dit (p. 1110) : « Nous n'examinons pas ce que Dieu peut
faire, et nous ne doutons pas qu'il ne puisse à son gré anéantir
l'univers ; mais nous voulons savoir ce que Dieu fera, et nous n'a-
vons aucune raison d'affirmer que Dieu fera le plus grand des miracles, un miracle inouï, quand l'Écriture n'en dit rien. » Nous savons
donc de ce redoutable avenir ce que les saints Livres nous en révèlent et rien de plus. Mais ce que nous savons à ne pas pouvoir en
douter, c'est que les causes secondes joueront un rôle très considérable dans les dernières convulsions de la terre : nous n'en voulons
pour preuve que la chute d'énormes aérolithes prédite par saint
Jean.

L'Écriture annonce en plusieurs endroits l'embrasement final du
monde. Suarez, plaçant, pour des raisons très plausibles, cette conflagration après le jugement dernier, prouve, à la suite de saint Au-
gustin, que la prophétie ne regarde que notre planète. Voici le résumé de son argumentation : l'interprétation d'un passage de
saint Pierre (II° Epist., c. III) en est le moyen. « Il y avait d'abord,
dit l'apôtre, des cieux et une terre que la parole de Dieu tira de
l'eau et fit subsister par l'eau, c'est pourquoi le monde d'alors pé-
rit dans un déluge d'eau. Quant aux cieux et à la terre qui sont
maintenant, la même parole les conserve pour être livrés au feu,
le jour du jugement et de la ruine des impies..... Or, le jour du
Seigneur viendra comme un larron ; alors les cieux passeront avec
un grand fracas, le feu dissoudra les éléments et dévorera la
terre et les ouvrages qu'elle renferme. » En lisant avec attention
les paroles de l'écrivain sacré, on reconnaît sans peine que les
cieux destinés à périr par le feu sont les cieux qui ont jadis noyé
la terre en ouvrant leurs cataractes, *per quæ ille tunc mundus*

aqua inundatus periit, et qui par là ont été assez profondément modifiés dans leur constitution pour que l'apôtre les appelle des cieux différents des premiers, *cœli qui nunc sunt*. Or ces cieux ne sont autre chose que notre atmosphère, laquelle, dans les temps primitifs, se trouvait chargée de quantités immenses de vapeur d'eau : ni les cieux *supralunaires*, ni l'empyrée n'ont rien de commun avec les eaux du déluge. « *Recte ergo*, conclut Suarez *hœc Petri verba de aere exponuntur. Igitur ex Petri loco colligi non potest superiores cœlos esse corrumpendos.* » (T. IX, p. 1109.) Il ajoute que l'Écriture n'enseigne nulle part le contraire, et que tous les textes que l'on pourrait opposer s'interprètent conformément à ce sens ; notre atmosphère est la limite de la conflagration finale annoncée par les Livres saints.

Les éléments dissous par le feu ne resteront pas éternellement séparés. Dieu les réunira pour donner à la terre une forme et comme une existence nouvelle. Suarez entend, ainsi que tous les théologiens, au sens littéral, ces paroles de saint Pierre : *terram novam, secundum promissa ipsius, expectamus.* La rénovation de notre planète est indubitable, mais rien ne permet de prédire en quoi consistera cette rénovation, et la conjecture s'est donné là-dessus libre carrière, tantôt revêtant la terre de verdure et de fleurs éternelles, tantôt la convertissant en un globe de cristal brillant. Quant à une rénovation des cieux, Suarez dit formellement qu'il n'est pas possible de l'annoncer d'après l'Écriture : *ex Sriptura non potest colligi aliqua cœli innovatio.* Les cieux nouveaux dont parle saint Pierre doivent s'entendre de notre atmosphère : *de hoc cœlo aereo quod immediate tangit terram.* Ce que l'Écriture affirme, c'est que les ouvrages de Dieu ne périront jamais, du moins dans leurs éléments : *Didici quod omnia opera quæ fecit Deus perseverent in perpetuum* (Eccl. III, 14). Le soleil, la lune, les planètes, les étoiles, continueront donc leur existence, sauf à changer peut-être de forme ; le surplus est encore matière à conjecture.

Nous pouvons maintenant aborder les objections de nos correspondants.

1° Nous avons expliqué la chute apparente des étoiles fixes (car, on ne l'oublie pas, leur chute réelle, universellement rejetée par les Pères et les docteurs de l'Église, ne peut se soutenir d'aucune façon) par l'accélération du mouvement rotatoire de la terre.

On oppose à cette explication : 1° que des étoiles monteraient à l'o-
rient pendant que d'autres tomberaient à l'occident, ce qui n'est
pas conforme au texte ; 2° que les étoiles doivent définitivement
disparaître, car il est écrit : *cœlum recessit ;* or cette disparition
ne s'accorde pas avec le tourbillonnement apparent des astres, tel
que nous l'avons expliqué.

Du texte *stellæ cadent de cœlo,* en grec οἱ ἀστέρες πεσοῦνται ἀπὸ
τοῦ οὐρανοῦ, rapprochons (*Apoc.* VI, 13, 14) *Et stellæ de cœlo ceci-
derunt super terram, sicut ficus emittit grossos suos cum a
vento magno movetur, Et cœlum recessit sicut liber involutus;* et
(*Isaiæ,* XXXIV, 4) *Et tabescet omnis militia cœlorum, et compli-
cabuntur sicut liber cœli; et omnis militia eorum defluet sicut
defluit folium de vinea et de ficu.* Sur ce, observons : 1° qu'il s'agit
ici des étoiles fixes, l'article du texte grec et les deux mots *omnis
militia* le prouvent ; 2° que leur éclat ira en défaillant, *tabescet;*
3° que leur chute ne sera pas verticale, mais semblable à celle des
figues arrachées et projetées par un vent violent, ou à celle des
feuilles de la vigne ou du figuier, c'est-à-dire suivant une ligne
plus ou moins courbe ; 4° que ce mouvement sera un mouvement
d'ensemble, car le ciel tout entier y prendra part comme d'une
seule pièce ; 5° que le ciel ressemblera alors à un papyrus que l'on
roule actuellement (*involutus* est au présent en grec) autour d'un
cylindre ; 6° que, par conséquent, une partie du ciel devra sembler
s'élever en même temps que l'autre s'abaissera, comme dans le papyrus au moment où il est roulé. Après cela, nous croyons que l'on
peut sans témérité affirmer qu'une accélération du mouvement rotatoire de notre planète expliquerait à merveille le phénomène céleste
prédit par les prophètes. Rien n'empêcherait d'expliquer la chute des
étoiles circumpolaires par un déplacement de l'axe terrestre. Le
fait de cette accélération et de ce déplacement est rendu très probable par la chute des aérolithes que prédit saint Jean. Les convulsions de la mer seraient expliquées du même coup. Dans ce mouvement extraordinaire de rotation troublée, l'éclat des étoiles s'affai-
blit, puis finit par s'éteindre à cause des vapeurs qui s'élèvent du
puits de l'abîme, c'est-à-dire des entrailles de la terre ouvertes par
la montagne de feu de l'Apocalypse ; mais, cette disparition, qu'on
le remarque bien, n'est que temporaire. C'est encore saint Jean qui
nous l'apprend. Après avoir annoncé le *retrait* du ciel, *cœlum re-*

cessit, à l'ouverture du *sixième* sceau, il nous montre le tiers des étoiles perdant sa lumière à l'ouverture du *septième*. Évidemment ceci suppose que toutes les étoiles, après être tombées, ont repris au ciel leur place et leur éclat, avant l'ouverture du septième sceau.

2° — Un homme qui a un nom justement illusre parmi les savants, préfère expliquer la chute apparente des étoiles par la chute réelle de la terre sur le soleil, hypothèse d'ailleurs en parfaite harmonie avec l'état actuel des sciences physiques. Cette explication nous semble médiocrement d'accord avec la rénovation de la terre, que Suarez, nous l'avons vu, enseigne comme étant une doctrine universelle dans l'Église. Mais, après tout, il n'est pas impossible à Dieu de reconstituer la terre après l'avoir fondue dans la fournaise du soleil. Ce que nous comprenons beaucoup moins, c'est qu'une course de 37 millions de lieues, distance moyenne de la terre au soleil, produise, qu'elle qu'en soit la rapidité, dans les yeux d'un homme qui l'accomplit sur la terre comme dans un char, la sensation de la chute des étoiles. Quand on est emporté par le train d'un chemin de fer, les objets voisins s'enfuient et avec d'autant plus de rapidité qu'ils sont plus près de la voie ; très éloignés, ils restent immobiles. Or tel est l'éloignement des étoiles, que le déplacement réel et annuel de la terre n'y produit aucun déplacement apparent; et cependant la terre se trouve chaque jour à une distance moyenne de 74 millions de lieues du point qu'elle occupait six mois auparavant. N'est-il pas évident qu'un déplacement moitié moins considérable n'aura pas plus de vertu [1] ? Inutile d'ajouter qu'une telle chute ré-

[1] A ce sujet, qu'on nous permette un petit calcul. En vertu du mouvement diurne de la terre, chaque étoile parcourt un arc de 15 secondes en une seconde de temps et cependant les étoiles paraissent parfaitement immobiles. D'autre part, en vertu du mouvement annuel, lequel produit un déplacement de notre planète de 74 millions de lieues suivant le diamètre de son orbite, l'étoile qui éprouve le plus grand déplacement apparent et qui est l'α du Centaure ne parcourt pas un arc de deux secondes en un an, mais seulement 1″,82, dont la moitié 0″,91 est ce qu'on appelle sa parallaxe. Il suit de là qu'avec une vitesse de translation autant de fois plus grande qu'il y a de secondes dans l'année, c'est-à-dire avec une vitesse représentée par 74,000,000 × 31,536,000 (ce dernier chiffre représente le nombre de secondes de temps d'une année) le déplacement apparent de l'étoile la plus voisine de nous par seconde de temps ne serait encore que de 1″,82, quoique la terre, avec une telle vitesse, pût parcourir plus de 2 quatrillions de lieues en un an. Pour donner à cette seule étoile une vitesse angulaire égale à la vitesse actuelle diurne, laquelle n'est encore pour nos sens que l'immobilité, la terre devrait encore acquérir une vitesse de translation huit fois plus grande, c'est-à-dire 50 millions de fois plus grande que celle de la lu-

duirait le genre humain en fumée et par conséquent rendrait tout *signe* impossible.

3° Un autre correspondant lui aussi habitué aux études astronomiques, pense que l'on doit admettre un déplacement réel et de la terre et des étoiles, sans dire en quoi consisterait ce déplacement ni comment il en résulterait en réalité ou en apparence une chute des étoiles. Il n'est peut-être pas inutile de noter que notre critique ne parlait d'abord, pour expliquer le texte de saint Matthieu, que d'un mouvement de translation de la terre, et qu'il s'est rejeté sur le bouleversement du ciel après avoir eu avis des lacunes de l'hypothèse précédente. Sa manière de voir est fondée sur des passages de l'Écriture que nous devons rapporter. Voici pour la terre : *Movebitur terra de loco suo ... erit quasi damula fugiens et ovis (Isai.* XIII, 13, 14). Voici pour le ciel : *Cœli magno impetu transient (2. Pet.* III, 10). Voici maintenant pour le ciel et pour la terre: *Et vidi thronum magnum et candidum, et sedentem super eum, a cujus conspectu fugit terra et cœlum (Apoc.* XX, 11) ; et encore : *Cœlum et terra transibunt (Math.* XXIV, 35 .) Nous aurions le droit de renvoyer le bouleversement, que ces textes semblent signifier, après le jugement; l'objection ne nous atteindrait pas, puisque nous ne nous sommes occupé que des signes avant-coureurs. Mais, *ad abundantiam juris*, montrons-en la faiblesse. On a déjà vu que les cieux dont parle saint Pierre sont notre atmosphère, où il n'y a pas évidemment d'étoile fixe. La première citation n'est pas plus efficace; elle est tirée d'un chapitre qui commence par ces mots : *Onus Babylonis;* il y est donc question des châtiments de Babylone et non du genre humain. La terre qui fuit tremblante comme la biche et la brebis, c'est le peuple qui habitait cette ville coupable et que l'épouvante disperse, la terre étant souvent prise, dans l'Écriture, pour ses habitants. La suite du verset justifie suffisamment cette interprétation, car nous y lisons : « Personne ne sera là pour la rassembler, chacun se tournera vers sa nation, chacun s'enfuira

---

mière, qui est de 75 mille lieues par seconde de temps; et, avec cette vitesse des milliers de fois épouvantable, α du Centaure paraîtrait aussi peu en mouvement que l'ensemble du ciel le paraît à nos yeux! Quel nombre exprimera la vitesse de translation nécessaire à la terre pour que toutes les étoiles semblent tomber? La thermodynamique aurait le droit de réclamer à son tour contre l'hypothèse que nous comttons ; mais peut-être trouvera-t-on qu'il est inutile de redoubler de coups contre un mort.

dans son pays. » Nous avons d'ailleurs entendu Suarez affirmer que
l'Écriture n'annonce nulle part que les dernières convulsions de la
terre doivent atteindre le ciel, c'est-à-dire les astres. Cela nous
dispense d'un plus long examen des textes allégués. Ajoutons que
le bouleversement universel qu'on veut en tirer est un de ces miracles épouvantables que Suarez rejette et qui ne sauraient trouver
grâce même aux yeux de la sagesse humaine, la proportion entre les
moyens et la fin étant la condition essentielle de toute sagesse. Si
notre correspondant s'était rappelé Suarez, il se serait sans doute
gardé d'écrire, en parlant de son opinion : « Le fait est absolument
certain pour tout fidèle. »

4° On a nié que la couleur rouge soit celle du disque de la lune
pendant les éclipses totales de notre satellite. — Nous n'avons affirmé que ce que nous avons vu de nos yeux ; mais comme il n'est
pas impossible que nous ayons mal regardé, nous conseillons à ceux
qui seraient tentés de révoquer en doute nos observations, nous leur
conseillons de lire l'*Astronomie populaire* d'Arago, livre XXII,
chapitre ix. Ils y verront une théorie imaginée par ce grand astro-
nome pour « expliquer la teinte rouge de la Lune au moment
d'une éclipse totale. » Cela suffira, croyons-nous, pour dissiper
tous les doutes.

Nous avons pensé que cette couleur sanglante de la lune, annoncée comme un des signes de la fin, s'expliquerait peut-être au moyen
de quelque grand incendie terrestre dont elle serait le reflet, car de
tels incendies sont annoncés par saint Jean (*Apoc.* c. viii). Il peut
se faire aussi que les météores étranges et lumineux qui traver-
seront alors notre atmosphère jouent un rôle dans la production de
ce signe. On nous dit que le phénomène s'expliquerait mieux au
moyen des vapeurs épaisses qui s'élèveront de la terre, Les vapeurs en effet, nous en faisons fréquemment l'expérience à Lyon,
transmettent de préférence les rayons rouges. Cette interprétation
omet une circonstance qui ne laisse pas d'avoir quelque gravité,
c'est que le soleil sera noir, pendant que la lune sera changée en
sang, et par conséquent incapable de transmettre à cet astre aucune
lumière qu'il puisse réfléchir et faire tamiser par nos brouillards.
Quoi qu'il en soit de ces essais d'explications, il reste du moins indubitable que la couleur sanglante de la lune n'a rien qui doive ré-
veiller les scrupules de la science la plus délicate. Nous ne demandons rien de plus.

5° Nous avons beaucoup trop reculé l'étoile qui est la plus proche voisine de notre système. Cette étoile est α du Centaure, constellation de l'hémisphère austral. Sa distance à la terre est seulement, en chiffres ronds, de huit mille cinq cent milliards de lieues, ce qui fait encore une jolie séparation entre voisins : un boulet Krupp conservant sa vitesse initiale aurait besoin d'au moins deux millions d'années pour franchir cet intervalle. L'étoile la plus rapprochée dans notre hémisphère est celle qu'on désigne par 61me du Cygne. Elle est à une distance d'environ vingt-deux mille milliards de lieues. D'α du Centaure, la lumière nous arrive en trois ans et trois mois. Il en est d'où elle ne nous arrive pas en moins de cinquante mille ans. L'imagination est confondue, écrasée devant l'immensité des espaces célestes. Qu'on songe maintenant à la complication et à la rapidité des mouvements que Dieu devrait donner à ces millions d'astres pour leur faire imiter, par des déplacements réels, la chute des feuilles ! Et tout cela pour épouvanter ces fourmis qu'on appelle des hommes ! C'est le cas de répéter le mot de Suarez : *ad hoc non est necessarium ut in ipsis cœlis fiat intrinseca mutatio.*

Mais, encore une fois, nous n'avons pas la prétention de donner le dernier mot d'une prophétie assez obscure en plusieurs points. Il faut prendre les hypothèses pour ce qu'elles sont, pour des hypothèses. On ne doit leur demander, en des questions telles que la nôtre, qu'une seule chose, d'écarter efficacement les objections d'une science inconsidérée. Il nous semble que nons pouvons, sans trop manquer à la modestie, attribuer ce mérite à notre travail [1].

J. DE BONNIOT.

[1] D'après la doctrine que nous venons d'exposer et qui nous semble très plausible, le texte de saint Matthieu doit s'entendre 1° d'un signe, c'est-à-dire d'un avertissement donné par des phénomènes sensibles aux hommes qui seront alors sur la terre; 2° d'un signe qui précédera le jugement dernier et la destruction de notre planète, 3° d'un signe qui consistera dans la chute réelle ou apparente de l'ensemble des étoiles *sur la terre*. Cette remarque nous oblige de rejeter une explication qui nous est venue de différents côtés, depuis que ces pages sont écrites. « Le monde doit finir, nous écrit-on, par la concentration et la conflagration de l'univers. C'est presque une conclusion scientifique, on le dit, et nous avons peu de peine à l'admettre. Mais cette concentration, dût-elle s'appeler chute des astres, ne serait ni un *signe* pour les hommes ni une chute réelle ou apparente des étoiles *sur la terre :* elle n'est donc pas l'objet de notre texte.

Les *Annales catholiques* de Lyon, après avoir parlé de notre modeste travail avec une bienveillance dont nous devons les remercier, publient l'opinion d'un docte correspondant, laquelle nous paraît vraie en ce qu'elle enseigne la destruction successive des divers systèmes stellaires et leur résolution en matière cosmique. La terre, emportée avec le soleil dans le tourbillon de quelqu'un de ces mondes détruits, recevrait une pluie d'étoiles en poussière. C'est presque ce que nous avons dit en parlant des pluies d'astéroïdes. Mais nous avons vu aussi que le texte sacré embrasse toutes les étoiles. Si l'on peut dire que les ruines successives des systèmes stellaires auront pour résultat final de concentrer ou de faire tomber toutes les étoiles, assurément cette chute, sauf la pluie très partielle d'astéroïdes, ne se terminera pas à la terre, et de plus elle sera toujours absolument insensible aux yeux des hommes et par conséquent ne sera pas un signe.

LES INONDATIONS

ET L'ENDIGUEMENT DES RIVIÈRES

Le désastre récent de Szeged en Hongrie a réveillé l'attention des ingénieurs sur les moyens de garantir les vallées des dégâts auxquels elles sont exposées par les crues des cours d'eau qui les arrosent. Cette question a de tout temps préoccupé les hydrauliciens, ce qui n'empêche pas que la solution soit encore à trouver. Le problème est en effet très compliqué et la solution doit varier suivant les circonstances locales. L'un des moyens qui s'offrent à l'esprit consiste à renfermer les cours d'eau entre des digues assez élevées pour les contenir, même dans les plus grandes crues. Mais ce système de digues insubmersibles offre de graves inconvénients. Dans une foule de cas il entraîne des dépenses bien supérieures aux dégâts que l'on veut prévenir. De plus il présente de graves dangers, ainsi qu'on a pu le constater dans la vallée du Pô. Pour ne pas donner aux digues une hauteur impossible, on doit laisser au fleuve un lit trop large pour que sa vitesse, en temps ordinaires, lui permette d'entraîner les limons et les graviers qu'il reçoit de ses affluents ; ces limons et ces graviers, en se déposant, exhaussent son lit et augmentent d'autant la hauteur des grandes crues. Les digues primitives finissent par être trop basses ; on les exhausse à grands frais ; mais qu'adviendra-t-il si dans une crue extraordinaire le choc des eaux parvient à entamer cette barrière ? Il suffit pour en donner une idée de rappeler les circonstances qui ont eutraîné la ruine de Szeged, ou encore le désastre arrivé à Lorca en Espagne, au commencement de ce siècle.

I. — Inondations en Espagne

La série des inondations qui ont désolé plusieurs provinces d'Espagne a commencé le 14 octobre, et ne s'est terminée qu'au commencement de novembre ; à peine le fléau diminuait-il sur un point qu'on le voyait apparaître sur un autre. Mais nulle part il n'exerça autant de ravages que dans le bassin du Segura. Dans la soirée du 14 octobre une furieuse tempête, après avoir commis quelques dégâts en Andalousie, s'abattit avec une violence extrême sur les provinces de Murcie et d'Alicante, où elle versa, sept heures durant, des pluies diluviennes. Le Segura et l'un de ses principaux affluents, le Rio Mundo, débordèrent dans la campagne avec une impétuosité telle que digues, moulins, fermes et même villages entiers étaient emportés. En quelques heures une plaine de 30 lieues fut changée en un lac.

Les villes de Murcie et d'Orihuela furent envahies par les eaux après minuit, sans que personne eût songé à prévenir les habitants du danger qui les menaçait. La rupture des tuyaux de conduite du gaz ajouta l'horreur de l'obscurité la plus profonde à l'effroi causé par le mugissement des eaux et par le bruit des maisons qui s'effondraient. A Murcie près de deux cents maisons furent ruinées et une partie de leurs habitants périrent dans les eaux. Lorsque le jour vint éclairer cette scène lugubre, les toits des maisons restées debout, dans la partie basse de la ville, étaient couverts de malheureux habitants, transis de peur et menacés d'être engloutis d'un moment à l'autre. On s'empressa de les recueillir, et le premier asile qui leur fut ouvert fut le palais épiscopal.

On ne sait pas au juste le nombre des victimes ; une dépêche télégraphique envoyée de Murcie à Madrid, le 19 octobre, annonçait qu'on avait retrouvé 570 cadavres. Mais il faut ajouter à ce nombre ceux que les eaux ont entraînés jusqu'à la

mer. Or, d'après une lettre de Torrevieja, près de 300 cadavres ont été retrouvés dans la mer, sans compter une infinité
d'animaux domestiques et d'objets de tout genre. Près des quatre cinquièmes de la campagne de Murcie ont été ravagés.
Dans le village de Nouerma tous les habitants ont péri, à l'exception du curé, qui s'était réfugié dans le clocher. Sur cinquante
mille cultivateurs qui peuplaient cette riche campagne, aujourd'hui désolée, trois mille ont disparu ; près de dix mille
demeurés sans toit et sans ressource, se sont retirés à Murcie
où ils vivent des secours que la charité chrétienne leur envoie
de toutes parts.

Les désastres ont été moins grands à Orihuela. Cependant
cette ville est restée plusieurs jours en partie sous l'eau,
les autorités en parcouraient les rues dans des barques afin
de porter secours aux habitants qui s'étaient réfugiés dans
les étages supérieurs de leurs maisons. Toute la campagne a
été ravagée ; mais heureusement la plupart des habitants ont
pu se sauver.

A peine commençait-on à respirer dans le bassin du Segura
qu'une nouvelle inondation se déclara dans la province d'Al-
meria, en Andalousie. De graves dommages furent causés dans
les villages de Cuevas, de Vera et plusieurs autres. A Vera
la rivière Almazora a débordé et détruit 300 mètres de chaussée ; elle a inondé les mines de fer et d'argent et enlevé une
quantité de minerai évaluée à 50,000 piécettes; 150 ouvriers
sont restés sans travail. On compte 21 personnes noyées, 30
maisons effondrées ; enfin une maison de campagne a disparu
à Cuevas et ceux qui l'habitaient ont péri.

Après l'Andalousie vint le tour du bassin de l'Èbre, au nord
ed l'Espagne. Le 29 octobre l'Èbre avait crû de 5 mètres et
une inondation s'était produite à Tortosa. Une partie de la province d'Huesca a été ravagée. La Sègre a inondé la plaine de
Lérida, et aux environs de Tarragone les ravages causés par
un horrible ouragan sont venus s'ajouter aux dégâts de l'inondation.

Lorsqu'on réfléchit sur les désastres dont nous venons de donner une faible idée, on est tenté de se demander si une prévoyance attentive n'aurait pas pu les prévenir en grande partie,

Sans doute l'art humain est désarmé contre les forces mystérieuses qui se manifestent dans notre atmosphère par les cyclo-
nes, les typhons et les trombes. Mais il n'en est pas de même
des grandes crues des cours d'eau : on peut en partie les prévoir et en atténuer les dégâts. Aussi ne devons-nous pas nous
étonner si quelques journaux espagnols font remonter aux
administrations de la province de Murcie et au gouvernement
espagnol la responsabilité des ravages exceptionnels exercés
par l'inondation du Segura. Il serait plus juste, peut-être, d'im-
puter ces désastres à l'esprit de la révolution, qui, soufflant partout la discorde, a jeté les administrations provinciales dans les
querelles politiques, au grand détriment des intérêts qu'elles
auraient dû protéger.

Quoi qu'il en soit, la configuration particulière du bassin du
Segura, jointe à l'avertissement donné à Lorca, au commencement de ce siècle, devait exciter les autorités locales et le
gouvernement à déployer toutes les ressources de l'art pour
mettre cette fertile contrée à l'abri du danger dont elle était
menacée.

Le bassin dont les eaux alimentent le Segura n'a pas moins
de 20,000 kilomètres carrés. Néanmoins, en temps ordinaire,
son débit est si faible qu'il ressemble beaucoup plus à un torrent
qu'à un fleuve. A l'exception du Rio Mundo, du Quipar et du
Sangonera, ses nombreux affluents sont à sec la plus grande
partie de l'année; mais à l'époque des pluies ils deviennent des
torrents impétueux, qui se précipitent le long des flancs dénu-
dés des montagnes. Si ces montagnes étaient boisées, il se for-
merait des sources où les eaux bienfaisantes des pluies seraient
en partie emmagasinées. Mais là, comme dans bien d'autres
pays, les générations présentes expient l'imprudence de celles
qui les ont précédées, et ne semblent guère disposées à prépa-
rer une condition meilleure à celles qui les suivront. Toutefois,
l'inconvénient du déboisement a été compensé en partie par
l'industrie des habitants. On a construit dans toute cette région
des digues et des réservoirs pour conserver les eaux d'hiver,
et des canaux d'arrosage, pour les distribuer au printemps.

Mais ces travaux d'art ne sont pas sans danger quand ils
ne sont pas établis avec toute la solidité nécessaire ; c'est ce

qui ressort d'une manière bien douloureuse du désastre arrivé à Lorca, en 1802. Lorca est une ville de quarante mille âmes, située sur le versant septentrional de la sierra del Cano. Afin de ménager les eaux qui fertilisent la vallée de Lorca, on avait construit un vaste réservoir d'arrosage, en barrant une gorge de montagne par une muraille de plus de 50 mètres de hauteur. En 1802, cette muraille creva sous le poids des eaux ; la masse liquide se précipita sur Lorca avec les débris de toute sorte qu'elle entraînait, elle inonda toute la partie basse de la ville, fit périr plus de six cents personnes et un grand nombre d'animaux, et causa dans les campagnes voisines des pertes évaluées à plus de 50,000,000 de réaux. Le désastre aurait été plus grave encore, si l'on en croyait M. Élisée Reclus, car, d'après lui, « un faubourg de six cents maisons fut rasé, plusieurs villages furent entraînés par la débâcle avec des milliers d'habitants. » *(Géographie universelle.* Europe méridionale, t. I, p. 780.)

Après ce désastre on fit de beaux projets pour mettre les riverains du Segura à l'abri d'un pareil malheur ; des travaux furent proposés à cet effet ; on devait construire des barrages dans les gorges de montagne, creuser de larges tranchées le long du fleuve, etc. ; mais tous ces projets furent bientôt oubliés. Encore le désastre eût-il été bien moins affreux, si un service d'avertissement eût été organisé. D'après une lettre de Lorca publiée par le journal espagnol *El Siglo futuro,* l'un des principaux affluents du Segura, le Sangonera, a commencé à inonder Lorca le 14 octobre, à 4 heures du soir, mêlant la voix effrayante de ses eaux à celle du tonnerre et au fracas de la plus épouvantable tempête. Le trouble causé par cette invasion subite peut seul excuser les autorités de Lorca de n'avoir pas immédiatement télégraphié à Murcie l'avis du danger dont elle était menacée. Le même avis pouvait être aussi envoyé des vallées situées dans la partie supérieure du bassin du Segura, et surtout dans la vallée du Rio Mundo, dont les crues ont le plus d'influence sur celles du fleuve. Or l'inondation n'a commencé à Murcie qu'à 2 heures après minuit, le 15 octobre. Si un télégramme avait été envoyé soit de Lorca, soit des bourgs situés dans la vallée du Rio Mundo il restait près de huit heures

pour avertir les habitants de la campagne, qui auraient pu gagner les montagnes les plus voisines avec leurs bestiaux, leurs
instruments de labour et leurs meubles les plus précieux. Mais,
hélas! ces pauvres cultivateurs se sont mis au lit sans se douter
du triste réveil qui les attendait.

Il ressort de cette observation que, si l'art humain se trouve
impuissant contre les grandes perturbations des forces de la nature, s'il ne peut préserver les campagnes des ravages causés
par des pluies diluviennes, il pourrait cependant trouver dans
les progrès de la science le moyen de réduire ces désastres à
des pertes matérielles, et de diminuer considérablement ces pertes elles-mêmes

La même conclusion est confirmée par les événements arrivés
ce printemps en Hongrie, dans la vallée de la Theiss. Nous verrons en effet que la ruine de Szeged doit être attribuée, comme
le désastre de Lorca en 1802, à des travaux d'art où les règles
de la prudence n'avaient pas été observées; sans ces travaux
d'art, qui du reste, ne se rapportaient pas au régime de la rivière, le débordement n'aurait eu pour effet que quelques ravages dans la campagne, les eaux auraient à peine pénétré dans
la partie basse de la ville.

II.— Régime de la Theiss et désastre de Szeged

La ville de Szeged est située sur le confluent de deux rivières, la Theiss ou Tisza et la Maros. D'après un mémoire de
M. le général Morin *(Comptes rendus*, 7 juillet 1879), la Tisza,
après être descendue des Carpathes avec une pente rapide, se
promène lentement dans la vallée à laquelle elle donne son
nom; sa pente descend d'abord à 4 centimètres, puis à
moins de 1 centimètre par kilomètre. Les alluvions qu'elle
entraîne dans ses crues ne sont composées que de limons et de
sables fins, de sorte que, au témoignage de M. Cézanne, qui a
construit le pont tubulaire de la Tisza, on chercherait en vain
à 50 kilomètres à la ronde, autour de Szeged, un caillou de
la grosseur d'une noix.

Avant son endiguement, en 1846, la Tisza couvrait dans ses

reues les plaines marécageuses de sa rive gauche sur une étendue de plus de 70 kilomètres, et une partie seulement de sa rive droite, dont les terrains s'élèvent en pente douce. « Malgré la durée séculaire de cet état de choses, la ville de Szeged devait se considérer comme de plus en plus menacée par l'exhaussement continuel du sol que produisaient, parfois avec une étonnante rapidité, les eaux lentes et bourbeuses de la Tisza et de la Maros, qu'on a vues quelquefois déposer en une seule crue et en quelques semaines, sur certains points, une couche d'argile de plusieurs mètres de hauteur et combler complètement une tranchée énorme exécutée par la population. » (L. c., p. 17.)

C'est pourquoi, en 1846, lorsqu'il a été question d'établir un chemin de fer pour favoriser le commerce des grains que cette vallée produit en abondance, on s'est préoccupé d'améliorer le régime des deux rivières dont les crues devenaient de plus en plus menaçantes pour la ville de Szeged. On eut recours aux lumières de plusieurs ingénieurs, parmi lesquels se trouvait l'illustre Paleocapa. Cet éminent hydraulicien approuva la rectification du lit sinueux de la rivière, ainsi que l'érection de digues insubmersibles, mais à la condition que ces digues fussent placées à 500 ou 600 mètres du lit principal. Les terrains abandonnés aux inondations auraient profité de l'action fertilisante des limons qu'elles apportent ; d'un autre côté, la hauteur de ces inondations, au lieu d'aller en croissant, aurait diminué peu à peu, parce que les eaux ordinaires de la Tisza se trouvant dans un lit plus étroit auraient acquis assez de vitesse pour emporter les sables amenés par les crues.

Malheureusement un avis aussi sage n'a pas été fidèlement suivi ; les digues ont été placées trop près du lit principal. A cette faute s'en est ajoutée une autre, celle de laisser au-dessus de la ville la jonction de la Maros avec la Tisza. Cette jonction s'effectuait autrefois en aval de la ville ; elle avait été portée en amont pour faire bénéficier Szeged du commerce des sels qu'elle y amène. Les ingénieurs chargés de l'endiguement des deux rivières voulaient ramener la Maros vers son confluent naturel ; mais le commerce de Szeged s'est opposé à cette mesure de prudence, dans des vues intéressées dont il a tout lieu de se repentir.

Ces imprudences étaient d'autant plus graves que, n'ayant pas de pierres pour construire un endiguement, on était réduit à se contenter de digues en terres argileuses, mêlées de sables. Quoi qu'il en soit, la Tisza et la Maros ont été renfermées dans des digues assez hautes pour être regardées comme insubmersibles, au moins durant quelque temps, mais trop peu solides pour ne pas être renversées, comme elles l'ont été en effet dans la dernière inondation. La gravité de ce funeste événement a été considérablement augmentée par les chaussées de deux chemins de fer qui se croisent tout près de Szeged. Elles y forment un vaste réservoir, sans issue, où les eaux de la Tisza, après avoir rompu leurs digues à 20 kilomètres en amont de la ville, sont venues s'accumuler et où elles ont atteint une hauteur supérieure à celle du sol de la ville.

Ces chaussées étaient formées d'un simple terrassement, comme les digues elles-mêmes. Elles furent bientôt détrempées par les eaux qui arrivaient près de leur sommet. Une première rupture eut lieu sur l'une des deux chaussées, près de la ville de Dorozma. Les eaux qui inondaient cette ville, ne trouvant qu'un débouché insuffisant, refluaient vers l'aval de Szeged, de sorte que cette malheureuse ville se trouvait complètement entourée par les eaux.

Entre le premier point de rupture et la seconde chaussée il restait encore une masse d'eau considérable ; une seconde rupture se produisit en amont de Szeged et cette masse d'eau se précipita sur la ville infortunée.

Cette catastrophe eût été évitée, sans doute, si les digues des deux rivières et les chaussées des deux chemins de fer avaient été construites d'une manière plus solide. Néanmoins, par suite du système défectueux adopté dans l'endiguement des deux rivières, Szeged se trouvait menacé de quelque désastre dans un avenir plus ou moins éloigné. Les renseignements donnés à M. Morin par M. Krusper démontrent en effet que, en moins de cinquante ans, le niveau des crues de la Tisza s'est élevé de 2 mètres environ.

Le même effet d'exhaussement s'est manifesté dans la vallée du Pô, où le fleuve se trouve encaissé entre des digues insubmersibles. Depuis un siècle, le lit de ce fleuve s'est exhaussé de

plus de 2 mètres. On a dû surélever les digues et augmenter
par conséquent les dangers de rupture. Et en effet, dans le cours
du siècle dernier il ne s'est produit que quarante ruptures, tandis
que le siècle actuel en compte déjà soixante-douze. De plus la
gravité de ces ruptures devient d'autant plus sensible que le niveau des crues est plus élevé au-dessus du sol de la vallée.

III. — Le Tibre et le gouvernement italien

Ce mode d'endiguement, malgré les leçons de l'expérience
qui le condamnent, a été adopté en 1875 pour le Tibre, par le
Conseil supérieur des travaux publics d'Italie, et proposé par
lui au gouvernement italien. Mais que faire ? Ce conseil pouvait-il donner, comme conclusion de quatre ans d'études, qu'il n'y
avait rien de mieux à faire que de continuer le système adopté
par les Papes ? Lorsque le gouvernement italien s'empara des
États pontificaux, en 1870, des pluies diluviennes avaient produit un débordement du Tibre, dont les effets furent désastreux
pour la partie basse de la Ville éternelle. Ce fut pour les con-
quérants une belle occasion de se récrier contre l'incurie des
Papes. Cette critique intempestive n'a fait que mettre en relief
la présomption et l'ignorance de ses auteurs. Une commission
fut nommée en 1871 pour étudier et proposer les moyens de rendre les crues du Tibre inoffensives pour la ville de Rome.
Après les déclamations de la presse antichrétienne, on devait
s'attendre à une solution pratique et efficace du grand problème.
Hélas ! le vote de la commission fait plutôt songer à la montagne en travail d'enfant. Ce n'est pas que son projet soit d'une
petitesse ridicule. Il est grandiose au contraire, si grandiose
qu'il exige des sommes hors de proportion, non seulement avec
le budget dont disposait le gouvernement pontifical, mais encore
avec les dégâts qu'il s'agit de prévenir. Ce qui est ridicule,
c'est la petitesse des résultats obtenus par tant de dépenses. Si
l'on en croit M. Dausse, dont la longue carrière d'ingénieur a
été consacrée presque entièrement à l'étude du régime des rivières, et dont plusieurs travaux sur ce sujet ont mérité l'approbation de l'Académie des sciences de Paris, en 1840 et en 1872,

le projet adopté par la commission italienne des travaux publics serait bien loin d'apporter un remède efficace aux inondations du Tibre. L'éminent hydraulicien a fait connaître par une lettre à M. le commandeur Spaventa combien il désapprouve ce projet. Il a aussi présenté à l'Académie des sciences de Paris un mémoire sur l'endiguement du Tibre, dont M. le général Morin a rendu compte dans un rapport élogieux le 28 avril 1879.

M. Dausse n'est pas d'avis qu'on entreprenne contre les forces de la nature, dans la vallée du Tibre, une lutte directe, qui pourrait bien aboutir à un désastre dans un avenir plus ou moins éloigné ; il propose d'abaisser le Tibre, dans Rome, au moyen de duits limités par des digues submersibles et offrant au fleuve un lit suffisant pour contenir ses eaux en dehors des crues. Il promet qu'on obtiendra de la sorte un abaissement d'au moins 3 mètres. Les faits sur lesquels il se fonde pour justifier ses espérances sont les résultats déjà obtenus par ce moyen dans plusieurs cours d'eau. Ainsi on a produit un abaissement stable et constant :

1. De $1^m,50$, de l'Isère, à Grignon, par le duit construit en aval.

2. De $2^m,00$, par le prolongement ultérieur de ce duit.

3. De $2^m,15$, de l'Arve, par le duit de Sallanches.

4. De $2^m,40$, de l'Arve encore, par le duit de Bonneville.

5. De $2^m,61$, de l'Arc, par le duit d'Aiton.

6. De $3^m,25$, par le prolongement sur l'Isère du même duit.

7. De $4^m,06$, du Linth Canal, par le duit ouvert à l'issue du lac de Walen, par Escher. *(Comptes rendus*, 24 mars 1879.)

Or si des duits de certaines longueurs ont pu produire de tels abaissements sur des cours d'eau médiocres, charriant des cailloux, M. Dausse croit rester au-dessous de la réalité en promettant un abaissement de 3 mètres pour un fleuve aussi considérable que le Tibre, là où il ne charrie que des limons et des sables.

L'effet des duits sur le régime des rivières est confirmé par ce qui arrive naturellement dans les lacs ; ceux-ci s'abaissent ou s'exhaussent suivant que l'eau, à la sortie, est resserrée dans

une gorge étroite, ou qu'elle s'étend sur une large surface. Ainsi
le lac de Genève s'est abaissé de 2 mètres, depuis le temps des
Romains, parce que son émissaire, le Rhône, s'échappe par une
gorge étroite où il acquiert une vitesse plus que suffisante pour
entraîner les cailloux que l'Arve lui apporte en abondance;
tandis que le lac de Bienne s'est exhaussé de la même quantité,
parce que son émissaire, la Zihl, n'a qu'un faible débit.

Un autre argument en faveur des vues de M. Dausse est
fourni par ce qui est arrivé dans la partie inférieure du Pô, où
l'on a appliqué depuis longtemps le système qu'il proposa, mais
dans un but différent, celui de protéger contre les crues
moyennes les riches et fertiles prairies que l'on a laissées dans
le lit majeur du fleuve. On a formé entre les digues insubmersibles un chenal capable de contenir le fleuve dans les crues
moyennes. Ce chenal est limité par de petites digues submersibles, dont le couronnement est à $1^m,50$ au moins au-dessous
de celui des dignes insubmersibles. C'est ce que M. Dausse
appelle un *duit*. Ce système a le double avantage d'empêcher
l'exhaussement du fleuve dans cette partie de son cours et de
faire profiter les prairies protégées du dépôt limoneux laissé par
le Pô dans ses grandes crues.

Dans son rapport sur le Mémoire de M. Dausse, M. le général
Morin fait remarquer que ces effets de colmatage ne sont pas
utilisés autant qu'ils pourraient l'être, quoiqu'ils soient bien
connus des ingénieurs et des agronomes. Les résultats obtenus
récemment par la Compagnie du chemin de fer du Nord, à l'embouchure de la Somme, montrent que l'on pourrait conquérir,
non seulement sur les rivières, mais encore sur la mer à l'embouchure des fleuves, de vastes étendues de terrains qu'on laisse
improductifs. Par des endiguements convenablement ménagés
cette Compagnie a gagné sur la mer, moyennant une dépense
de 515,000 francs, 502 hectares de terres cultivables, estimées
aujourd'hui à plus de un million sept cent mille francs.

Depuis près de quarante ans les ingénieurs français emploient avec succès ce système de *duits* pour améliorer le régime des rivières navigables et à fond mobile. Il s'y forme à la
suite des grandes crues, sur des longueurs peu étendues, ce que
l'on nomme des hauts-fonds, c'est-à-dire des amas de cailloux

ou de graviers qui font obstacle à la navigation. Au lieu de recourir à des dragages dispendieux pour les faire disparaître, on établit en plein lit de rivière des digues d'une faible hauteur, sur une longueur qui, en amont, excède peu celle du haut-fond et qui, en aval, doit se prolonger jusqu'à des endroits suffisamment profonds. Ces digues dépassent rarement de plus de 1 mètre le niveau de l'étiage. « Elles rétrécissent ainsi notablemment, à l'époque des basses eaux, la largeur du lit majeur, et, par l'espèce de chenal qu'elles forment et que M. Dausse appelle un *duit*, elles déterminent en amont un exhaussement de niveau et par suite un surcroît de vitesse suffisant pour entraîner les graviers et les sables du haut-fond et assurer à la navigation le tirant d'eau nécessaire. Lorsque dans les crues d'été le niveau surpasse ces petites digues, les eaux se répandent naturellement, mais sans causer des dégâts, dans le reste du lit. » *(Comptes rendus,* t. LXXXVII, p. 444.)

Ce procédé appliqué à la Moselle a permis à la navigation de fonctionner entre Metz et Frouard sans interruption. On l'a employé aussi avec un égal succès dans plusieurs parties du cours de la Loire.

L'utilité du moyen proposé par M. Dausse pour combattre les inondations du Tibre est donc bien démontrée par l'expérience. Relativement au Tibre, on peut prévoir que des travanx ayant pour but de faciliter l'écoulement de ce fleuve en aval de Rome, seront particulièrement efficaces pour abaisser le niveau des grandes crues ; car ce résultat a déjà été obtenu sous le gouvernement des Papes. D'après un tableau des grandes inondations du Tibre, publié par M. Armellini, dans son Mémoire : Les Papes et le Tibre *(Actes de l'Académie Pontificale des Nuovi Lincei,* t. XXX, p. 441), la hauteur moyenne de ces inondations mesurée à l'hydromètre de Ripetta a été de 17^m,76, durant le xvie et le xviie siècle, tandis qu'elle n'est plus que de 15^m,50 dans le xviiie siècle. C'est donc un abaissement de 2 mètres produit dans les crues du Tibre par les améliorations apportées au régime de ce fleuve sous le règne des Papes. Avec les ressources dont les ingénieurs disposent aujourd'hui, l'abaissement de 3 mètres promis par M. Dausse n'a rien d'invraisemblable. Or cela suffit pour que les inondations du

Tibre ne produisent plus que des dégâts facilement réparables.

Au lieu d'adopter ce système indirect de défense, le gouvernement italien veut se faire décerner l'épigraphe pompeuse : *Romam inundationis periculo liberavit.* La commission des travaux publics propose à cet effet un projet dont la partie principale consiste à encaisser le fleuve, dans la traversée de la ville, entre des murs de quai de 12 mètres de hauteur au-dessus du lit du fleuve, ce qui portera le niveau des eaux, dans les crues, bien au-dessus du niveau des rues dans les quartiers voisins. Quel sujet d'inquiétude pour les habitants de ces quartiers ! Il me semble les voir anxieux le long des quais, contempler d'un œil morne le flot toujours croissant, trembler à la vue du moindre suintement et se demander l'un à l'autre avec angoisse comment ils pourront échapper au désastre qui les menace, s'il survient une rupture. Ce n'est point là une crainte puérile ; c'est à une rupture semblable qu'est dû le désastre du quartier Saint-Vincent à Toulouse.

Un autre inconvénient de l'endiguement projeté vient du régime exceptionnel du Tibre. D'après le célèbre hydraulicien Venturoli, le débit normal de ce fleuve est dû, au moins pour les trois quarts, à un écoulement souterrain, de caractère lacustre, et pour un quart seulement à l'écoulement superficiel de son bassin, de caractère torrentiel. Lorsque une fonte subite des neiges dans les montagnes ou bien quelque pluie diluvienne auront porté le niveau du fleuve au-dessus de celui des rues voisines, les eaux souterraines, refoulées par la pression des eaux torrentielles qui gonflent le Tibre, chercheront infailliblement une issue dans les caves des habitants et même dans les rues.

Lprojet en question a bien prévu cet inconvénient ; il propose d'y remédier par des canaux collecteurs, destinés à recevoir les eaux souterraines sur les deux rives du fleuve. Le développement de ces collecteurs serait de 12,500 mètres. Mais M. Armellini remarque dans le Mémoire cité (p. 455) l'insuffisance de ce remède. Des collecteurs semblables avaient été proposés autrefois par Bramante à Léon X. Deux ingénieurs distingués, Chiesa et Gamberini, après une discussion approfondie de ce projet, ont fait observer les immenses difficultés qu'il présente, surtout pour l'intersection des collecteurs avec les autres cours d'eau dans la campagne. Le projet actuel aggrave ces difficultés par un danger réel ; il fait passer les eaux de ces collecteurs d'une rive à l'autre dans un siphon immergé au fond du fleuve. Qu'une fissure se déclare dans le siphon au moment d'une crue, les eaux du fleuve se précipiteront dans les collecteurs et inonderont la ville.

Ces reproches ne sont pas les seuls que le savant professeur adresse au projet de la Commission italienne ; mais ils suffisent abondamment pour démontrer que le gouvernement italien est bien loin d'avoir résolu la grave question des inondations du Tibre. Ainsi malgré les immenses progrès accomplis dans les différentes branches de l'art des ingénieurs, progrès qui nous ont donné le canal de Suez, la percée du Mont-Cenis et le tunnel du Saint-Gothard, progrès qui nous promettent l'accomplissement de travaux plus gigantesques encore, les moyens efficaces de défendre Rome contre les crues du Tibre restent à chercher. Peut-on dès lors accuser les Papes d'incurie, parce qu'ils ne les ont pas trouvés? La légèreté de cette accusation devient bien plus frappante quand on considère ce que les Papes ont fait dans le but d'améliorer le régime du Tibre. Nous nous contenterons de résumer brièvement les faits exposés par M. Armellini dans le Mémoire cité.

IV. — LES PAPES ET LE TIBRE

Déjà les empereurs romains avaient voulu modérer les inondations du Tibre. Auguste et Tibère avaient dû céder devant l'insurmontable difficulté de l'entreprise. Trajan fit un canal de dérivation qui lui valut l'inscription trop flatteuse : *inundationis periculo liberavit*. Aurélien éleva des digues. Mais l'histoire est là pour témoigner le peu d'efficacité de tous ces travaux.

Les échecs éprouvés par les empereurs romains dans leurs luttes contre les crues du Tibre n'ont pas découragé les Papes. Tout ce que l'hydraulique comptait de célébrités en Italie a été mis par eux à contribution. La renommée de l'ingénieur hollandais Cornélius Meyer étant parvenue aux oreilles de Clément X, ce Pape le fit venir à Rome pour profiter de ses lumières dans les travaux qu'il méditait pour l'amélioration du régime du Tibre. Le célèbre Castelli fut chargé par Urbain VIII de régulariser les eaux de Bologne, de Ferrare et de la Romagne. L'hydraulique est redevable à Innocent XII de l'ouvrage de Guglielmini sur la nature des fleuves. Léon X fit étudier par Bramante la question du Tibre. Pie V lui-même, malgré les préoccupations que lui donnait la guerre contre les Turcs, fit appel aux savants de son époque pour chercher les moyens de remédier aux débordements du Tibre. Les successeurs de ces grands Papes n'ont pas montré moins de zèle; nous nous contenterons de citer l'ouvrage de deux hydrauliciens éminents, Chiesa et Gamberini, sur les causes et les remèdes des inondations du Tibre. C'était le fruit de l'étude minutieuse du cours entier du Tibre, que Benoît XIV avait imposée à ces ingénieurs. La conclusion de ce grand ouvrage est qu'il est impossible de remédier aux inondations extraordinaires du Tibre qui proviennent soit de la fonte subite des neiges, soit de pluies exceptionnellement abondantes.

Doit-on s'étonner que les Papes n'aient pas consacré des sommes énormes à des travaux considérés comme inutiles par les hydrauliciens les plus éminents? Mais s'ils n'ont pas entrepris une lutte directe contre le Tibre, ils n'ont pas laissé de faire de grandes améliorations au régime de ce fleuve et de ses affluents. C'est à cette sollicitude des Papes que l'on doit le rétablissement du canal de dérivation connu sous le nom de *Fosse de Trajan*, sous Grégoire XIII et Paul V, les pilotages exécutés près de la gorge de Fiumicino, la régularisation du cours de divers affluents du Tibre, de la Trésa par Bordoni, sous Clément XI, de la Nera et du Velin, sous Clément VIII, les travaux de défense accomplis sous Innocent X, Alexandre VII et Clément X sur les rives du Tibre, enfin l'œuvre d'art colossale qu'Innocent XII fit construire près de la voie Flaminienne, ainsi que les travaux exécutés sous Clément XII, par Bianchini et Eustache Manfredi.

C'est grâce à ces travaux sagement dirigés que le lit du Tibre ne s'est pas exhaussé sensiblement, et qu'il se trouve presque

au même niveau que sous les empereurs romains, ainsi que
l'ont constaté, dans le siècle dernier, Chiesa et Gamberini, en
prenant pour repères les vestiges du pont triomphal et les ro ·
ches qui forment l'une des pointes de l'île du Tibre. Ce n'est
pas que le lit du Tibre ait conservé constamment le même niveau ; il a dû au contraire s'exhausser notablement dans les
temps de trouble qui suivirent la chute de l'empire romain.
Mais nous avons vu que les travaux exécutés par les Papes
dans le xvi° et dans le xvii° siècle avaient eu pour résultat
d'abaisser de plus de 2 mètres la hauteur des grandes crues
du fleuve. C'est pour cette raison que Chiesa et Gamberini
ont pu constater que le Tibre n'était pas sensiblement plus élevé
qu'au temps des empereurs. Il est probable que si l'on renou-
velait aujourd'hui ces mesures, on trouverait que le lit du
Tibre s'est exhaussé; car les grandes crues tendent à reprendre
le niveau qu'elles avaient durant le xvi° et le xvii° siècle. C'est
qu'en effet durant les jours néfastes de la révolution française
et au milieu des difficultés que présentèrent les premières années de la Restauration, les Papes n'avaient guère le loisir de
s'occuper du Tibre. Mais dès qu'ils furent en possession paisible des États de l'Église, ils reprirent les traditions de leurs
prédécesseurs, témoins les nombreux travaux énumérés par
M. Armellini dans le mémoire cité (p. 447).

Ainsi les Papes sont loin d'avoir négligé les moyens dont ils
pouvaient disposer pour préserver leur capitale des ravages
causés par les grandes crues du Tibre. Les améliorations apportées par eux au régime de ce fleuve, durant le xvii° et le
xviii° siècle, ont abaissé de 2 mètres la hauteur des grandes
crues, et il n'est pas douteux qu'en reprenant ces travaux,
ainsi qu'on l'a fait sous le long règne de Pie IX, on ne réalise
peu à peu des améliorations semblables. Au jugement de l'un
des hydrauliciens les plus expérimentés de notre époque, le système de défense indirecte, adopté par les Papes d'après les
conseils des plus habiles ingénieurs des siècles derniers, est
à la fois bien moins dispendieux et bien plus réellement efficace que le projet grandiose d'endiguement proposé au gouvernement italien. C'est plus qu'il n'en faut pour couvrir de
confusion la presse antireligieuse.   T. PEPIN.

BIBLIOGRAPHIE

SAINT VINCENT DE PAUL ET SA MISSION SOCIALE, par Arthur Loth. Introduction par Louis Veuillot. Appendices par Ad. Baudon. — E. Cartier, Aug. Roussel. Paris, Dumoulin et Cie, 1880, in-4° de 525 pages, avec 12 chromo-lithographies, 2 héliogravures, 1 eau-forte et 150 gravures sur bois. — Prix 30 francs, broché; — 40 fr., relié, tranches dorées. — Édition de luxe 60 fr. et 200 francs.

Ce livre n'est-il pas un défi jeté à notre siècle? De ces pages écrites avec âme et talent, de tous ces faits racontés avec un si grand charme, ne dirait-on pas qu'un seul cri s'élève : « Voilà ce qu'a fait l'Église pour le soulagement des misères de l'humanité! Et vous, qu'avez-vous fait? Montrez-nous vos philanthropes, où sont leurs œuvres? En est-il une seule qui se puisse comparer aux miracles de la charité chrétienne? » Oui, ce livre est un défi; il est une protestation, la plus éloquente de toutes, contre des desseins qui malheureusement ne restent pas dans l'ombre. Nous n'appellerons pas cependant un acte de courage cette entreprise conçue par des hommes de foi, poursuivie avec cette passion qu'inspire un grand but entrevu, achevée avec un succès hors de conteste. Les écrivains qui ont prêté leur plume pour retracer les vertus et les actions éclatantes de saint Vincent de Paul, les artistes qui, pour les illustrer et les rendre en quelque sorte plus sensibles, ont déployé toutes les ressources de leur art, l'éditeur intelligent qui n'a reculé devant aucun obstacle pour élever ce splendide monument à la charité catholique personnifiée dans un pauvre prêtre, tous ces hommes ont seulement compris la charité, chacun à leur manière, et unis dans un même sentiment chrétien, ils ont fait une œuvre aussi variée dans ses détails qu'une dans sa conception et son exécution.

Cette variété de détails ressortait de la vie même du héros. Vincent de Paul est bien l'enfant de notre vraie France, il en est une des gloires les plus pures ; mais il est en même temps l'homme du monde entier, un des plus grands héros de l'humanité. Partout son nom est connu, aimé, honoré, invoqué. Dieu lui donna de réaliser ici-bas, autant peut-être qu'il est possible, l'idéal de cet amour qui est en Lui. La charité est, de sa nature, expansive ; semblable à une flamme ardente, elle se répand partout et trouve partout ce qui sert à l'alimenter. Vincent de Paul brûla de cette flamme : les malades, les pauvres, les délaissés, les prisonniers, les affamés, les persécutés, toutes les misères se jetèrent dans ce brasier, qui, loin de s'éteindre par la mort de celui qui le portait en son cœur, n'a pas cessé de consumer encore de nos jours toutes les infortunes humaines, infortunes du corps et infortunes de l'âme. L'homme de Dieu, poussé comme par une force irrésistible, se transporte là où l'on souffre : on le voit à Tunis, en Afrique, dans les villages et les villes de France, à Clichy, à Marseille, à Paris ; il secourt la Lorraine ravagée par la guerre ; il ouvre des asiles aux enfants trouvés ; il réglemente la charité pour lui faire produire plus abondamment et plus maternellement ; il combat la fureur des duels ; il adoucit la captivité des forçats ; il fonde des séminaires et une congrégation de prêtres pour les diriger ; il lutte contre l'hérésie du jansénisme ; il organise les missions et lance ses enfants dans les campagnes et sur les rivages les plus lointains... Il fit tout cela et bien plus encore ; mais son chef-d'œuvre, nous ne craignons pas de le proclamer, c'est la fille de la Charité. Tout le reste s'oublierait, que la sœur de Saint-Vincent de Paul durera autant que le monde. Dans cette multiplicité de dévouements, Vincent trouva, pour le seconder, les plus belles âmes et les plus grands personnages de son époque : nul ne résiste à l'ascendant de son éloquence, et pendant que les uns le suivaient généreusement dans la carrière de l'immolation, les autres, rois, reines, ministres, grands seigneurs, nobles et riches dames, déposaient à ses pieds leur puissance et leurs richesses. Voilà les détails infinis de l'œuvre de notre héros et ce qui la rend si variée.

Quant à son unité, elle est toute en un mot : la Charité ; aussi aurait-on pu intituler cet ouvrage : *Le livre de la Charité*. Si les écrivains, MM. Veuillot, Loth, Baudon, Cartier et Roussel l'ont compris, en réunissant toutes leurs recherches sur ce seul point, dans le passé et dans le présent, il était réservé surtout aux artistes et à l'éditeur de contribuer à réaliser l'unité du plan par l'exécution ou la réunion de tous les chefs-d'œuvre consacrés à exalter la seule vertu éternelle. Un critique trop méticuleux trouvera peut-être que pour certains sujets il y a un *compelle intrare* un peu évident : par exemple, les gladiateurs mourants, la pompe funèbre de la Mode, la vue du forum romain, le portrait de Galère Maximien et celui d'Aristote, le congrès de Munster ; mais s'il y regarde de plus près, il se montrera moins sévère et ne consentira pas à nous priver de certains tableaux qui, outre leur mérite intrinsèque au point de vue artistique, offrent un véritable attrait à la curiosité du lecteur. D'ailleurs, dans un livre de ce genre, il n'y a de vraiment répréhensible que ce qui jure avec l'esprit qui l'a inspiré ; M. Dumoulin ne recevra de personne le reproche de l'avoir oublié. Voyez comme toutes ces chromo-lithographies et ces gravures sont empreintes d'un sentiment chrétien. Prenons les miniatures des manuscrits, les triptyques de Quentin Métzys, les fresques de Giotto, de Fra Angelico, de Mantégna, de Spinella d'Arezzo, d'Alphonse Périn, les sculptures du comte de Syracuse, de Jean de Pise, de Cabuchet, de David d'Angers, de Choyer, les gravures d'Abraham Bosse, de Cochin et de Simonneau, les peintures de Murillo, de Natoire, de Restout, de J. de Brun, d'Ary Scheffer, de Bonnat, de Lecomte du Nouy, de Hesse, de Troy, de Timbal, de Lafon, de Soubre, de Roux, de Crauka, de Mme Brown, les vitraux de Claudius Lavergne : réunissons tous ces fruits du génie ou du talent de l'homme, n'aurons-nous pas une touchante exposition, tout à l'honneur de la charité chrétienne ? Que dirons-nous encore des reproductions de ces objets précieux qui ont un rapport intime avec saint Vincent de Paul : son portrait, sa maison, les églises où il fut baptisé, où il pria, la chaire où il prêcha, les salles où il visita les malades, les prisons où il consola les forçats, le sceau qu'il donna à sa congrégation, une image de son bréviaire, le collier des enfants trouvés, la croix des missionnaires d'Afrique, le fac-simile d'un billet de loterie pour ces pauvres petits abandonnés, des lettres adressées à notre Saint ou de son écriture, les portraits des principaux personnages de son temps ou de ceux qui ont marché sur ses traces, les vues des établissements qu'il a fondés ?... Nous ne pouvons tout énumérer, mais, quand le lecteur aura lui-même tout lu, tout vu, tout admiré, ne fera-t-il pas comme nous ? Ne retournera-t-il pas à cette délicieuse eau-forte de Flameng, qui reproduit *les sœurs de Charité* de Mme Brown, et ne remerciera-t-il pas Dieu d'avoir donné à des âmes l'intelligence si entière de sa charité et ne louera-t-il pas, une fois de plus, celui qui en a été le fidèle interprète ?

C. SOMMERVOGEL.

BIBLE ET DÉCOUVERTES ORIENTALES
ASSYRIOLOGIE

M. l'abbé Vigouroux continue à exploiter les découvertes modernes en Orient pour l'explication et la défense de nos saints Livres.
Dans sa seconde édition, publiée il y a déjà quelques mois, son bel
ouvrage s'est enrichi d'un troisième volume, qui n'est ni moins intéressant ni moins instructif que les premiers. L'histoire du peuple
de Dieu y est conduite jusqu'à la fin du règne de Salomon. De plus,
le chapitre consacré, dans le premier volume, à l'histoire sommaire
des découvertes assyriologiques et égyptologiques, s'est augmenté
d'un très bon exposé du déchiffrement des écritures hiéroglyphi-
ques et cunéiformes. Enfin, les deux premiers volumes ont encore
reçu plusieurs additions de détail, parmi lesquelles nous remarquons deux notes importantes, empruntées à l'assyriologue anglais
M. Sayce, sur les rapports de la langue assyrienne avec les autres
dialectes sémitiques et, en particulier, avec l'hébreu. (T. I, p.
385-388 et 391.) Nous ne pouvons que réitérer, à l'occasion
de cette édition revue et augmentée, l'hommage que les *Études*
ont déjà rendu à l'érudition merveilleuse de l'auteur, qui met
à contribution pour son but les publications les plus diverses de
la science moderne, à la sûreté de jugement avec laquelle il sait
trier et contrôler ses riches matériaux, enfin au talent de mise en
œuvre qui répand la clarté et l'intérêt dans tout son livre. Voici
en quelques mots le contenu du second et du troisième volumes,
dont l'analyse n'a pas encore été offerte à nos lecteurs.

Le second s'ouvre par l'attachante histoire de Joseph, qui en remplit plus que le tiers. Ce sont les monuments égyptiens que M. Vigouroux a surtout interrogés ici. A la vérité, comme il nous en
avertit, « en Égypte, nous ne rencontrerons aucune preuve directe
des faits racontés par Moïse dans son histoire de Joseph, mais les

---

¹ *La Bible et les découvertes modernes en Palestine, en Egypte et en Assyrie*
par F. Vigouroux, prêtre de Saint-Sulpice. Paris, Berche et Tralin, 1979. 3 vol.
in-12 (t. I et II, 2ᵉ édition) pp. IV-455, 467 et 383 avec des illustrations d'après les
monuments.

preuves indirectes y abondent et ont de quoi satisfaire les plus difficiles. Il n'y a pas un détail de sa biographie qui ne soit confirmé par les monuments et les documents indigènes : tout y est exact, on peut dire, jusqu'à la minutie. » Cette assertion est su rabondamment démontrée par le savant auteur. C'est plaisir de le voir tirer des objections mêmes du rationalisme la preuve de la véracité de l'historien sacré, en montrant comment les prétendues invraisemblances, les impossibilités dont les incrédules faisaient bruit, disparaissent maintenant qu'on connaît les mœurs et les institutions des Égyptiens par leurs propres monuments. Passant au livre de l'Exode, M. l'abbé Vigouroux discute les questions de l'emplacement du pays de Gessen et de l'identification du pharaon qui commença la persécution contre les Hébreux (c'est Ramsès II Méiamoun). Puis il nous représente au vif, à l'aide des inscriptions et des peintures égyptiennes, la vie des enfants de Jacob en Égypte, d'abord comme colons heureux de Gessen, puis comme esclaves des pharaons de la XIX⁰ dynastie. Pour ce qui concerne les plaies d'Égypte, il accorde aux rationalistes qu'elles ont de l'analogie avec les fléaux qui affligent d'ordinaire cette contrée, mais en même temps il fait voir avec évidence qu'elles sont de vrais miracles par la manière dont elles se produisent : les rapports qu'on y trouve avec les phénomènes physiques de la vallée du Nil ne sont donc qu'une preuve de la véracité du récit de Moïse.

M. Vigouroux formule la conclusion générale de son travail sur la partie historique du Pentateuque dans un passage que nous croyons devoir reproduire en entier, non seulement parce qu'il résume bien le résultat d'ensemble de ce travail, mais encore parce qu'il marque fort sagement le but que les apologistes catholiques ont à ne pas perdre de vue dans des études semblables. « Arrivé, dit-il, au terme de notre étude sur la partie historique du Pentateuque, nous sommes bien en droit de conclure que les découvertes égyptologiques et assyriologiques éclairent d'un jour nouveau plusieurs passages de la Bible. Elles ne nous permettent pas, il est vrai, de conclure que les Livres saints sont inspirés : il appartient à l'Église, non à la critique, de se prononcer là dessus. Elles ne nous apprennent pas non plus directement que le Pentateuque est l'œuvre de Moïse : l'origine mosaïque des cinq premiers livres de la Bible est un fait historique qui doit être établi par une série d'arguments intrinsèques, traditionnels, particuliers ; mais elles confirment indirectement, par un témoignage dont la valeur n'est pas à dédaigner, la croyance constante de l'Église en montrant que le Pentateuque ne renferme rien qui ne puisse être de Moïse, mais que tout y convient parfaitement à ce grand homme et à son époque. »

M. Vigouroux interrompt maintenant l'histoire extérieure du peuple de Dieu pour traiter de son histoire intime, intellectuelle, surtout de sa religion. Cette étude se rattache naturellement aux livres de Moïse, qui sont « le fondement de la théologie hébraïque »; néanmoins elle embrasse tout l'ancien Testament. Le culte primitif d'Israël et ses croyances, en particulier sur la nature de l'âme et la vie future, ont été et sont encore en butte à de vives attaques de la part des rationalistes. Comme le dit excellemment le savant exégète, « l'incrédulité, battue sur le terrain des faits dans sa guerre contre la Bible, a espéré prendre sa revanche sur le terrain des doctrines ; elle a prétendu que les découvertes archéologiques modernes faisaient évanouir l'origine surnaturelle qu'on s'était plu à attribuer à la religion mosaïque... C'est ainsi qn'on a soutenu que la théologie de la Bible n'avait pas d'autre source que la raison naturelle, pas d'autre facteur que le progrès inhérent à l'esprit humain : les Hébreux, ne craint-on pas d'assurer, avaient été polythéistes, avant d'être monothéistes. On est allé plus loin ; on a soutenu que si le peuple d'Israël a été supérieur à ses voisins par sa foi monothéiste, il lui avait été inférieur par un autre côté : il a ignoré le dogme de l'immortalité de l'âme et la croyance à une autre vie. » Il importe de ne pas laisser s'accréditer de pareilles accusations contre le peuple qui est « notre père selon l'esprit ». M. Vigouroux les réfute avec une abondance et une solidité d'arguments où l'étude directe, personnelle du texte sacré ne se révèle pas moins que la connaissance des découvertes les plus récentes dans tout le domaine oriental. Sur la question de la religion primitive des Hébreux, il discute une à une les assertions hardies de M. Jules Soury. Quelqu'un pensera peut-être que c'est faire trop d'honneur au disciple de M. Renan ; car M. Vigouroux n'a pas de peine à montrer combien les contradictions, les traits d'ignorance crasse, sinon de mauvaise foi, fourmillent dans les essais de ce critique si tranchant. Mais il faut savoir que M. Soury a eu quelque temps ses grandes entrées dans la *Revue des Deux Mondes* et que, depuis plusieurs années, il distille des articles haineux contre le christianisme dans le journal de M. Gambetta, *La République française*, en attendant la chaire d'*histoire des religions* que lui réserve, dit-on, l'homme d'État son protecteur. Au reste, M. Soury ne fait guère que mettre en français les théories élaborées par des critiques plus célèbres, et dans ses bévues mêmes il peut se prévaloir de l'exemple des illustrations rationalistes. Enfin, comme le dit M. Vigouroux, « il est bon de répondre aux objections qu'il (M. Soury) a accumulées, parce qu'il a réuni ce qu'on trouve disséminé et épars ailleurs. » Il y a surtout trois erreurs que le critique de la *République française* s'est efforcé de vulgariser : les Israélites auraient été polythéistes jusque vers le viiie siècle avant Jésus-Christ, comme leurs voisins les Chananéens ; puis, comme ceux-ci encore, ils auraient souillé leur culte par des sacrifices humains et par la prostitution dite sacrée. La grande raison de M. Soury et de ses maîtres contre le monothéisme primitif des Hébreux, c'est que dans toutes les races humaines la religion aurait commencé par le polythéisme sous la forme du culte des astres. M. Vigouroux montre que cet argument repose sur un faux *postulatum* ; il invoque le témoignage des égyptologues et des sémitisants les plus distingués, dont plusieurs rationalistes, qui s'accordent à reconnaître la priorité du monothéisme chez les Égyptiens, les Chaldéens et les Chananéens. Mais M. Soury croit trouver une preuve directe du polythéisme hébreu dans certains actes, idolâtriques selon lui, que la Bible rapporte des patriarches et d'autres personnages marquants d'Israël. M. Vigouroux établit le vrai caractère de ces faits. Une autre objection, tirée de la pluralité des noms de Dieu et de l'emploi différent de ces noms dans la Bible, est aussi victorieusement réfutée. Les deux chapitres suivants mettent à néant les accusations relatives aux sacrifices humains et aux *kedechim*, accusations qui méritent, entre toutes, la qualification de *monstrueuses*, que l'apologiste indigné inflige avec raison aux erreurs de M. Soury.

Nous ne pouvons plus qu'indiquer la dissertation très approfondie, très complète, sur les croyances des Hébreux par rapport à l'âme. La discussion qui eut lieu sur ce sujet en 1873, à l'académie des Inscriptions et Belles-Lettres, y est résumée ; toutes les questions soulevées à cette occasion sur la nature de l'âme et la vie future d'après les Hébreux, y sont reprises et savamment élucidées ; enfin, en passant, on y rencontrera de précieux renseignements sur la croyance à l'immortalité de l'âme chez les autres peuples orientaux, notamment chez les Assyriens et les Égyptiens.

Ce beau travail termine le second volume de l'ouvrage. Comme on le voit, dans les études que nous avons analysées jusqu'ici, le point de vue apologétique domine, ce qui n'empêche pas que la lecture n'en soit fort utile à qui ne chercherait qu'à bien comprendre la Bible. Dans le troisième volume, sans négliger de répondre aux objections qu'il rencontre sur sa route, le savant auteur s'est donné pour tâche principale d'éclaircir, et, si l'on me permet ce latinisme, d'*illustrer*, pour ainsi dire, à l'aide des découvertes orientales, plusieurs parties des plus obscures de l'histoire sacrée. Il raconte, d'abord brièvement l'entrée des Israélites dans le pays de Chanaan et la conquête de cette terre promise par Josué; il mentionne à ce propos les listes de noms géographiques de la Palestine, relevées par M. Mariette sur les murs du temple de Karnak, en Égypte, listes qui confirment d'une manière éclatante la géographie du livre de Josué. La découverte du tombeau de Josué, en 1863, par M. Victor Guérin, lui fournit une autre confirmation bien remarquable de l'histoire biblique.

Arrivant à la période des Juges, M. Vigouroux observe que c'est « une des plus intéressantes de l'histoire sainte, et celle qui offre la physionomie la plus originale », mais, en même temps, une de celles où la vie intime du peuple élu et même ses institutions publiques sont enveloppées de plus de ténèbres. En effet, le livre des Juges est moins une histoire suivie qu' « une galerie de tableaux ou plutôt de portraits », admirablement tracés d'ailleurs, mais où l'artiste s'est attaché presque exclusivement à peindre ces héros qui se nomment Débora, Gédéon, Jephté, Samson, en laissant dans l'ombre le milieu où ils vivaient. C'est à remplir ces lacunes du texte sacré, à reconstruire le « cadre historique » qui manque autour de ces belles figures des libérateurs d'Israël, que s'applique le savant exégète. Il s'en acquitte d'une manière très heureuse, à notre avis, non pas à force d'hypothèses et de conjectures plus ou moins ingénieuses, mais en scrutant tous les replis du texte inspiré, recueillant les rares indications, les allusions qui s'y trouvent éparses, et les éclaircissant, les complétant à l'aide des lumières que les explorations récentes, soit archéologiques, soit topographiques, et les études de mœurs faites sur place par des voyageurs savants et consciencieux, ont projetées à la fois sur l'ancien Orient et sur le nouveau, dont les usages conservent tant de restes des époques primitives. Ainsi, dit- il, l'état politique du peuple hébreu, au temps des Juges, n'était certainement pas monarchique; mais nos histoires le qualifient tout aussi mal à propos de républicain. Il ne peut bien être nommé que le régime patriarcal et il paraît représenté encore aujourd'hui à peu près exactement par l'organisation des tribus arabes, des Bédouins. Un chapitre est consacré à la religion des Chananéens, sujet important pour l'intelligence de bien des parties de l'histoire juive, et surtout de l'époque des Juges. Après cela, M. Vigouroux retrace en détail les épisodes variés qui composent le livre des Juges, et nous les fait voir, pour ainsi dire, de nos yeux, grâce à de perpétuels rapprochements avec les faits et les mœurs observés de nos jours dans les mêmes contrées.

Signalons, en particulier, l'étude sur Samson, où l'on trouvera une réfutation complète de la thèse du Dr Steinthal, qui prétend faire de cet homme extraordinaire un mythe, un héros solaire des Hébreux, le pendant d'Héraklès et de Melkart.

Nous arrivons aux Rois. Notre savant guide explique fort bien le caractère propre de la royauté israélite, essentiellement subordonnée à la loi mosaïque et aux révélations des prophètes que suscitera Jéhovah. A propos de Saül, M. Vigouroux suggère aux commentateurs une interprétation naturelle d'un texte dont ils n'avaient pu encore fixer le sens : il s'agit du *yâd* que Saül est dit avoir érigé comme monument de sa victoire sur les Amalécites; ce serait une stèle dans le genre de celle du roi de Moab, Mésa, qui est au Louvre, et des stèles égyptiennes. Quant à David, M. Vigouroux observe que « si les explorations modernes ne nous ont rien révélé sur lui, du moins l'assyriologie a-t-elle confirmé indirectement ce que la sainte Écriture nous raconte de l'étendue de ses conquêtes, en nous signalant vers cette époque comme une éclipse de la redoutable puissance des bords du Tigre. La décadence de l'Assyrie nous explique comment put s'établir l'empire de David et de Salomon. »

Dans le brillant règne du sage Salomon, la Bible a surtout relevé, mais en termes bien brefs, la construction du temple et le commerce avec la Syrie, l'Égypte et le mystérieux pays d'Ophir. Les travaux des archéologues et des géographes contemporains viennent merveilleusement éclairer ces grandes entreprises. Est-il besoin de dire encore que M. l'abbé Vigouroux en a tiré le meilleur parti? Dans la description du temple, il s'est, naturellement, inspiré avant tout des belles recherches de M. de Vogüé ; après lui, il nous fait entrer dans tous les détails du plan et nous fait suivre toutes les phases de l'exécution du splendide sanctuaire du vrai Dieu. Quant à la question d'Ophir, si souvent agitée, on peut dire que M. Vigouroux l'épuise, tant il a mis de science à grouper toutes les données, à recueillir et discuter toutes les opinions des hommes compétents. Finalement, il se prononce, et avec raison, croyons-nous, pour l'Inde et, plus précisément, pour le pays avoisinant les bouches de l'Indus, comme étant l'Ophir où les flottes de Salomon allaient chercher l'or et l'ivoire, ainsi que les paons, les singes et le bois de santal.

Voilà une analyse bien longue, et pourtant nous n'avons fait que toucher en courant les parties principales de l'œuvre de M. l'abbé Vigouroux. Cela suffira, nous l'espérons, pour donner à nos lecteurs une idée des richesses accumulées dans ces trois volumes. Tous voudront lire et relire encore ces remarquables études. Comme l'a dit une voix plus autorisée que la nôtre, « tous les avantages » se rencontrent dans cette lecture, instruction et agrément, plaisir et profit. Rien de plus intéressant que de voir de près les peuples les plus anciens, avec leurs mœurs, leurs arts, leur étonnante civilisation. Mais surtout, pour terminer par les belles paroles de Mgr de Rodez dans sa lettre à l'auteur, « l'âme catholique éprouve une délicieuse joie, en remarquant que toutes les découvertes contemporaines ne sont qu'une nouvelle forme de l'apologétique chrétienne, une démonstration toujours vivante de la divinité des Livres saints. »

N'oublions pas les *illustrations* d'après les monuments, qui prêtent une évidence sensible aux rapprochements développés dans le texte de M. Vigouroux.

A qui désire prendre connaissance rapidement de l'historique des découvertes dans le pays de Ninive et de Babylone, ainsi que de leurs résultats principa*x*, nous pouvons recommander *Assyrie et Chaldée* de M. Georges de Dubor [1], comme offrant un aperçu clair, intéressant et composé d'après les travaux des meilleurs assyriologues français. C'est un travail consciencieux, généralement exact, sauf quelques détails secondaires, par exemples un petit nombre de noms qui ne sont pas à leur place véritable dans l'historique des fouilles et des déchiffrements. Il est enrichi de la traduction de plusieurs textes assyriens d'un intérêt général, tels que ceux qui renferment la cosmogonie babylonienne et le récit du déluge découverts par G. Smith. La publication de M. G. de Dubor se présente, du reste, sous une forme élégante. L'ambition de l'auteur est de contribuer à répandre dans le public français la connaissance et le goût de l'assyriologie : nous lui souhaitons d'y réussir ; il en est digne.

L'importance croissante de l'assyriologie, jointe au petit nombre des savants qui poursuivent cette étude féconde mais laborieuse, appelle des travailleurs nouveaux. Puisse la Providence multiplier surtout parmi les catholiques les vocations à ces travaux, d'où leur foi ne recueillera pas moins d'honneur que leur science ! A ceux que tente cette belle carrière nous sommes heureux de signaler les secours que leur offre M. de Chossat [2]. Son *Répertoire assyrien* n'a pas la prétention d'être un dictionnaire ; c'est, dit-il, « une simple liste de mots, où ceux-ci sont, il est vrai, classés alphabétiquement, mais où ces mêmes mots sont présentés sans changement, tels qu'on les rencontre dans les textes : les substantifs indifféremment au singulier ou au pluriel, à l'état construit ou absolu, et les verbes, au temps et à la personne où ils ont été trouvés ». Seulement dans cette liste, comme il l'appelle modestement, il a tâché de faire entrer tous les mots lus et expliqués par les assyriologues français, anglais ou allemands, jusqu'aux publications les plus récentes. Les lectures et les traductions des divers auteurs y sont textuellement reproduites pour chaque mot, avec l'indication de la page et de la ligne des ouvrages où elles ont été prises. Des phrases assyriennes avec leur traduction accompagnent sou-

---

[1] *Assyrie et Chaldée,* par Georges de Dubor. Montauban, imprimerie orestié, 1878 ; in-8°, p. 128.

[2] *Répertoire assyrien* (traduction et lecture) par Ed. de Chossat. Lyon, imprim. Perrin ; Paris, Maisonneuve, 1879 ; grand in-4° ; pp. vii-184 et ii-204.

vent les mots pour en faire mieux comprendre l'emploi. L'ordre
adopté dans la classification est commode ; de plus un bon système
d'abréviations pour les renvois et une belle impression concourent
à faciliter les recherches. A la suite du répertoire des mots, imprimé tout entier en lettres latines, M. de Chossat a placé une sorte
de répertoire des caractères, qui est autographié. Il y a rangé
d'après une classification peu compliquée tous les signes de l'écriture assyrienne qu'il a pu réunir, soit babyloniens, soit ninivites,
modernes ou archaïques. Chaque signe est accompagné de ses diverses valeurs phonétiques et idéographiques; de plus, M. de
Chossat a pris le soin de reproduire le texte original des syllabaires
assyriens qui expliquent ces valeurs. Cette seconde partie du volume est une édition augmentée et perfectionnée d'un essai publié
il y a déjà quelques années, sur la classification des caractères
cunéiformes. Tous ces travaux sont la preuve d'un zèle bien louable
pour l'assyriologie. C'était une œuvre singulièrement méritoire de
dépouiller, comme l'a fait l'honorable auteur, vingt-cinq ouvrages
dont plusieurs très considérables, et comprenant les publications
les plus importantes des assyriologues les plus éminents, MM. Oppert, Ménant et Lenormant, Rawlinson, Norris, Sayce et Smith,
Schrader et Delitzsch. Nous espérons que, suivant ses vœux, son
labeur profitera aux commençants de l'assyriologie. Nous sommes
heureux d'avoir un appui à cette confiance dans les éloges que le
Répertoire assyrien a reçus d'un juge aussi compétent que
M. Oppert. Tous les assyriologues s'accordent aujourd'hui à condamner l'abus qu'on a pu faire, dans les premiers temps, de la
comparaison des langues sémitiques pour traduire l'assyrien ; ils le
disent bien haut, c'est en lui-même, avant tout, qu'il faut étudier
l'assyrien, par lui-même qu'il faut l'expliquer. La connaissance
complète des textes déjà élucidés est donc une préparation indis-
pensable pour qui prétend s'attaquer à des textes nouveaux. Dès
lors, et en attendant la publication d'un véritable dictionnaire que
les assyriologues ne sont pas encore prêts à nous donner, un Répertoire comme celui-ci, bien qu'il se borne à relater les interprétations, sans les discuter, est un instrument de travail d'une utilité
incontestable. Dieu veuille que la gratitude des *assyriologisants*
encourage l'excellent auteur à rendre son essai encore plus complet
et exact, partant, encore plus utile !   J. BRUCKER.

LA LIBERTÉ D'ENSEIGNEMENT VUE A TRAVERS L'HISTOIRE par E. Saint-Espès-Lescot, président du tribunal civil de Périgueux, Imprimerie Dupont et Cie 1879. In-8° xviii-121 pages.

Entre beaucoup d'auteurs qui ont écrit dans ces derniers temps pour défendre la liberté de l'enseignement et les droits des pères de famille, M. Saint-Espès-Lescot se distingue par une connaissance approfondie des lois et décrets portés en France, surtout depuis un siècle, sur l'instruction à tous les degrés. Il les résume avec une précision et une clarté parfaites et dit sa pensée sur les avantages et les inconvénients, l'équité ou l'injustice de leurs principales dispositions. Nous voudrions pour les établissements catholiques une liberté encore plus pleine que celle qui paraît suffisante à l'honorable magistrat ; nous trouvons, par exemple, que les programmes officiels du baccalauréat empêchent nos écoles secondaires de développer leurs méthodes. Mais enfin, la liberté telle quelle dont nous jouissons et qui nous a coûté tant d'efforts, a produit d'heureux résultats et en promet de plus grands pour l'avenir. Parviendra-t-on à nous arracher cette conquête et à nous imposer l'enseignement sans Dieu ? Comme M. Saint-Espès-Lescot, nous espérons que cette infernale entreprise échouera ; car, dit-il avec raison, « les persécutions sont comme les hommes, elles passent, mais Dieu reste, on ne le chasse pas. »   F. D.

LA RELIGION EN FACE DE LA SCIENCE, deuxième partie, t. 2, par l'abbé Alexis Arduin, in-8° pp. 12-527. — Lyon, Vitte Luttrin. — Paris, J. Vic. 1879.

M. l'abbé Arduin a conçu, après beaucoup d'autres, le très louable dessin de montrer l'harmonie de la Genèse de Moïse avec la science. Nous avons déjà rendu compte de son premier volume (*Études*, Août 1877), qui s'arrêtait au deuxième jour de la Création. Celui que nous annonçons aujourd'hui n'épuise pas même le troisième jour. Il est vrai que quarante pages à peine sont consacrées au récit de l'écrivain sacré. Tout le reste consiste en préliminaires ; l'auteur y passe en revue les diverses sciences qui importent à sa thèse, la cosmographie, la géologie, la paléontologie, la minéralogie et même la physiologie avec la mécanique céleste. Un second volume complétera la pensée du savant interprète. D'autres pourront trouver que ce résumé, hérissé de notes, est inutile pour ceux qui savent, et insuffisant pour ceux qui ne savent pas. Nous, au contraire, nous ne voyons là que matière à éloge. M. Arduin connaît et pratique à merveille cette maxime si simple et cependant si oubliée : Avant de parler, il faut savoir, non seulement ce qu'on veut dire, mais surtout ce qu'on doit dire. Il a voulu se rendre maître de son sujet et s'en est donné la peine. On ne s'imaginerait pas quel nombre d'auteurs et quels auteurs M. Arduin a eu le courage de lire : la liste est effrayante. Ce n'est pas assez d'être compétent, il faut viser à être éminent. L'impiété savante, cette grande peste de l'époque contemporaine, ne peut être efficacement combattue qu'à ce prix. Si le clergé, où les hommes de talent se comptent par milliers, était convaincu comme M. l'abbé Arduin de la nécessité de la science vraie pour faire taire la fausse science, il y a longtemps que la contagion qui fait tant de victimes autour de nous, aurait reculé.   J. DE B.

JÉSUS N'EST PAS AIMÉ! — Gémissements d'une religieuse adoratrice du Saint-Sacrement, traduit de l'italien par M. C. curé de C. — Cîteaux, imprimerie et librairie Saint-Joseph. In-18, 134 pages. — Prix : 1 fr. *(franco)*.

Jésus nous aime et nous sommes faits pour l'aimer. Mais hélas! combien peu répondent à son amour et combien n'y répondent que par des outrages ! C'est le sujet des plaintes exhalées dans ce petit livre : elles sont l'expression d'une ardente piété soutenue par une doctrine solide et nourrie par la méditation.

LA COMPAGNIE DE JÉSUS JUGÉE PAR L'ÉGLISE UNIVERSELLE, par ALBERT DE BADTS DE CUGNAC. Lille, Société de Saint-Augustin, 1870. In-8, vi-206 pages.

La Société de Jésus est un corps militaire ; puisqu'elle combat les ennemis de Jésus-Christ, leurs attaques et leurs outrages ne l'étonnent point ; mais elle a besoin d'être approuvée, soutenue, encouragée par l'Église. Grâce à Dieu, ces encouragements ne lui ont manqué à aucune époque de son histoire. Tout récemment encore, quand ceux qui veulent anéantir le catholicisme assuraient qu'il n'était question que d'en extirper les jésuites, on a vu les évêques, les curés et les fidèles protester que la cause de la religion est unie étroitement avec celle des religieux en général et des jésuites en particulier. M. Albert de Badts de Cugnac a recueilli un grand nombre de témoignages rendus en faveur de notre Compagnie depuis qu'elle existe par les souverains Pontifes, par l'épiscopat, par le clergé séculier et régulier en Italie, en France, en Belgique, en Espagne, en Allemagne, en Angleterre, en Amérique ; il les a rangés dans un ordre lumineux, attachés les uns aux autres par des liens naturels et comme encadrés dans des renseignements historiques d'un grand intérêt. Nous pouvons présenter même à nos adversaires cette œuvre d'un ami ; aussi bien ils y pourront relire quelques-uns de leurs aveux précieux pour nous, entre autres ces paroles que leur adressait M. Madier de Montjau : « Vous nous avez péremptoirement, absolument, irréfutablement démontré, ce qu'ils s'étaient d'ailleurs chargés de nous apprendre, que la doctrine des fils d'Ignace et de leurs pareils non autorisés, et celle des autorisés et de tout le clergé se confondent dans une parfaite identité. » (C'est vrai ! Très bien ! sur divers bancs à gauche et à droite.)

F. D.

LES ALBIGEOIS, LEURS ORIGINES, ACTION DE L'ÉGLISE AU XIIe SIÈCLE, par l'abbé C. Douais. Paris, Didier, 1879, in-8. — Prix : 7 f. 50.

Nous sommes bien en retard avec un ouvrage qui mérite assurément d'être recommandé, non seulement pour ce qu'il donne, mais aussi pour ce qu'il promet. Si quelque chose pouvait nous consoler de l'oubli dans lequel nous avons paru le laisser, ce serait l'avantage d'avoir au moins eu le temps de recueillir les échos de la critique dont il a été l'objet. Elle a été bienveillante et ce n'était que justice. Cependant un rédacteur de la *Revue critique* qui signe P. M. et laisse fortement soupçonner un partisan de la Réforme caché sous ces deux initiales, n'a pas hésité à prononcer que l'ouvrage ne valait à peu près rien. Pour un critique qui prétend être pris au sérieux, le ton pourrait être plus modeste et moins entaché de pédantisme. Le grand tort de M. l'abbé Douais serait, d'après lui, d'avoir contredit M. Schmidt en faisant des albigeois les descendants des manichéens. Cependant M. P. M. convient que les doctrines des premiers se rattachent à celles des seconds. Cela suffit pour que M. Douais soit dans le vrai, car rien ne prouve mieux la descendance que la similitude des doctrines, quand il s'agit d'une hérésie. Un autre tort de l'auteur, aux yeux de son savant critique, c'est d'avoir emprunté à l'historien Mœhler une partie de ses citations. Nous ne voyons pas le mal qu'il peut y avoir à user de la science de ceux qui nous ont devancés. C'est l'unique moyen de savoir quelque chose. M. l'abbé Douais était-il donc obligé de découvrir que les albigeois étaient de fort honnêtes chrétiens, victimes innocentes de Simon de Montfort et des légats du Saint-Siège ? La science historique ne peut aller jusque-là, malgré toutes ses ingénieuses complaisances. Quiconque lira avec attention et sans préjugés de parti le travail de M. l'abbé Douais, y verra tout autre chose que M. P.M. Il y trouvera une étude approfondie sur la secte fameuse qui bouleversa l'Europe centrale au milieu du moyen âge, un aperçu historique et doctrinal plein d'éloquence sur les diverses hérésies auxquelles donna naissance le grand problème de l'origine du mal. On suit en effet avec le plus vif intérêt les transformations successives de cette erreur monstrueuse, les efforts des Pontifes pour arrêter ses progrès et son organisation définitive au xiiᵉ siècle. L'ouvrage finit avec la première intervention du Saint-Siège ; mais l'auteur nous promet une suite d'études qui formeront une histoire complète de l'albigéisme. Nous ne saurions trop le presser de tenir sa parole et de nous fournir bientôt une nouvelle occasion de louer la sûreté de sa doctrine et la variété de son érudition, dans une étude qui n'est pas sans offrir de sérieuses difficultés.   Hᵀᴱ MARTIN.

CINQUANTE-DEUX HOMÉLIES POUR LES CINQUANTE-DEUX DIMANCHES DE L'ANNÉE, par M. l'abbé GAUSSENS; ouvrage approuvé par S. Émin. le cardinal DONNET, archevêque de Bordeaux. Paris, Lecoffre, 1879.— In-12, xii-468 p.

L'homélie est une excellente prédication ; les Pères n'en connaissaient guère d'autre. Elle met les fidèles à l'école de Jésus-Christ lui-même, leur répète ses discours, leur explique ses paraboles, leur raconte ses actions. Souple, variée, elle se fait écouter volontiers, pourvu qu'elle soit traitée avec soin. Si elle instruit moins que le sermon, elle nourrit le cœur de sentiments pieux et développe ce sens chrétien qui est aussi une lumière. M. l'abbé Gaussens offre aux pasteurs des âmes une homélie sur l'évangile de chacun des dimanches de l'année. On y trouve un commentaire du texte sacré, un heureux choix de réflexions morales, des pensées puisées aux sources anciennes, qui sont les bonnes. Le prêtre qui voudra s'en servir pour le ministère de la chaire, aura besoin de s'en pénétrer lui-même et de les féconder par la méditation avant de les développer aux autres.   F. D.

LE SOCIALISME, par J. BRAC DE LA PERRIÈRE, licencié en droit. Paris, Baltenweck, 1880. In-12, 172 pages.

L'auteur de cette intéressante brochure montre bien l'origine, les erreurs et le danger du socialisme. Comment guérir cette plaie attachée au flanc de la société moderne ? Il indique deux remèdes : un remède moral, c'est de croire à la vie future et de revenir au catholicisme ; un autre, pour ainsi dire matériel, ce serait de mettre à la place de l'organisation détruite il y a un siècle, des institutions mieux en rapport avec les temps modernes, qui vivraient de leur vie propre, feraient contre-poids au pouvoir trop absolu de l'État et l'empêcheraient de se mêler de toutes choses, par exemple, des universités autonomes, une magistrature choisie par elle-même ou par un corps électoral éclairé, la reconnaissance légale des droits méconnus de l'Église, une administration qui donnerait à la province plus de vie politique, des œuvres de patronage. Mais si, comme semble l'exiger M. J. Brac de la Perrière, ces nouvelles institutions doivent être conformes aux maximes de droit public proclamées en 1789, elles ne seront point efficaces contre le socialisme. On n'arrêtera pas les conséquences de la Révolution en gardant les principes de la Révolution.   F. D.

DU RHUMATISME, nouvelle théorie fondée sur la physiologie, l'anatomie pathologique et l'observation, par le Dr VOVARD. In-8, 320 pp. Paris, Octave Doin, 1879.

Il ne rentre guère dans notre cadre de recommander les ouvrages de pathologie. Celui que nous annonçons ici est conçu sous un point de vue si large qu'il appartient, pour ainsi dire, à la théologie naturelle. Le Dr Vovard montre le corps humain régi par des lois merveilleuses qui se manifestent jusque dans les perturbations de la vie. L'organisme emprunte et restitue tour à tour au monde extérieur les éléments avec lesquels il se construit lui-même. Les emprunts et les restitutions se font sous des formes diverses. L'un de ces moyens est-il rendu difficile, impossible, immédiatement un effort spontané se produit pour transporter la fonction et l'imposer à un organe qui agit d'une manière analogue. On comprend que l'harmonie n'est pas complète entre l'organe et la fonction insolite qui lui est demandée. Le défaut d'harmonie produit un trouble et ce trouble est la maladie. Ainsi une loi, qui est pour le bien de l'organisme, ne s'accomplit qu'en engendrant un malaise organique et quelquefois même en donnant la mort. Mais cette mort n'est qu'accidentelle, et la substitution, qui la cause par hasard, la laisserait à peu près toujours se produire, si elle n'existait pas. Le rhumatisme est un cas particulier de cette loi pathologique. Lorsqu'un refroidissement suspend la transpiration cutanée insensible, les humeurs qui ne peuvent plus s'exhaler par la peau, se reportent sur certaines membranes excrétives, tantôt sur un point du corps, tantôt sur un autre, en particulier sur les séreuses des articulations, d'où inflammation, enflure, douleur et autres accidents fort connus que nous ne pouvons examiner ici; c'est le rhuma-

tisme, ainsi appelé d'un mot qui signifie *couler* et qui se traduit
très bien dans notre langue par *fluxion*. Le rhumatisme appartient
au genre de la pleurésie, de la pneumonie, de la bronchite, du
catarrhe et du coryza. Telle est, si nous l'avons bien saisie, l'idée
générale que le Dr Vovard développe dans son livre avec beaucoup de science et de clarté. On comprend que nous ne puissions
entrer dans les détails, bien qu'ils soient fort intéressants, même
pour les philosophes. Le Dr Vovard appartient à la vieille école
spiritualiste; c'est pour cela, croyons-nous, qu'il se distingue de
tant d'autres de ses confrères, par la fermeté, la largeur de la
doctrine et par cette belle simplicité qui en est presque toujours
la garantie.   J. DE BONNIOT.

LES JÉSUITES ET L'ÉDUCATION, par Albert de Badts de Cugnac. Lille, So·
ciété de Saint-Augustin, 1879, in-8, 156 pages.

Nous aurions mauvaise grâce à louer un livre qui roule tout entier sur les succès des jésuites dans l'éducation; mais il nous est
bien permis de remercier l'auteur et de dire qu'il n'avance rien
sans le prouver par des faits et des témoignages authentiques puisés à des sources fidèlement indiquées.   F. D.

LE PRIX DE LA GRACE, par le P. NIEREMBERG de la Compagnie de Jésus.
    Traduit de l'espagnol, par M. GAVEAU, prêtre. Paris, Plon, 1880, 2 vol. in-18
    jésus., pp. XXIII-378 et 474.

Pour recommander cet excellent ouvrage et la traduction qu'en
donne M. l'abbé Gaveau, nous ne pouvons mieux faire que de reproduire le jugement qu'en a porté le R. P. Bouchot, S. J., chargé
par Mgr l'évêque de Blois de lui en rendre compte.
    C'est, au point de vue de la doctrine, une œuvre magistrale,
renfermant toute une haute théorie sur un sujet très ardu, mais
aussi plein d'intérêt pour nous. C'est également, et surtout, une
œuvre de sainteté. Le but de l'auteur est d'implanter dans les
cœurs et d'y enraciner fortement par la mûre considération de son
prix inestimable le germe de la vie surnaturelle. Il ne s'arrête pas
là : il veut encore assurer à la grâce sanctifiante tout le développement dont elle est susceptible et lui faire porter tous ses fruits.
Pour atteindre ce résultat, il concentre sur son objet toutes les
lumières que peuvent lui fournir les Écritures sacrées, les saints
Pères et les docteurs scolastiques. Quoi de plus propre à recommander un livre spirituel, quand on sait d'ailleurs que l'auteur fut

non seulement un maître éminent, mais un véritable saint dont la
vie a pleinement réalisé l'idéal proposé au lecteur? Du reste, il est
visible qu'on n'écrit pas ainsi sur une pareille matière, sans avoir
pratiquement précédé son disciple sur le terrain où on veut l'établir. On peut appliquer au P. Nieremberg ce que l'Église dit de
saint Bonaventure : *Lectorem docendo movet.* Disons toutefois
qu'on se tromperait en cherchant dans ce titre une dévotion senti-
mentale. Sa valeur est principalement dans le nerf de la foi à
laquelle rien ne résiste. L'étude large et austère qu'on y fait du
dogme de la grâce est en effet de nature à donner aux âmes une
mâle vigueur et à les déterminer aux plus généreux sacrifices.

En se chargeant de faire passer dans notre langue une œuvre si
pleine, si forte, mais de tout point si éloignée de nous, M. l'abbé
Gaveau s'était imposé une tâche difficile ; ces sortes d'élucubra-
tions à la manière ancienne ne se traduisent pas couramment. Il
lui a fallu remonter aux sources, contrôler les conclusions doctri-
nales, se rendre compte des faits allégués ; il lui a fallu surtout
peser patiemment les termes, tant par respect pour la pensée pré-
cise de l'auteur que pour ne pas s'exposer à outrer la doctrine ou
à la diminuer sur des points d'une délicatesse extrême. L'infati-
gable écrivain n'a rien négligé pour la correction de son travail ;
sa plume, qui pourtant est loin d'être novice, a dû souvent hésiter,
et vraiment on lui en saura gré : pour s'être fait attendre, le service
n'en est que meilleur.

Ce livre, sans analogue dans nos bibliothèques ascétiques, était
en quelque sorte classique dans la catholique Espagne, et particulièrement dans ses monastères. N'est-il pas à espérer qu'il trouvera actuellement chez nous, malgré l'anémie morale dont la
contagion s'étend de plus en plus, des lecteurs d'un tempérament
plus robuste et capables de suivre un maître de la grande école?

BREVIARIUM ROMANUM... cum omnibus officiis quæ hucusque vel præcepto
    ad universam Ecclesiam vel quam plurimis locis indulta sunt, Turin, Laurent
    Romano 1879. Un vol. in-32 d'environ 2,300 pages. Prix broché, 8 fr. ; broché
    à cahiers, 9 fr.; relié, 12 fr.; relié à cahiers, 13 fr.

Voici un petit bréviaire bien commode pour les voyages. C'est
un volume deux fois gros comme un diurnal, qui renferme : 1° le
psautier, 2° le commun des saints avec les offices des morts, etc. 3° le
supplément, 4° les offices des souverains pontifes canonisés ou béa-
tifiés, et le calendrier propre au clergé de Rome. Chaque prêtre

peut faire remplacer cette quatrième partie par le propre de son diocèse ou de son ordre (1 fr. en sus). Mais où prendre le propre du temps et les offices des saints, communs à toute l'Église? Dans deux cahiers mobiles pour lesquels le relieur a ménagé deux poches intérieures, l'une au commencement, l'autre à la fin du volume. On change ces cahiers selon le besoin; il y en a une vingtaine. Les rubriques sont aussi dans un fascicule à part. Ce bréviaire est fort bien imprimé, en caractères élégants et très nets, sur papier vélin de Chine. Il a été offert à N. S. P. le Pape qui lui a fait un accueil favorable, et a chargé le cardinal Nina de féliciter l'éditeur de son ingénieuse invention.

QUESTIONS ET RÉPONSES

RÉPONSES

Salmeron. — (IV, 788, 25). L'ouvrage du P. Salmeron sur Notre-Seigneur Jésus-Christ et sur l'Évangile est intitulé : *Commentarii in Evangelicam historiam et in Acta apostolorum ;* il remplit les douze premiers des seize volumes de ses œuvres imprimées à Cologne en 1602. 1604 et de nouveau en 1612-1614. Il n'a pas été réimprimé depuis l'année 1661, et n'a jamais été traduit en français. Ceux qui désirent plus de détails sur les œuvres de Salmeron, les trouveront dans le *Nomenclator litterarius* du P. Hurter, vol. III. (Inspruck, chez Wagner, 1876-79.)

Les épreuves judiciaires. — (IV, 627, 20). — Les miracles dont il s'agit ne pouvaient, raisonnablement et suivant les principes de l'enseignement catholique, être considérés comme autorisant la pratique des *épreuves judiciaires* par l'eau, par le feu, etc. On n'en devait tirer que cette conclusion, à savoir, que Dieu veut bien *quelquefois* intervenir d'une manière extraordinaire pour justifier un innocent ou convaincre un coupable, surtout à la prière des saints. L'erreur qui présidait aux *épreuves judiciaires* vulgaires consistait à penser que Dieu intervenait *habituellement, infailliblement* dans ces jugements, et elles étaient superstitieuses en ce sens qu'on voulait forcer Dieu, pour ainsi dire, à y intervenir. Les cas rappelés dans la question n'avaient point ce caractère : saint Pierre Igné (ou du moins son supérieur, saint Jean Gualbert, qui lui commanda d'entrer dans le feu) et sans doute aussi Emma (on peut ajouter sainte Cunégonde, femme de saint Henri, et d'autres)

agissaient en vertu d'une inspiration spéciale de Dieu. — Sur la prati ·
que des *jugements de Dieu* au moyen âge, sur les efforts faits pour la
détruire par l'archevêque Agobard de Lyon, par Ives de Chartres, etc.,
mais surtout par les Papes, on peut voir une dissertation de Muratori
(*Antiq. ital.* t. III) insérée au tome LXXXVII de la Patrologie latine
de Migne, col. 953-968.

Établissement des deux Chambres en 1789 (IV, 627, 22). — L'histoire
du comité de constitution et de ses délibérations sur les deux Chambres
se trouve dans l'*Histoire du gouvernement parlementaire*, de M. Du ·
vergier de Hauranne, t. I, Introduction.

Le péché originel. (IV, 627, 19.) — Réponse négative, car le péché
originel et ses suites découlent d'Adam sur nous, non par la nature des
choses, mais en vertu d'une volonté positive de Dieu constituant Adam
chef moral du genre humain. — (Voir Suarez' *De peccato originali*,
disput. IX, sect. III, n° 9.)

Le Gérant : C. SOMMERVOGEL

TABLE DES MATIÈRES

DU

TOME QUATRIÈME

VINGT-TROISIÈME ANNÉE. — SIXIÈME SÉRIE

Juillet-Décembre 1879

LIVRAISON DE JUILLET.

LIVRAISON DE NOVEMBRE

LIVRAISON DE DÉCEMBRE

ERRATA

P. 733, note 4 : *Le Contemporain*, lisez *le Correspondant*.
P. 756, note 2 : 1871, lisez 1671.
P. 758, ligne 15e : 1673, lisez 1674.